赵圣花 邹善军 李光赫◎著

日汉语言认知与对比研究

日中言語認知と対照研究

世界图书出版公司

图书在版编目（ＣＩＰ）数据

日汉语言认知与对比研究 / 赵圣花, 邹善军, 李光
赫著. -- 广州：世界图书出版广东有限公司, 2016.3
　ISBN 978-7-5192-0779-3

　Ⅰ. ①日… Ⅱ. ①赵… ②邹… ③李… Ⅲ. ①日
语－对比研究－汉语 Ⅳ. ①H36②H1

中国版本图书馆 CIP 数据核字(2016)第 051139 号

日汉语言认知与对比研究

作　　者	赵圣花　邹善军　李光赫
责任编辑	汪再祥
出版发行	世界图书出版广东有限公司
地　　址	广州市新港西路大江冲 25 号
编辑邮箱	uyling@163.com
印　　刷	虎彩印艺股份有限公司
规　　格	880mm×1230mm　1/32
印　　张	11.75
字　　数	360 千
版　　次	2016 年 3 月第 1 版　2019 年 4 月第 3 次印刷
ISBN	978-7-5192-0779-3/H · 1034
定　　价	46.00 元

前　言

　　本书是赵圣花 2004 年毕业于日本名古屋大学大学院国际言语文化研究科硕士，回国后就职大连理工大学软件学院外语教学部以来近 10 年的科研基础上，与李光赫、邹善军两位老师合作共同研究整理而成。

　　本书在词素，单词，词组，单句，复句等几个层次上进行全面性的语言学研究。从日语多义词的认知语义、近义词的搭配异同及相关的日汉对比研究等不同角度，运用认知语言学理论，基于语料库的大量例句，在真实语境中分析各个层次的语言现象，旨在呼吁更多的研究者关注各个层次的全面性的语言学研究，以丰富相关语言学的研究成果。

　　内容主要分以下八个部分。第一章主要以多义词"顔、鬼、族"的认知语义研究及相关的日汉认知语义对比研究。第二章除了基于平面语料库与视频语料库对多义动词"切る"进行认知语义研究之外，还基于语料库研究表示"盖"动作的动词的搭配异同以及一部分自他动词用法。第三章主要介绍"ようだ、らしい、そうだ"的异同及中日对照研究，"ている、てある"的用法。第四章基于语料库进行有关"素敵、立派、素晴らしい"及"突然、急に、いきなり"的搭配研究和"いい"的惯用表达用法等。第五章 主要介绍助词"は、が、に"的用法。第六章主要针对否定接头词的"不、无"的结合对象的独立性，含义功能，词性变换功能，反义词的状况等方面进行日汉对照研究。第七章主要针对否定接头词的"不、无"的否定的对立性，否定的意义弱化，"令"在表述上的差异，"超"修饰名词时含义的偏差，"初"的词构成等方面进行日汉对照研究。第八章 主要针对日语条件复句中最典型的"と、たら、ば"三种形式以日汉对应关系为中心进行的日汉对比研究。

　　在大连理工大学软件学院院长罗钟铉教授的亲切关怀下，有幸得以在大连理工大学软件学院一边执教一边继续从事日语研究。在国内外刊物上陆续发表论文近30 篇。

　　当然，这些成果的取得也离不开其他领导的关怀和同事以及同行的帮助。首先，

大连理工大学软件学院前任外语教学部部长乔国钧教授、前任书记慧晓丽以及现任书记胡安妮等领导给予了作者无微不至的指导与关怀，没有几位领导的关怀，本研究团队就无法取得今天的研究成果。其次，在教学及科研方面，外语教学部部长韩兰灵老师、日语研究所所长刘玉琴老师以及其他同事们都给予了很多的支持和帮助，在此表示深深的谢意。另外，非常感谢辽宁师范大学曲维教授，大连外国语大学贺静彬教授多年悉心指导和鞭策。

由于团队水平有限，书中不当之处在所难免，敬请专家和读者予以批评指正。

赵圣花

2015 年 8 月

目　录

6

第一章　名词类研究

【本章导读】

本章主要对"颜"、"鬼"、"～族"进行了认知语义分析及文化解读，尤其对"颜"、"鬼"的认知语义进行了日汉对比研究。并且从搭配的角度分析了「だらけ」与「まみれ」用法的区别。

从认知语言学的视角分析日语"颜"的惯用语的引申义，总结出 8 个引申义的用法。通过详细的分析，明确了"颜"的三个特征与八个引申义的认知语义关系，归纳了"颜"的认知多义网络结构。通过日汉"颜/脸"认知语义分析，将日汉"颜/脸"的惯用语的认知语义在转义时的一致性及非一致性表达用法作了一个初步的归纳。

认知视角对汉日"鬼"词语的引申义，特别是隐喻用法加以对比。研究发现汉语"鬼"词语的贬义用法比日语"鬼"词语的贬义用法多。尤其是表示"讨厌"的贬义用法多。汉语里有强烈的否定意义的用法，而日语则没有。另外，汉语"鬼"的词缀贬义用法比日语丰富得多，更有发展的趋势。

有关日语「～族」的流行语，以转喻和隐喻的认知视角，进行了认知解释和系统的分类。也折射出了其蕴涵的文化背景。

从搭配的角度分析了「だらけ」与「まみれ」用法的区别。能够确定某表面，并且表示沾满的意思时或者对某个事实，表示无奈、很困惑的时候，「だらけ」与「まみれ」能替换。只是语感有所不同。当很难把握物体表面时，就不能使用「YがNまみれ」的形式。因为「～まみれ」是针对某物体表面来说的，比「だらけ」使用范围窄。「だらけ」与「まみれ」多用于消极场合。

第一节　日语有关"顔"的惯用句的认知语义研究

一、引言

面孔是人体与自然及社会交流的关键部位,所以研究面孔的语言表达能揭示人类"近取诸身"、"以心为身"的认知方式。从而了解语言的个性特点对表达产生的影响。

惯用语是各民族的语言习惯、思考方式和社会观念的重要体现形式之一。不同地域的人们,由于所居环境、生活行为方式不相同,对客观世界的认知千差万别,直接形成了各民族惯用语的不同特色。认知语言学认为人类的认知活动植根于日常的身体经验。在人类的认知过程中,自身的身体和生活的空间自然成为最初的现实媒体,人类从自身的体验感受出发,表达情感的意图,落实到语言符号时首先要借用身体或空间概念。

身体有关的词汇语义研究很多,但大多是与"目""口""手"有关的研究,系统地研究与日语"顔"有关的文章不多,有关日语「顔」的先行研究有(赵圣花2006、有薗智美2008、吴宏2009)。但分析的都不够全面。

本节试图通过全面详细的分析,明确"顔"的特征与引申义的各个认知语义关系,归纳"顔"的认知多义网络结构。以期减少外语学习中母语负迁移,有利于学生跨文化交际的顺利实现。

二、理论背景

惯用语的定义为:由两个以上单词或句节构成,它经常固定搭配使用,并具有特定的概念。汉语译作习语、惯用词组或成语,在日语里以前叫作"惯用语",近来大都叫作"惯用句"。(王宏　1983:1)中文中的成语、俗语、歇后语等均属于此范畴,日语中由实词组成的惯用表达也属此范畴。

隐喻是人类的思维方式之一,是认知、理解客观世界的一种工具。籾山洋介(2002)对隐喻和转喻的解释如下。

隐喻：基于两个事物或概念之间存在的某种相似性，用一种事物或概念的表现形式来表示另一种事物或概念。（笔者译）（籾山洋介 2002：65）

转喻：基于两种事物在外部世界的邻接性，以及两种事物在思维或概念上的关联性，用一种事物或概念来表示另一种事物或概念的比喻。（笔者译）（籾山洋介 2002：76）

人的身体与身体各部位，作为人自身最熟悉的事物，便成为了人们理解世界的主要媒体或途径。凭借着身体，人才能得以辨认环境，认识世界，于是人们常常利用自己所熟知的身体本身和身体各部位构成人体隐喻概念，来认知、体验和感受其他领域的隐喻概念，是隐喻在人的肉体与宇宙万物之间建立起的最原始的关联域。（林星 2009（3）：164-168）人体隐喻就是以人的身体各部位为喻体，来比拟其他事物。

在转喻中，涉及的是一种"接近"和"突显"的关系，事物容易理解或容易被感知的属性或方面被用来代替事物的整体或事物的另外某一方面或部分。（Lakoff G. 1987：77）

隐喻和转喻的不同在于隐喻是不同认知域之间的映射，而转喻是同一认知域内两种事物或概念间的映射。（束定芳 2008:200-201）

三、日语「顔」的本义及其基本特征

日语「顔」的本义是指脸，面孔。

其他语义都是从本义通过隐喻、转喻的方式扩展而实现的。为了分析有关「顔」的惯用语的隐喻、转喻，首先看日语「顔」的基本特征。

吴宏（2009）指出「顔」的基本特征有三个:1）生理特征 2）运动特征 3）社会特征。（吴宏 2009：18）

有薗智美（2008）指出「顔」的基本特征有如下 4 个：（有薗智美 2008（9）：288）

a)構造：目、口、鼻、耳などの部位が配置されている。

b)機能：内的心情を（顔面の筋肉運動によって）外部へ表出する。

c)配置：身体の前方を向いた一部（更により狭く、首から上の全部）である。

d)形状：平面的広がりをもつ。

在分析「顔」的认知语义扩展时，本节参考有薗智美提出的「顔」的前三个基本特征。因为表示"形状"的基本特征在日语「顔」里没有，而是在研究有关"面"的惯用语的时候会涉及到"形状"的基本特征。

四、日语「顔」的认知语义引申用法

(一)「顔」的「構造」(外部结构)特征的引申用法

1.「顔」喻指风貌、相貌、个性

由于"脸"是人们区别于他人的外貌特征，"脸"常用来喻指具体或抽象事物的外部形象特征。例如：

（1）北京の顔。（《标准日本语》中级下：12）

上例中的「顔」并不是用来指北京的任何一个可视的面，而是指北京的整体外部形象-风貌。整体外部形象是一个看不见、摸不着的抽象领域。这是以表示人的外部特征的「顔」来喻指抽象事物的外部形象特征的隐喻。

（2）顔のない国と言われてきた。日本人は声を出さない。言葉を発しない。
（少納言「現代日本語書き言葉均衡コーパス」検索例）

在这里「顔」喻指事物领域的"个性"。这是以身体领域的「顔」来喻指事物领域的个性的隐喻。

（3）顔のない後継者。（少納言「現代日本語書き言葉均衡コーパス」検索例）

4

以表示身体的"一部分"「顔」来喻指表示"整体""人的个性"。构成"部分－整体"的转喻关系。

(4) 二つの顔で生きる：作家として、銀行マンとして－山田智彦。
（http://www.baidu.com/s?wd=%E4%BA%8C%E3%81%A4%E3%81%AE%E9%A2%9C&pn）

(5) 女性下着メーカーに勤めるサラリーマンと関東最大の暴力団・新選組の総長の二つの顔を持つ主人公。（有薗智美　2008）

有薗智美（2008）认为「二つの顔を持つ人」是隐喻用法。而笔者判断为转喻。「二つの顔を持つ人」指的是具有两个脸的人，也就是说具有两面性的人。例（4）是褒义用法，例（5）是贬义用法。都是以表示身体的"一部分"「顔」来喻指表示"整体""人的个性"。构成"部分－整体"的转喻关系。

2.「顔」喻指化妆

(6) 自分で美男子というが、日本人離れしている、自分の顔をこしらえてくれといい、週に一度一年近くアトリエに通ったこと、老子のモデルにと頼んだら快諾を　。（少納言「現代日本語書き言葉均衡コーパス」検索例）

化妆是对脸部的眼睛，嘴等整体进行的修饰。"化妆"与"脸"是基于空间上的邻接关系的转喻。

这类用法还有：顔を作る/顔を直す/化妆。（《日语惯用语例解手册》）

(二) 基于「顔」的「機能」（功能）特征的引申用法

1.「顔」喻指─表情、情感、情绪

脸是一幅情感的画面，有笑、哭、怒、愁等表情，当人们感到高兴时，面带笑容，有愁事时，面带愁容。另外，紧张，吃惊，害羞等生理上的原因脸色也会发生

5

变化。

1）基于通感式词义引申用法—隐喻

词义从一种感官经验向另一感官经验的迁移，被称为"通感式词义引申"（徐莲 2003（4）：39）。有蔺智美（2008），吴宏（2009）对于基于脸的「機能」（功能）特征的引申用法只提到转喻的用法。笔者认为「顔」喻指—表情、情感、情绪的引申用法里不仅有转喻的用法，也有隐喻的用法。

日语「顔」喻指表情的通感隐喻表达用法如下：

（7）人にさんざん迷惑をかけておいて、当人は涼しい顔をしている。

"涼しい顔"是指若无其事的样子，满不在乎的样子。"涼しい"的原义是人体感觉凉爽惬意的状态。这是基于"舒适"这个相似的语义特征而形成的隐喻。是"触觉"领域引伸到"视觉"领域的通感隐喻用法。

类义用法有：知らぬ顔。/佯装不知；済ました顔。/若无其事，满不在乎；何食わぬ顔。/若无其事地，装作与己无关的样子。

与例（7）类似用法有：「冷たい顔」。/冷漠的表情。是由"不愉快、不舒服"这种相似性的语义特征而形成的隐喻。（详细分析请参考 赵圣花 2006（1）：85-86）

（8）カフェのお兄さん、なかなか渋い顔をして、ちょっと日本の俳優の誰かを思わせる。
（http://sawakon.habiby.info/2-01people/1handsoms.htm）

这虽然是味觉→视觉发生的词义转移，但是属于五官感觉之间没有直接联系的特殊的隐喻。这是多义词「渋い」的"义项 3" 涩柿子的红褐色（多用于正面评价）的这个语义特征向"义项 6" 朴素而稳重、富于魅力与雅趣（多用于正面评价）转用而来的，是建立在隐喻基础上的词义转移。（赵圣花 2006（1）：88）

2) 基于时间上连续的词义引申用法—转喻

(9) レモンに渋い顔。 （http：// www.geocities.co.jp）

(10) 梅干を食べてすっぱい顔をした。

  （http：//sapporo-onlne.cool.ne.jp）

(11) この子は自分の気に入らないとまずい顔をする。

  （『現代形容詞用法辞典』）

(12) お金を借りに行ったら渋い顔をした。

  （http：//www.aozora.gr.jp）

(13) 話を聞いて彼は苦い顔になった。 （『現代形容詞用法辞典』）

(14) つい怒ったらその子はしょっぱい顔をした。

  （『現代形容詞用法辞典』）

例句（9）和（10）都是味觉→视觉发生的词义转移。当人吃到味道不好的东西时就会面露苦相，这是基于动作发生的"时间上的连续性"而形成的转喻。

例句（11）～（14）都是味觉→视觉发生的词义转移。除了吃到味道不好的东西以外，其他令人感到心情不舒畅的场合，人都会面露苦相，所以这些都是基于动作发生的"时间上的先后关系"而形成的转喻。

(15) 彼女は難しい顔で考え込んでいた。 （『現代形容詞用法辞典』）

「難しい顔」是指感到困难、棘手，面露难色。这是因为遇到了困难，所以心情郁闷，表现出一副愁眉苦脸的样子。这种表达是基于时间上的先后关系而建立起来的转喻。

类似的用法有：浮かぬ顔。/有心事的样子。郁闷的表情；驚いた顔をした。/显出吃惊的神色；変な顔をする。/做出怪脸；顔を曇らせる。/愁容满面；顔をこわばらせる。/板面孔；顔をほころばせる。/露出笑容。（《日语惯用语例解手册》）

7

3) 基于生理的引申用法—转喻

生理的转喻是指由于情感的原因引起生理上的变化（体温的上升或者下降），是联系情感和生理症状的一种转喻的用法。（武藤彩加 2000（13）：107）下面，举例分析生理的转喻用法。

（16）緊張のせいか少し<u>固い顔をしていた</u>。（http://www.tbs.co.jp）

「固い」的原义是指结实的不易变形的所谓触觉上感觉很硬的东西。另外，作为多义词它还有引申的用法即神经紧张、肌肉僵硬，无法恢复到舒适坦然的状态。由「固い」的原义到引申义的转用可以解释为由于情绪紧张的原因，产生了肌肉僵硬的生理变化，表现为身体发硬、发板，这是一种生理的转喻用法。简单地说，这是基于情感和生理症状同时发生的转喻的表达用法。

（17）<u>顔から火が出る</u>。（《日语惯用语例解手册》）
（18）<u>顔に紅葉を散らす</u>。（《日语惯用语例解手册》）

例（17）（18）是由于感到羞愧造成生理的变化（体温上升，脸涨红）。这是基于害羞的心理状态和生理症状同时发生的转喻的表达用法。

类似的用法有：顔を赤くする/顔を赤らめた。/羞得脸红。（《日语惯用语例解手册》）

（19）離婚会見でなんであんなに<u>青白い顔をして</u>ぷるぷる震えながら涙を流して話していたんでしょうか？
（http://www.google.com.hk/）

这里的「青白い顔」是指由于感情的原因引起的生理性变化（体温上升、下降、脸红脖子粗、面无血色等），属于生理性转喻。

(三) 基于「顔」的「配置」(位置) 特点的引申用法

1.「顔」喻指人或头

　　「顔」位于身体上方的突显部位，可以用来代替整体的人，以表示身体的 "一部分"「顔」来喻指表示 "整体" 的 "人"。这类惯用语都是 "部分—整体" 的转喻关系。如：

　　(20) 古顔や新人の俳優が顔を揃えて競演する。(《日语惯用语例解手册》)

　　在这里「古顔」是指老演员，「顔を揃える」是指人到齐。因此，基于 "部分—整体" 的转喻关系。

　　类似的用法有：顔ぶれ/(会议，事业等) 列名的人，成员，参加的人；顔がそろう/人到齐；皆知っている顔ばかりだ。/都是熟人；新しい顔/新人 (《新日汉辞典》)

　　"脸" 用来指代人，去见某人时就说 "见面"。这类日语惯用语有：顔をあわせる。/见面；顔を出す/露面，出面。(《新日汉辞典》)；顔を見せる。/露面，看见。(《日语惯用语例解手册》)

　　(21) あたりを見回してから、顔をあげて彼の目を盗み見る。　(少納言「現代日本語書き言葉均衡コーパス」検索例)

　　在这里「顔をあげる」是指抬头的意思。脸是在头部最为突显的部位，基于 "部分—整体" 的转喻关系。

2.「顔」喻指交际、尊荣、面子、知名度

　　每个人除了拥有一张父母给予的自然脸之外，还拥有一张社会脸。确切地说，社会脸指一个人在社会中的身份、地位、财富、受尊敬的程度在内的综合指数，即俗话所说的 "面子"。每个人都羡慕渴望并追求一张完美的自然脸一样，人在社会

中竭尽全力地奋斗，就是为了赢得更胜一筹的社会脸。基于社会脸的抽象性、内容的复杂性和难以表达性，人们自然会用与其拥有相似性的自然脸来表达社会脸，形成隐喻。

(22) 学会で顔が売れているから、書いた論文はすぐ発表してくれる。(《日语惯用语例解手册》)

(23) 彼は顔が利くから裏口取引ができる。(《日语惯用语例解手册》)

例（22）「顔が売れる」是有名望，出名的意思。例（23）「顔が利く」是有名气兜得转，神通广大的意思。认识你的"脸"的人越多，你的知名度、影响力也就越高。这是身体的一个概念领域"脸"投射到抽象的概念领域"知名度"、"影响力"方面的隐喻用法。

(24) 顔が広い男だから、彼に頼めば適当な人を紹介してくれるだろう。(《日语惯用语例解手册》)

(25) 年に一、二度会合に出席して顔をつないでいる。(《日语惯用语例解手册》)

例（24）「顔が広い」是交际广阔，熟人多，门路广的意思。例（25）「顔をつなぐ」是碰头保持联系的意思。这两个惯用语都是身体的一个概念领域"脸"投射到抽象的概念领域"交际"方面的隐喻用法。

(26) 約束の期限までに工事を完成しなければ、私の顔が立たない。(《日语惯用语例解手册》)

(27) お前の不始末で親の顔がつぶれるのを何とも思わないのか。(《日语惯用语例解手册》)

例（26）里的惯用语是「顔が立つ」是脸上光彩，有面子的意思。例（27）「顔がつぶれる」是丢脸的意思。类似的用法有：顔に泥を塗る。/顔を汚す/脸上抹黑。

例（26）（27）里都是身体的一个概念领域"脸"投射到抽象的概念领域"名誉"方面的隐喻用法。

（四）基于「顔」的「構造」（外部结构）与「機能」（功能）特点的引申用法
1.「顔」喻指代表

(28) 窓口は会社の顔ですから、その取引先も考えると思います。（少納言「現代日本語書き言葉均衡コーパス」検索例）

容貌(外部结构特征)与表情（功能特点）对了解一个人的心情、人格、个性方面起着重要作用。这是以身体的"重要部位"「顔」来喻指公司重要的"代表"的隐喻。

2."顔"惯用语的引申义归纳
根据上文的日语"顔"惯用语的认知语义分析，将"顔"惯用语的引申义归纳如下表1。

表1 日语"顔"惯用语的引申义归纳

引申义归纳	例
①风貌、容貌、相貌	北京の顔
②个性	顔のない後継者
③化妆	顔を直す
④表情、情感、情绪	冷たい顔，変な顔，苦い顔，難しい顔，青白い顔，渋い顔，涼しい顔，顔から火が出る
⑤人	顔がそろう
⑥头	顔をあげる
⑦交际、面子、尊荣、知名度、情面	顔が利く，顔が売れる，顔が広い，顔が立つ，顔がつぶれる，顔に泥を塗る
⑧代表	窓口は会社の顔

如表 1 所示喻指表情、情感、情绪和喻指交际、面子、尊荣、知名度、情面方面的最为丰富。

"颜"惯用语的认知多义网络结构

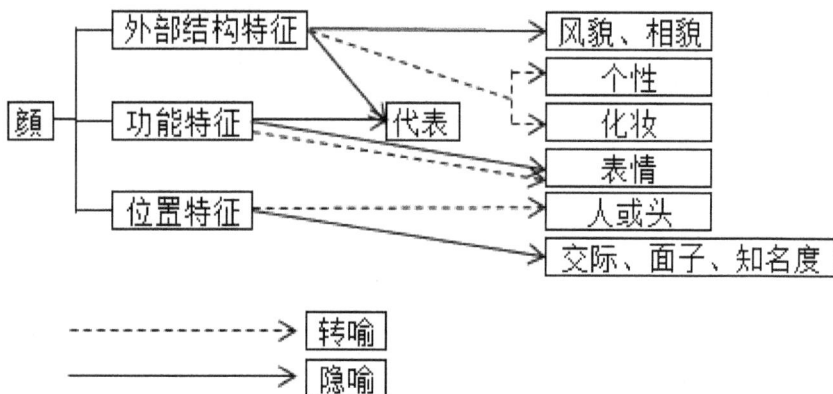

3. 结语

通过上述对"颜"的惯用语的引申义的分析，总结出 8 个引申义的用法。其中喻指表情、情感、情绪和喻指交际、面子、尊荣、知名度、情面方面的最为丰富。喻指表情、情感、情绪的用法不仅有转喻的用法而且隐喻的用法也有。通过详细的分析，明确了"颜"的 3 个特征与 8 个引申义的认知语义关系，归纳了"颜"的认知多义网络结构。

今后的课题是研究"颜"的惯用语的中日认知对比，揭示不同语言背景下人们认知世界的共性和差异性，以减少外语学习中母语负迁移，有利于学生跨文化交际的顺利实现。

第二节　有关感觉、情感方面的“顔”的惯用表达及其比喻用法

一、引言

有关“顔”的惯用表达用法，从《广辞苑》收集的话，超过200多种。本节研究只限定为感觉、情感方面的“顔”的惯用表达用法。针对“顔”的惯用表达的分析，通过メタファー(隐喻)和メトニミー(转喻)两个观点入手，五官感觉之间没有直接联系的，按多义词分析的方法来解释义项之间的关联性。以便于学习者对“顔”的语义扩张的理解，最终达到了解“顔”的丰富多彩的形象化比喻用法的目的。

籾山洋介(2002)对メタファー(隐喻)和メトニミー(转喻)的解释如下。

メタファー：二つの事物・概念の何らかの類似性に基づいて、一方の事物・概念を表す形式を用いて、他方の事物・概念を表すという比喩。(籾山洋介2002：65)

这一类的比喻，有两个事物、概念基于外观上或者性质上的类似的用法。叫暗喻或者隐喻。例如："目玉焼き""月見うどん"(外观上类似的用法)，"語学力を武器に国際社会で活躍する。"(抽象的性质上类似的用法)。

メトニミー：二つの事物の外界における隣接性、あるいは二つの事物・概念の思考内、概念上の関連性に基づいて、一方の事物・概念を表す形式を用いて、他方の事物・概念を表すという比喩。(籾山洋介2002：76)

这一类的比喻，有空间上的物与物之间基于邻接关系的用法，还有基于两个事情相继发生或者同时发生的用法，还有部分与整体关系的用法。叫换喻或者转喻。例如："今日は寒いから鍋にしよう。"(物与物之间的邻接关系的用法)，"一晩で、一升瓶を飲み干してしまった。"(物与物之间的邻接关系的用法)，"化粧室""お手洗い"(避开直接表达排泄行为的委婉表达用法，是两个事情相继发生的用法。)"人前で話すと、ついかたくなってしまいます。"(紧张的情绪与生理的变化同时发生的用法)

池上(1985：99)关于“共感觉的比喻”的解释，简单概括为如下。

「共感覚的比喩」とは、「五感」に関わる比喩のことで、ある感覚領域を表す語が別の感覚領域に転用されるという表現を指す。

表示触覚、味觉、嗅觉、视觉、听觉的五官感觉的词，在分析其感觉之间的意义转用上，有龟井孝(1996)等"共感觉的比喻"的观点分析的先行研究。

比喩との関連で「共感覚的比喩」について先行研究の解釈には、類似性に基づく「メタファー」という指摘がもっとも多くみられる。そして、「基本義」と「派生義の関係については「一種の感覚的、印象的な類似」によるもので、「具体的な説明は難しい」としている。（武藤彩加2000：98-102）

武藤彩加(2000)对"共感觉的比喻"的先行研究的解释加以修正，并指出感觉之间的意义转用上不仅メタファー(隐喻)和メトニミー(转喻)并生共存，而且还指出分析原义和引申义之间的词义转用时五官感觉之间没有直接联系的，按多义词分析的方法来解释。本节在分析感觉之间的意义转用上，采用了武藤彩加的分析方法。

二、基于隐喻的派生用法

首先分析以下例句。

(1) おとなたちが、せちがらい世の中で、表面はすずしい顔をしながら、きたないことを平気でして生きていくのは、この少年たちが、ぬれぎぬをものいわぬ石太郎にきせて知らん顔しているのと、なにか、にかよっている。（新美南吉『尼』）

(http://Iwww.aozora.gr.jp/cards/000017/files/193.html)

(2) 南はすずしい顔をして外出ができるようになった。その南の許へかの媒婆が来た。「へんなことを聞いたものでございますから、心配しておりましたが、何もなくて結構でございました。（田中貫太郎『寶氏』）

(http://www.aozora.gr.jp/cards/000154/files/1661_11963.html)

(3) やっぱり、どこか、ずるいのよ。けちな、けちな、我利我利(がりがり)が、気持のどこかに、ちゃんと在るのよ。あなたが勝手に責任感じ

て、そうして、むしゃくしゃして、お苦しくて、こんどは誰か、遠いところに居る人に、その責任、肩がわりさせて、自身すずしい顔したいお心なのよ。そうなのよ。(太宰治『火の鳥』)

(http: //www.aozora.gr.jp/cards/00035/files/268 _15083. html)

"すずしい顔"是指与己无关、释然坦荡的表情。上例中"すずしい"的原义人体感觉凉爽惬意的状态，已从"触觉"领域引伸到"视觉"领域。(1)和(3)是表现出与自己无关的若无其事的表情。(2)是释然的表情。它们均为从不愉快的事情解脱出来的一种很舒服很痛快的"视觉"领域用法。笔者将其归属于根据类似性的メタファー(隐喻)的引申用法。

(4)色の白い女学生風な立ち姿の好い女である。晴々とした顔で奥から覗いて美しい眼を見せる時もあるが、また妙に冷たい顔をして竹村君などには目もいけぬ時がある。(寺田寅彦『まじよりか皿』)

(http://www.aozora.gr.jp/cards/000042/files/24399_15386.html)

对"晴々とした顔"人们所联想的形象因人而异，为了更好地把握其比喻表现的词义，本文主张以类推的方式来扩充它的形象化的比喻。类推的话，就会联想到"白い顔""明るい顔""きれいな顔""澄ました顔""生き生きした顔"等等表情。只有考虑到它所比喻的情境，才能够正确地把握其所派生的词义。"晴々とした顔"是从"晴れ"的基本词义(天空没有一片云彩，澄清的状态)被转用、派生的表达，属于根据类似性判断其为メタファー(隐喻)用法。

一说起"冷たい顔"也能够联想到"人情が薄く、思いやりがなさそうな顔""やさしくなさそうな顔""人に関心がなさそうな顔""情熱がさめて相手を無視するような顔"等表情。"冷たい顔"是从"冷たい"的基本词义(皮肤触到某种东西或者喝过某种东西之后感到体温在下降)的"触觉"领域转用到"视觉"的领域。也属于根据类似性判断其为メタファー(隐喻)的用法。

15

(5)借りる時の地蔵顔、返す時の閻魔顔。(『新明解国語辞典』)

　　"地蔵顔"原义是指在日本保佑游人和儿童的"地蔵菩薩"的表情。例(5)的用法当然不属于原义用法。将"地蔵顔"类推，人们也会联想到"仏顔""花の顔""笑い顔"。由于地藏菩萨的笑脸和去借东西的人挤出的笑脸相似，所以判断其为メタファー(隐喻)的引申用法。

　　"閻魔顔"原义是指地狱里的魔王流露的狰狞的面孔。例(5)的用法当然不属于原义用法。因为魔王表露的面部表情和还东西的人流露的表情相似，因此判断其为メタファー(隐喻)的引申用法。将"閻魔顔"类推，人们也会联想到"鬼のような顔""きつい顔""やばい顔"。

(6)仏の顔も三度。(『新明解国語辞典』)

　　"仏の顔"的原义是指"释尊"的笑面。"释尊"的笑面和好脾气的人所表现的很慈祥的面貌相似，因此将其归为メタファー(隐喻)的引申用法。例(6)的惯用句词义是不管多老实的人，被捉弄的话，也会发脾气的。亦即事不过三，人的忍耐是有限度的。

三、基于转喻的派生用法

(一)基于时间上连续的类型

(7)レモンにしぶい顔。レモンはすっぱくてイヤだけど何となく気になるみたい。オレンジが大好物なので、オレンジだと思って食べて、失敗したーと思ってるのかな。

(http://www.geocities.co.jp/NeverLand/3030/20010915044023.html)

例(7)的"しぶい顔"的原义和视觉表现的联系是吃了没熟的水果之后舌头感到发涩的"不愉快的味觉"和吃了之后伴随的"不愉快"的视觉表现。根据味觉和视觉感受的相继性，判断其为メトニミー(转喻)。

(8) 妹よ、あの白い夜のことを覚えてゐるかい、あの時、少女であったお前は今はもう三人の子の母親になった、きのふ私が金を借りにいったら、お前は瞬間しぶい顔をした。（『霊魂第十号の秘密』）

(http: //www. aozora. gr. jp/cards/000160/files/2687 . html)

例(8)的"しぶい顔"指由于内心不愉快或者不满意而表现出类似酸涩水果的皱眉头的面部表情。这一类的引申用法是基于时间的前后关系判断其为メトニミー(转喻)的用法。例如(8)尽管没有吃什么但也能引申为类似的视觉领域表情的用法。我们也可以从(9)(10)(11)的例子看到类似的表达。

(9) 私が手帖を出さないと、なんともいえない渋いまずい顔をなさって、そうしてチクリチクリと妙な皮肉めいた事を言いはじめるので、どうしても私は手帖を出さざるを得なくなるのである。（太宰治『黄村先生言行録』）

(http//1www. aozora. gr. jp/cards/000035/files/287 _15062. html)

(10)今ごろはあの子供の頭が大きな平手でぴしゃぴしゃはたき飛ばされているだろうと思うと、彼は知らずしらず眼をつぶって歯を食いしばって苦い顔をした。(有島武郎『卑怯者』)

(http://www. aozora. gr. jp/cards/000025/ files/209. html)

(11)いくらメイクが上手でも表情が固まってると感情のない能面のようになってしまいます(けっこう見かけます)、毎日の洗顔のあと2、3分のトレーニングがあなたの魅力をアップします。(梅干しのすっぱい顔→驚きのビックリ顔→梅干しのすっぱい顔と繰り返しても運動になりま

17

す。)

(http://sapporo-online.cool.ne.jp/sapporogirl/00_aira_model_eye
s.html)

上述的(9)（10）（11）所示的是引申到视觉领域的用法，系依据时间顺序判断
的メトニミー(转喻)用法。

(二)生理的转喻

"生理的メトニミー"（武藤彩加2000：107）是指由于情感的原因引起生理上
的变化(体温的上升或者下降)，是联系情感和生理症状的一种メトニミー(转喻)
的用法。

下面，举例分析"生理的メトニミー"的用法。

(12)新幹線の女性第 1 号運転士のはじめての運転だったからです。駅のホー
　　ムでは、緊張のせいか少しかたい顔をしていましたが、運転席に入る
　　と、ホームから手をふる人たちに笑顔でこたえていました。

　　(http://www.tbs.co.jp/catchat/news/main/000802/02index.html)

例(12)"かたい"的原义是指结实的不易变形的所谓触觉上感觉很硬的东西。
另外，作为多义词它还有引申的用法，即神经紧张、肌肉僵硬，无法恢复到舒适坦
然的状态。由"かたい"的原义到引申义的转用可以解释为由于情绪紧张的原因，
产生了肌肉僵硬的生理变化，表现为身体发硬、发板，这是一种"生理的メトニミ
ー"的表达用法。简单地说，这是基于情感和生理症状同时发生的メトニミー(转
喻)的表达用法。

(13)彼は顔を真っ赤にして怒った。(作例)

例(13)是由于发怒的情感上的原因造成生理的变化(体温上升，脸涨红)的结

果。这是基于情感和生理症状同时发生的メトニミー(转喻)的表达用法。

(14) 人前で大失敗を演じ<u>顔から火が出る</u>思いがした。

　　(http://yahoo.co.jp)

　　例(14)是由于感到羞愧造成生理的变化(体温上升，脸涨红)。这是基于害羞的心理状态和生理症状同时发生的メトニミー(转喻)的表达用法。例(15)也有类似的用法，这里的视觉表达极其生动形象。

(15) <u>顔に紅葉を散らす。</u>

　　(http:///www.7.plala.or.jp/face/j/word.ht-mal)

四、以感觉之间的意义转用很难说明的类型
(一)问题点

　　在上述例(7)中，"しぶい" 的原义 "不快的味道" 表达的是负面评价的意义特征的用法。而例如(16)(17)，则为正面评价的意义特征的用法。

(16) 木村拓哉の煙草吸ってる時の険しい顔っていうか、<u>しぶい</u>顔するじゃん。あれ！あの顔。

　　(http://yamamochi.vivian.jp/mochi2nd/konoga/oga.htm)

(17) ネットカフェのお兄さん。なかなか<u>しぶい</u>顔していて、ちょっと日本の俳優の誰かを思わせるんだけど、誰だか分かりません。

　　(http://sawakon.habiby.info/2 - 01 people/ lhandsoms. htm)

　　这样的例子因为五官感觉之间没有直接的联系，所以只能依靠多义词的分析方法(多义词的分析方法参考 籾山洋介 1993 : 35-37)来说明。

(二)有关「渋い」的认知多义分析

"渋い" 的认知多义分析方法参考酒井彩加(2003：71-75)

多義的別義(1)：〈熟さない柿等が持つ渋みに対する〉〈不快な〉〈味覚的刺激〉。

例:渋い柿(味覚)

"渋い" 的基本义就是多義的別義(1)，指未成熟的柿子等水果那种酸涩不快的味觉感受。

多義的別義(2)：〈不快感あるいは不満足感が〉〈表情に表れているさま〉。

例:渋い顔(視覚)

多義的別義(3)：〈 (柿渋のような)赤茶色〉。

例:渋色(視覚) (多用于正面评价)。

多義的別義(4)：〈相手に対する対応等において)〈進んで好意的でないさま〉。

例:渋い態度・返事。

　　金遣いが渋い。

多義的別義(5)：〈動きや様態が〉〈滞って円滑でないさま〉。

例:食いが渋い(釣りで魚があまりエサを食べない)。

　　台が渋い(ビリヤードで玉がポケットに入りにくい台)

多義的別義(6)：〈地味で落ち着いた〉〈深い魅力や趣があるさま〉。

例:渋いマスク・顔(視覚)、渋い演技(視覚)、渋い声(聴覚)、渋い香り(嗅覚)、渋い好み。 (多用于正面评价)

从 "別義(1)" 到 "別義(3)" 的意义转用是基于 "赤茶色" 的相相似性特征，判断为メタファー(隐喻)。

从 "別義(3) 到 "別義(6)" 的意义转用是基于 "富有魅力" 的相似性特征，判断为メタファー(隐喻)。

从 "別義(1)" 到 "別義(2)" 的意义转用是基于同时性的メトニミー(转喻)。

从 "別義(2)" 到 "別義(4)" 的意义转用是基于 "不快感" 的相似性特征，判断为メタファー(隐喻)。

从"別義(4)"到"別義(5)"的意义转用是基于"進まない"的相似性特征，判断为メタファー(隐喻)。

(三) "渋い"的认知多义网络结构

通过上述"渋い"的认知多义分析，把义项之间的关系可概括为如下图。

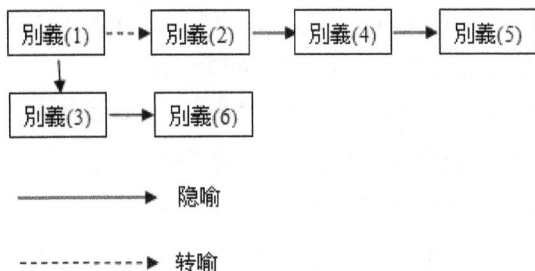

(四)对问题点的解释

对于词义转用的惯用表达在五官感觉之间没有直接联系的, 在此以多义词"渋い"为例进行认知多义结构分析。

上述的例(16) 和(17)的用法是根据从"渋い"的"別義(3)"转用到"別義(6)"的メタファー(隐喻)用法。

五、结语

通过本节的分析，明确了有关"顔"的惯用表达(主要指表示感觉、情感方面的惯用表达)在意义转用上,不仅有メタファー(隐喻)用法,而且メトニミー(转喻)用法也存在。在"顔"的惯用表达的分析上,五官感觉之间没有直接联系的,需要按多义词分析的方法来解释。而为了更好地把握其比喻的词义,应该以类推的方式来扩充它的形象的比喻。

今后应进一步拓展研究，运用类似的视角研究身体其它部位的惯用表达。

第三节　日汉"颜/脸"的惯用语的认知语义对比研究

一、引言

对比日汉面孔词能具体地、有代表性地揭示中日民族的认知取向和文化传统的差异，并了解语言的个性特点对表达产生的影响。

惯用语是各民族的语言习惯、思考方式和社会观念的重要体现形式之一。不同地域的人们，由于所居环境、生活行为方式不相同，对客观世界的认知千差万别，直接形成了各民族惯用语的不同特色。

身体有关的词汇语义研究很多，但大多是与"目""口""手"有关的中日研究，系统地研究日汉"颜/脸"认知对比研究却很少。

在日语和汉语中，与"颜/脸"相关的惯用语占很大部分。对此在认知语言学的视角对日汉语中与"颜/脸"相关的惯用语，分别进行了细致的分析，并进行简要的对比，以期更好地揭示不同语言背景下人们认知世界的共性和差异性，以减少外语学习中母语负迁移，有利于学生跨文化交际的顺利实现。

二、理论背景

惯用语的定义:由两个以上单词或句节构成，它经常固定搭配使用，并具有特定的概念。汉语译作习语、惯用词组或成语，在日语里以前叫作"惯用语"，近来大都叫作"惯用句"。（王宏 1983:15-22）中文中的成语、俗语、歇后语等均属于此范畴，日语中由实词组成的惯用表达也属此范畴。

隐喻是人类的思维方式之一，是认知、理解客观世界的一种工具。籾山洋介（2002）对隐喻和转喻的解释如下。

隐喻:基于两个事物或概念之间存在的某种相似性，用一种事物或概念的表现形式来表示另一种事物或概念。（笔者译）（籾山洋介 2002:65）

转喻:基于两种事物在外部世界的邻接性，以及两种事物在思维或概念上的关联性，用一种事物或概念来表示另一种事物或概念的比喻。（笔者译）（籾山洋介

2002: 76）

人们常常利用身体各部位构成人体隐喻概念，来认知、体验和感受其他领域的隐喻概念，是隐喻在人的肉体与宇宙万物之间建立起的最原始的关联域。（林星 2009:164-168）

在转喻中，涉及的是一种"接近"和"突显"的关系，事物容易理解或容易被感知的属性或方面被用来代替事物的整体或事物的另外某一方面或部分。（Lakoff. G. 1987:77）

隐喻和转喻的不同在于隐喻是不同认知域之间的映射，而转喻是同一认知域内两种事物或概念间的映射。（束定芳 2008:200-201）

由于中日两国历史文化传统的不同和意识形态的不同，"顔/脸"的惯用语，在不同文化里所承载的内涵也不同。

三、日语「顔」的认知语义扩展用法

在分析「顔」的认知语义扩展之前，先看日语「顔」的本义。本义为指脸，面孔。其他语义都是从本义通过隐喻、转喻的方式扩展而实现的。

在分析「顔」的认知语义扩展时，本节参考有薗智美（2008）提出的「顔」的基本特征。

（一）「顔」的外部结构特征的引申用法
1. 「顔」喻指风貌、相貌、个性

　　（1）北京の顔。（唐磊等 2008《标准日本语》中级下：12）

上例中的「顔」并不是用来指北京的任何一个可视的面，而是指北京的整体外部形象-风貌。整体外部形象是一个看不见、摸不着的抽象领域。这是以表示人的外部特征的「顔」来喻指抽象事物的外部形象特征的隐喻。

　　（2）顔のない国と言われてきた。日本人は声を出さない。言葉を発しない。

在这里「顔」喻指事物领域的"个性"。这是以身体领域的「顔」来喻指事物领域的个性的隐喻。

（3）顔のない後継者。（少納言「現代日本語書き言葉均衡コーパス」検索例）

以表示身体的"一部分"「顔」来喻指表示"整体""人的个性"。构成"部分—整体"的转喻关系。

（4）二つの顔で生きる：作家として、銀行マンとして－山田智。（http://www.baidu.com/）

（5）女性下着メーカーに勤めるサラリーマンと関東最大の暴力団・新選組の総長の二つの顔を持つ主人公。（有薗智美 2008：290）

「二つの顔を持つ人」指的是具有两面性的人。例（4）是褒义用法，例（5）是贬义用法。都是以表示身体的"一部分"「顔」来喻指表示"整体""人的个性"。构成"部分—整体"的转喻关系。

2. 「顔」喻指化妆

（6）自分の顔をこしらえてくれといい、週に一度一年近くアトリエに通った。（少納言「現代日本語書き言葉均衡コーパス」検索例）

化妆是对脸部的眼睛，嘴等整体进行的修饰。"化妆"与"脸"是基于空间上的邻接关系的转喻。

24

（二）基于「顔」的功能特征的引申用法
1.「顔」喻指—表情、情感、情绪
1）基于通感式词义引申用法—隐喻

　　词义从一种感官经验向另一感官经验的迁移，被称为"通感式词义引申"。（徐莲 2003:39）

　　有薗智美（2008），吴宏（2009）对于基于脸的功能特征的引申用法只提到转喻的用法。笔者认为「顔」喻指—表情、情感、情绪的引申用法里不仅有转喻的用法，也有隐喻的用法。

　　日语「顔」喻指表情的通感隐喻表达用法如下：

　　（7）人にさんざん迷惑をかけておいて、当人は涼しい顔をしている。

　　"涼しい顔"是指若无其事的样子，满不在乎的样子。"涼しい"的原义是人体感觉凉爽惬意的状态。这是基于"舒适"这个相似的语义特征而形成的隐喻。是"触觉"领域引伸到"视觉"领域的通感隐喻用法。（赵圣花 2006:86）

　　（8）カフェのお兄さん、なかなか渋い顔をして、ちょっと日本の俳優の誰かを思わせる。
　　　　（http://sawakon.habiby.info/2-01people/1handsoms.htm）

　　这虽然是味觉→视觉发生的词义转移，但是属于五官感觉之间没有直接联系的特殊的隐喻。这是多义词「渋い」的"义项3"涩柿子的红褐色（多用于正面评价）的这个语义特征向"义项6"朴素而稳重、富于魅力与雅趣（多用于正面评价）转用而来的，是建立在隐喻基础上的词义转移。（赵圣花 2006:88）

2）基于时间上连续的词义引申用法—转喻

(9) レモンに<u>渋い 顔</u>。 （http :// www. geocities. co. jp）

(10)梅干を食べて<u>すっぱい 顔</u>をした。（http://sapporo-onlne. cool. ne. jp）

(11) この子は自分の気に入らないと<u>まずい 顔をする</u>。（『現代形容詞用法辞典』）

(12) お金を借りに行ったら<u>渋い 顔</u>をした。（http : //www. aozora. gr. jp）

(13) 話を聞いて彼は<u>苦い 顔</u>になった。（『現代形容詞用法辞典』）

(14) つい怒ったらその子は<u>しょっぱい 顔をした</u>。（『現代形容詞用法辞典』）

    例句（9）和（10）都是味觉→视觉发生的词义转移。当人吃到味道不好的东西时就会面露苦相，这是基于动作发生的"时间上的连续性"而形成的转喻。

    例句（11）～（14）都是味觉→视觉发生的词义转移。除了吃到味道不好的东西以外，其他令人感到心情不舒畅的场合，人都会面露苦相，所以这些都是基于动作发生的"时间上的先后关系"而形成的转喻。

(15) 彼女は<u>難しい 顔</u>で考え込んでいた。（『現代形容詞用法辞典』）

    「難しい 顔」是指感到困难、棘手，面露难色。这是因为遇到了困难，所以心情郁闷，表现出一副愁眉苦脸的样子。这是基于时间上的先后关系而建立起来的转喻。

    类似的用法有：<u>変な顔をする</u>。/做出怪脸；<u>顔を曇らせる</u>。/愁容满面(日语惯用语例解手册)

3）基于生理的引申用法—转喻

    生理的转喻是指由于情感的原因引起生理上的变化（体温的上升或者下降），是联系情感和生理症状的一种转喻的用法。（武藤彩加 2000:107）

(16) 緊張のせいか少し<u>固い 顔</u>をしていた。（http : //www. tbs. co. jp）

「固い」的基本义是指结实的不易变形的所谓触觉上感觉很硬的东西。另外，作为多义词它还有引申的用法即神经紧张、肌肉僵硬，无法恢复到舒适坦然的状态。这是由于情绪紧张的原因，产生了肌肉僵硬的生理变化，表现为身体发硬、发板。这是一种生理的转喻用法。

(17) <u>顔から火が出る</u>。(《日语惯用语例解手册》)

(18) <u>顔に紅葉を散らす</u>。(《日语惯用语例解手册》)

例 (17) (18) 是由于感到羞愧造成生理的变化（体温上升，脸涨红）。这是基于害羞的心理状态和生理症状同时发生的转喻的表达用法。

(19) 離婚会見でなんであんなに<u>青白い顔</u>をしてぷるぷる震えながら涙を流して話していたんでしょうか？（http://www.google.com.hk/）

这里的「青白い顔」是指由于感情的原因引起的生理性变化属于生理性转喻。

(三) 基于「顔」的位置特点的引申用法

1. 「顔」喻指人或头

「顔」位于身体上方的突显部位，可以用来代替整体的人，以表示身体的"一部分"「顔」来喻指表示"整体"的"人"。这类惯用语都是"部分－整体"的转喻关系。如：

(20) <u>古顔</u>や新人の俳優が<u>顔を揃えて</u>競演する。(《日语惯用语例解手册》)

在这里「古顔」是指老演员，「顔を揃える」是指人到齐。因此，基于"部分－整体"的转喻关系。

类似的用法有：<u>顔がそろう</u>/人到齐。(《新日汉辞典》)

（21）あたりを見回してから、<u>顔をあげて</u>彼の目を盗み見る。（少納言「現代日本語書き言葉均衡コーパス」検索例）

在这里「顔をあげる」是指抬头的意思。脸是在头部最为突显的部位，基于"部分—整体"的转喻关系。

2. 「顔」喻指交际、尊荣、面子、知名度

（22）学会で<u>顔が売れている</u>から、書いた論文はすぐ発表してくれる。（《日语惯用语例解手册》）

（23）彼は<u>顔が利く</u>から裏口取引ができる。（《日语惯用语例解手册》）

例（22）「顔が売れる」是有名望，出名的意思。例（23）「顔が利く」是有名气兜得转，神通广大的意思。认识你的"脸"的人越多，你的知名度、影响力也就越高。这是身体的一个概念领域"脸"投射到抽象的概念领域"知名度"、"影响力"方面的隐喻用法。

（24）<u>顔が広い</u>男だから、彼に頼めば適当な人を紹介してくれるだろう。（《日语惯用语例解手册》）

（25）年に一、二度会合に出席して<u>顔をつないでいる</u>。（《日语惯用语例解手册》）

例（24）「顔が広い」是交际广阔，熟人多，门路广的意思。例（25）「顔をつなぐ」是碰头保持联系的意思。这两个惯用语都是身体的一个概念领域"脸"投射到抽象的概念领域"交际"方面的隐喻用法。

（26）約束の期限までに工事を完成しなければ、<u>私の顔が立たない</u>。（《日语惯用语例解手册》）

（27）お前の不始末で親の顔がつぶれるのを何とも思わないのか。（《日语惯用语例解手册》）

例（26）里的惯用语是「顔が立つ」是脸上光彩，有面子的意思。例（27）「顔がつぶれる」是丢脸的意思。类似的用法有：顔に泥を塗る。/脸上抹黑。

例（26）（27）里都是身体的一个概念领域"脸"投射到抽象的概念领域"名誉"方面的隐喻用法。

（四）基于「顔」的外部结构与功能特点的引申用法
「顔」喻指代表

（28）窓口は会社の顔ですから、その取引先も考えると思います。（少納言「現代日本語書き言葉均衡コーパス」検索例)

容貌(外部结构特征)与表情（功能特点）对了解一个人的心情、人格、个性方面起着重要作用。这是以身体的"重要部位"「顔」来喻指公司重要的"代表"的隐喻。

四、汉语"脸"的认知语义扩展用法

根据《现代汉语词典》(1985) 的解释，汉语"脸"的本义解释如下：头的前部，从额头到下巴。（中国社会科学院语言研究所词典编辑室 1985：704）

面孔是人体最重要的部位之一，它集五官于一处，是重要的人际交流部位。汉语对应的表达为"面"和"脸"。"面"是个古字，甲古文里已有它的身形；"脸"是后起字，起初是指脸颊上那一小块儿，后来扩大到指整个脸部，取得了跟"面"等同的地位。（左民安2005：176）本节研究不涉及有关"面"的惯用语。

（一）基于"脸"的外部结构特征的引申用法
1."脸"喻指风貌、容颜、相貌。

（29）体育公园将新脸迎客。（向二兰 2007:29）

这是以表示人的外部特征的"脸"来喻指抽象事物的外部形象特征的隐喻。

（30）柳腰莲脸（成语）。

这是腰如柳，脸似莲。形容女性之美。亦代指美女。这是由"美丽"这种相似性的语义特征而形成的隐喻。

2. "脸"喻指变化多端，迅速，难以预料

（31）孙猴子的脸—说变就变。（歇后语）

孙猴子即《西游记》中的孙悟空，孙悟空学会了七十二变，在与师父到西天取经途中，变化多端，战胜了一个个困难，降服了一个个妖魔。因为他高超的本领，后人便言孙猴子的脸—说变就变。这个歇后语现在多用于形容变化多端，迅速，难以预料。孙猴子的自然脸的七十二变与变化多端、难以预料的抽象事情有相似点。因此这是基于相似性的隐喻。

3. "脸"喻指性格

（32）白脸的曹操，红脸的关羽 ，黑脸张飞，蓝脸窦尔敦，黄脸典韦，绿脸魔鬼。

（http://zhidao.baidu.com/question/189999013.html）

"脸"喻指性格这一特点在中国古典京剧的脸谱中得到充分的体现。脸谱通过不同的颜色来表现不同人物性格。蓝色表示坚毅、勇敢，性格刚直；红色表示忠义、耿直、有血性；黄色表示勇猛、残暴，性格猛烈；白色表示奸诈、多谋；黑色表示刚直、果断，性格严肃，不苟言笑；紫色介于黑红两色之间表示刚正威严、忠义厚道；绿色表示勇猛；金、银色用于佛祖和神仙一类人物。

这些脸是以表示身体的"一部分""脸"来喻指表示"整体""人的性格"。构成"部分—整体"的转喻关系。

(33)"这可不是咱们八路军行得出来的事!"这下惹恼了何茹，她是个酸脸的女人。(CCL 语料库)

在这里"酸脸"是指脾气怪，不好处的意思。这是基于"不愉快、不适"这个相似的语义特征而形成的隐喻。是"味觉"领域引伸到"视觉"领域的通感隐喻用法。

(二) 基于"脸"的功能特征的引申用法
1. "脸"喻指表情、情绪—隐喻
向二兰 (2007) 在"脸"喻情绪用法里，只提到隐喻的用法。笔者认为不仅有隐喻，转喻的用法，并且基于转喻的隐喻用法也有。

(34) 没有正式工作也没有房子住，只好住在她父母家。哥嫂因此常给他们冷脸看。(CCL 语料库)

"冷脸"是指冷漠的表情。是由"不愉快、不舒服"这种相似性的语义特征而形成的隐喻。这是基于通感式词义引申用法—隐喻，是"触觉"领域引伸到"视觉"领域的通感隐喻用法。

(35) 书记曹同清蹲坐在冲门的一张破皮椅子上，黑着脸一支接一支抽烟。(CCL 语料库)

"黑着脸"形容表情不太好。是由"不愉快、不舒服"这种相似性的语义特征而形成的隐喻。
类似的用法有：上班茄子脸下班苦瓜脸，都市人笑得越来越少。

（36）上课不停地做小动作，有时<u>做鬼脸</u>，有时玩铅笔、小刀。（CCL 语料库）

"做鬼脸"是指做出怪样子的意思。眼睛睁得大大的，嘴巴也做出怪样子。基于"怪"的这种相似性的语义特征而形成的隐喻。

2. "脸"喻指表情、情绪—转喻

（37）每当看见刘斌那<u>愁眉苦脸的样子</u>，我就知道他的日子也不好过。
（CCL 语料库）

这是遇到了困难，心情郁闷，表现出一副愁眉苦脸的样子。这种表达是基于时间上的先后关系而建立起来的转喻。

3. "脸"喻指表情、情绪—基于转喻的隐喻

（38）<u>拉长脸</u>；<u>沉着脸</u>；<u>翻脸</u>；<u>放下脸</u>。（CCL 语料库）
（39）你看，来个人儿稍微坐长了一会儿，她就<u>甩脸子</u>。特别是女同志，真对不起您啊。（CCL 语料库）

例（38）（39）是遇到了困难或心情郁闷，表现出一副不高兴的样子。这种表达是基于时间上的先后关系而建立起来的转喻。同时又是"脸"是工具性结构隐喻。即人们将谈论工具使用方面的词语用于谈论脸。使用工具时，自然会有一些诸如"放下"、"扬起"、"翻转"等动作。工具在使用过程中，会出现破损现象，映射到"脸"中，便有"撕破脸皮"、"伤了脸面"等表达。向二兰认为此类惯用语都是工具性结构隐喻。笔者认为是基于转喻的隐喻。

32

4. 基于生理的引申用法—转喻

(40) 脸红脖子粗/脸红筋暴/脸红筋涨/脸红心跳/脸热心跳/脸红耳热
（CCL 语料库）

这是由于生气或激动或者害羞的感情的原因引起的生理性变化,属于生理性转喻。

(41) 2009 年纷繁多样、充满变数的财经活动中,既有兴高采烈、心得志满的红脸,自然也有充满无奈失意和扫兴乃至遭世人鄙视的绿脸。（张志伟,傅苏颖 2009）

这里的"绿脸者"是指被气得或者被吓得脸发青的人,泛指因各种原因导致不如意的人。这里的"红脸"和"绿脸"是很少见的关于"脸"的转喻。

(三) 基于"脸"的位置特点的引申用法

1. "脸" 喻指人

(42) 刚开学,都这样,对新脸孔都有新奇感。（CCL 语料库）

这里的"新脸孔"是指新人。这是基于"部分—整体"的转喻关系。

2. "脸" 喻指某物的前部

由于脸位于头的前部,因此我们把这一概念投射到无生命的事物上,以描述它们的前部。

(43) 门脸儿; 鞋脸儿。（CCL 语料库）

这是基于相似性的隐喻。

3. "脸"喻指面子、情面、交际、尊荣

中国人喜欢吃的四种"面": 脸面,情面,体面,场面。还有一句话: 死要面子活受罪。(中华网社区 club.china.com/)面子文化也是中国文化的重要组成部分,这一点从汉语中大量的关于情面、面子的词语中就可获悉。比如,"脸面"、"脸皮"、"脸皮薄"、"脸皮厚"、"丢脸"、"不要脸"、"赏脸"等。

人在社会中竭尽全力地奋斗,就是为了赢得更胜一筹的社会脸。以自然脸来表达社会脸,形成隐喻。重视面子,尊荣的汉语谚语如下:

(44) 出门看天色,进门看脸色。

　　　(http://baike.baidu.com/view/1404049.htm)

(45) 人活一张脸,树活一层皮。

　　　(http://baike.baidu.com/view/1404049.htm)

(46) 脸面值千金。(CCL 语料库)

(47) 打人不打脸,揭人不揭短。(CCL 语料库)

五、日汉 "颜/脸" 惯用语的认知语义的文化解读

根据上文的日汉"颜/脸"认知语义分析,将日汉"颜/脸"的惯用语的认知语义在转义时的一致性及非一致性表现作了一个简单的归纳。

认知语义在转义时的一致性表现为如下 4 个方面。一是喻指风貌、相貌。二是喻指表情、情感、情绪。三是喻指人。四是喻指交际、面子、尊荣、知名度、情面。其中喻指表情、情感、情绪和喻指交际、面子、尊荣、知名度、情面方面的最为丰富。中日两国是一衣带水的邻邦,有着两千多年的友好往来的历史,特别是在文化方面有相融相通之处。究其原因,一是有着相同的生理反应和认知基础,二是日本人学习并吸收了中国古语。

任何语言的背后都隐藏着由来和历史、语言的特征。在反映文化的个性的同时,文化的原因又对语言起着制约和限定的作用。由于所居环境、生活行为方式不相同,对客观世界的认知千差万别,直接形成了各民族惯用语的不同特色。日汉"脸"

的认知语义在转义时的非一致性表现为 7 个方面。下面主要分析中日"脸"的各自独特的引申义用法。

一是汉语以"孙猴子的脸"喻指变化多端，难以预料。中国古典四大名著之一《西游记》中的孙悟空学会了七十二变，在与师父到西天取经途中，变化多端，战胜了一个个困难，降服了一个个妖魔。因为他高超的本领，后人便言孙猴子的脸一说变就变。文化的原因导致日语此用法空缺。

二是汉语"脸"喻指性格，多用于京剧脸谱。此义项是适应中国特色的戏剧文化应运而生。日语没有此用法。另外，汉语"她是酸脸的人"喻指怪脾气、不好处的人，形成隐喻。在这里"酸脸"喻指性格。而日语「酸っぱい顔」喻指表情，除了吃到味道不好的东西以外，其他令人感到心情不舒畅的场合，人都会面露苦相，所以这些都是基于动作发生的"时间上的先后关系"而形成的转喻。

三是汉语"绿脸"除了京剧脸谱里喻指性格用法，还有喻指表情的用法。"绿脸者"是指被气得或者被吓得脸发青的人，泛指因各种原因导致不如意的人。

四是日汉"脸"都喻指面子，但两国的面子文化有所不同。「顔で笑って心で泣く」这句话，可能是表和里的日本式构造的代表体现。对于日本人来说"表"是有关人格的，理应重视，但他们认为，左右人格的本质在于"里"。所以，如要探讨日本人的本质，比起"表"，更应重视"里"。然而中国人在强调表里如一的同时，有时因为太关注"表"了，而忽视"里"。汉语更重视"名"，它的贴切表达就是"名存实亡"。（吴钰 2003:83-84）"人活一张脸，树活一层皮"，"脸面值千金"这些谚语就能充分说明中国特别重视脸面。

日汉"顔/脸"惯用语的隐喻、转喻的探索研究，将有利于对跨文化交际活动的认知和理解，从而促进跨文化交际活动的顺利实现。

第四节 汉日"鬼"词语的隐喻表达对比研究

一、引言

随着科学技术水平的提高，人们不再相信"鬼"的存在。所以，现在人们所说的"鬼"，多用其比喻义，很少使用"鬼"的本义了。现代有关"鬼"的词汇越来越丰富，词义也越来越复杂。"鬼"词属于多义词。

一词多义是语言词汇中极普遍的现象，它是历史发展的必然结果。词义可分为基本义和扩展义（或延伸义、引申义）。前者指的是词汇的原义，一般来说是具体的、人类最初认识事物的意义；后者指的是从原义派生出来的词。根据认知语义学对多义现象的分析，描述变幻莫测的真实世界的语言是以隐喻的形式体现的。（李瑛，文旭 2006（5）：1）

隐喻是人类的思维方式之一，是认知、理解客观世界的一种工具。从认知角度对比喻进行分类可分为3类：隐喻、转喻、提喻。关于隐喻的概念籾山洋介（2002）解释如下：

隐喻：基于两个事物或概念之间存在的某种相似性，用一种事物或概念的表现形式来表示另一种事物或概念。（籾山洋介 2002：65）

汉日"鬼"词语的引申义，既有许多相同之处，也有各自的特点。比如，在汉语"鬼子进村"里的"鬼子"是指侵略中国的外国人的憎称，而日语里"鬼子"是指长相不像父母的孩子。

由于中日两国历史文化传统的不同和意识形态的不同，"鬼"词汇在不同文化里所承载的内涵也不同。同一个词的含义不仅有褒贬的不同，也有多寡的不同，存在同一个词在甲文化里的含义大于或小于乙文化里的含义的情况。

本节通过对汉日"鬼"语的引申义从认知视角，主要是隐喻用法加以对比，在词义转移时的相同、相异、及空缺词汇现象进行进一步分析，探究其背后蕴含的文化信息。空缺词汇分为全空缺词汇和半空缺词汇。

全空缺词汇：一种语言某些词汇的字面意义和引申意义在另一种语言中都没有

与之对应的词汇。如：儒学中的"君子"。

半空缺词汇：两种语言中字面意义相同，但在一种语言中有引申意义，在另一种语言中却没有改引申意义的词汇。如，西方文化里代表的不吉利的数字"13"。（张杏珍2007（5）：97）

为了更好地理解汉日"鬼"词语的隐喻用法，有必要首先考察汉日"鬼"词语的基本义。

二、汉日"鬼"词语的基本义考察
（一）汉语"鬼"词语的基本义

象形。甲骨文字形，下面是个"人"字，上面象一个可怕的脑袋（非"田"字），是人们想象中的似人非人的怪物。"鬼"是汉字部首之一，从"鬼"的字大多与迷信、鬼神有关。本义：迷信的人认为人死后有"灵魂"，称之为"鬼"。（汉典. http://www.zdic.net/zd/zi/ZdicE9ZdicACZdicBC.htm）

（二）日语"鬼"词语的基本义

长得极为丑陋，但却有超凡的怪力。披着长毛、生着长爪、锯齿獠牙像刀一样锋利的怪物。还有一种鬼，被描述成像盗贼一般。它们拐诱妇女，抢劫行人。它们极像人的形体，只是头上长着犄角，大嘴开裂到耳根。态度粗暴且无慈悲之心。（村石昭三等2003：140）

三、同形且引申义相同的用法

（1）他的确是个<u>鬼才</u>。

（2）ここに紹介するのは天才・<u>鬼才</u>と呼ばれる、いったい頭の中はどうなってるんだと不思議になるほどの建築家たちとその作品です。（谷歌网2010-04-09）

汉语里的"鬼才"和日语里的"鬼才"都是基于"鬼"异乎寻常、不同一般、

拥有超人类力量的特征认知有相似点的人的隐喻用法。

(3) 他不但是寄生虫，赖<u>债鬼</u>，还是超前消费的谬理发明者。（人民网
2011-08-07）

(4) 自己破産した知り合いのＴさんは、自己破産した後も<u>債鬼</u>に追われて、
行方不明になった。（谷歌网 2012-03-08）

汉语里的"债鬼"和日语里的"債鬼"都是"讨债鬼"的意思。以"鬼"讨厌
的特征，隐喻地认知让人厌的人。

(5) 懿（司马懿）仰天长叹曰："孔明有<u>神出鬼没</u>之机"。（《三国演义》
第101回）

(6) アメリカで流行する<u>神出鬼没</u>のグルメビジネス「フードトラック」。
「トラック」とは、その名のとおり、トラックで販売する軽
食屋のこと。（ダイヤモンド社のサイト 2011-06-02）

例（5）、（6）里的"<u>神出鬼没</u>"，形容行动出没无常、变化神奇、不可捉摸。泛指行
动变化迅速。都是基于"鬼"的行踪飘忽，捉摸不定的特征，认知神秘莫测的隐喻用法。

四、同形而引申义不同的用法

(7) 他<u>饿鬼</u>似的贪婪地吃着。（有道词典. http://cidian.youdao.com）

(8) あの子は<u>餓鬼</u>大将だ。（goo 辞書. http://dictionary.goo.ne.jp/）

汉语里的"饿鬼"：诋称口馋或饿极的人。而日语里的"餓鬼"是指淘气的
小孩儿。"餓鬼大将"汉译为:淘气大王。都是基于"鬼"异乎寻常、不同一般
的特征认知有相似点的人的隐喻用法。

（9）这个天真的乡下姑娘上了这个一脸和善却心怀<u>鬼胎</u>的老练商人的当。（有道词典.http://cidian.youdao.com）

（10）<u>鬼胎</u>を抱く。（goo 辞書. http://dictionary.goo.ne.jp/）

汉语里的"鬼胎"是指不可告人的阴谋。以"鬼"让人讨厌的特征,隐喻地认知让人讨厌的事。而日语里的"鬼胎"是指担心,恐惧的心。以"鬼"让人惧怕的特征,隐喻地认知让人担心的事。

（11）<u>鬼子</u>进村。

（12）<u>鬼子</u>。（《新日汉辞典》）

汉语里的"鬼子"是指侵略中国的外国人的憎称。以"鬼"让人惧怕、讨厌的特征,隐喻地认知让人讨厌的人。而日语里"鬼子"是指长相不像父母的孩子。以"鬼"古怪,出人意外的联想特征隐喻地认知有相似点的人。

（13）<u>鬼齿</u>。

汉语里的"鬼齿"是指腐朽的竹根。这个词汇成立的基础在于古人观察到的竹根的颜色同他们想象中的鬼的牙齿有相似之处。（王燕 2002：6）

日语里"鬼齿"是 "虎牙"的意思。（《新日汉辞典》）

以"鬼"古怪而难看的的联想特征隐喻地认知有相似点的事物。

五、词缀用法

（一）鬼为后词缀表示负面的用法

汉语里这类用法造词非常多,主要有"单音节词 +鬼","双音节词 +鬼" 的两种方式:

第一类：穷鬼,烟鬼,馋鬼,懒鬼,酒鬼,赌鬼,色鬼,醉鬼,瘦鬼,黑鬼,

老鬼。

第二类：胆小鬼，讨厌鬼，冒失鬼，吝啬鬼，替死鬼，倒霉鬼，吸血鬼，小气鬼，浪荡鬼。（陈波　2003：329）

日语里这类词较少，如：窮鬼，債鬼，異郷の鬼（指离开家乡在异地、异国死去的人）。

汉日都是基于"鬼"让人感到恐惧、讨厌、厌恶、回避的感情，隐喻地认知让人讨厌的人。

（二）鬼为后词缀表示正面的用法

（14）<u>小机灵鬼</u>表达越来越厉害了。

（15）われ<u>広告の鬼</u>とならん。（舟越健之輔　2004：1）

例（14）、（15）都是基于"鬼"异乎寻常、不同一般、拥有超人类的力量的特征认知有相似点的人的隐喻用法。都属于褒义用法。

汉语里这类用法有：调皮鬼，捣蛋鬼，淘气鬼，伶俐鬼，小鬼，精鬼。主要用于小孩子和年轻人。

日语里这类用法有：仕事の鬼（埋头工作的人），文学の鬼（对文学着了迷的人），土俵の鬼（对相扑运动着了迷的人），芸術の鬼（对艺术着了迷的人），勝負の鬼（对比赛着了迷的人）等。

（三）鬼为前词缀用法
1. 汉语表示负面的用法

（16）可恶的<u>鬼天气</u>。（谷歌网 2010-03-09）

（17）烦烦烦啊！老婆又生气。就这个<u>鬼脾气</u>，又不讲理。（谷歌网 2011-06-28）

例（16）、（17）都是以"鬼"讨厌的特征，隐喻地认知讨人厌的人或事，恐怖的地方。

汉语里这类用法有：鬼地方，鬼门关，鬼毛病，鬼点子，鬼东西，鬼花招儿等。

2. 日语表示中性色彩或负面的用法

（18）みんなで<u>鬼ごっこ</u>をする。

"鬼ごっこ"是指"捉迷藏"（又叫"蒙老瞎"），是孩子们玩的一种游戏。一个人扮鬼，去捉其他人，被抓到的人接着继续扮鬼。

这里的"鬼"没有恐怖之义，"扮鬼抓人"与"鬼"的基本义"抓人"在性质上有相似点，因此属于隐喻用法。

日语这类用法有：鬼事，鬼遊び，鬼渡し。这些词都指玩的一种游戏。

（19）子育てにおいて<u>鬼婆</u>になりたくない。

"鬼婆"是指那些像"鬼"一样冷酷无情的老太婆，与"鬼"的基本义"无慈悲"在性质上有相似点，因此属于隐喻用法。"鬼婆"虽然有"老刁婆"的负面用法，但是在这里"鬼"多用于"严厉"、"厉害"的意思。所以，一般日本人听了也不会生气。

日语这类用法有：鬼コーチ（严格的教练），鬼監督（严格的导演或教练），鬼将軍（厉害的将军）。这类词中性色彩浓一些。

六、汉语有关"鬼"的惯用表达

（20）全球十大<u>魔鬼身材</u>排行榜。（谷歌网 2011-02-17）

"魔鬼身材"是指恶魔附体的完美身材。形容美女身材诱惑难挡。是基于"鬼"异乎寻常、不同一般的特征认知有相似点的人的隐喻用法。

汉语里这类用法有：魔鬼词典。

(21) 真见鬼 ，怎么找不到呢？
　　（http://www.zdic.net/zd/zi/ZdicE9ZdicACZdicBC.htm）

"真见鬼"是很古怪的意思。以"鬼"古怪的联想特征隐喻地认知有相似点的事。

(22) "你最近好吗？" "好个鬼! 喝凉水还塞牙。"（毛燕 2009:40）
(23) 他高兴个鬼! 马上就有他好看的。（毛燕 2009:40）

　　例（22）、（23）都是基于"鬼"令人生厌的联想特征，进一步虚化成表示否定形式的隐喻用法。"好+个+X"的句式，比如，加上"鬼、头、球"等词在句子里已经与它们的本义相去甚远，只相当于一个表否定的虚词，主要用在"好+个+X"的结构里，比起可以替换的"什么""啥"等词，语气显得强烈得多，带有不满、讨厌的情感。（毛燕 2009:40）
　　这类用法有：知道个鬼 ，便宜个鬼，哭个鬼，看个鬼，找个鬼等。"-个鬼"表示不好、不满、发泄的语气还表示没必要，不相信等意思。（罗主宾，罗圣雄 2010:105）

(24) 他鬼的很。瞒不了他。
(25) 他鬼鬼地说："特价飞机票我搞得到，你就在家等着吧!"
(26) 他鬼笑着说："货我已经弄到手了！"

　　"鬼的很"意思为狡猾，机灵。"鬼鬼地""鬼笑着说"意思为神秘莫测，一种故作神秘的样子。 例（24）、（25）、（26）都是基于"鬼"的行踪飘忽，捉摸不定的特征，认知神秘、偷偷摸摸、狡猾奸诈、信口胡说之意的隐喻用法。
　　这类现代常用的4音节词语有4个：鬼鬼祟祟，鬼计多端，鬼话连篇，鬼头鬼脑。

"鬼笑着说"，这是"鬼"字最新的用法。（陈波 2003:329）

（27）"听说你月薪 5 千？""鬼！还不到 3 千呢！"

（28）"不是说他和你是一家人吗？""鬼"老人说："我要是有这么个后辈儿，早就把他活剥了！"（高建国 《明天割麦》）

例（27）、（28）里的"鬼"，含有强烈的否定情绪，言外之意是指说出的话不符合事实，就象客观世界不存在"鬼"一样。（陈波 2003:329）这也是基于相似点的隐喻用法。

（29）和些不三不四的人鬼混。（http://baike.baidu.com/ ）

"鬼混"，意思是胡闹、混日子、稀里糊涂、得过且过；胡作非为，搞不正当关系。因为鬼是夜里出现，在黑暗中行动，所以就引出"偷偷摸摸做坏事"的意思。这也是基于相似点的隐喻用法。

（30）有钱能使鬼推磨。（俗语）

出自南朝刘义庆的《幽明录·新鬼》这个故事，说的是瘦鬼莽撞冒失上了当，但他的原义是"作怪觅食"。从另一个角度来看，就是只要给予一定的利益，也就可以驱使鬼为人推磨了。形容有了钱，什么事情都可能办到，金钱万能。（http://baike.baidu.com/）

因为鬼是夜里出现，在黑暗中行动，所以就引出"作怪"的意思。"鬼为人推磨"与原义"作怪觅食"相似，所以是隐喻用法。

（31）一时鬼迷心窍，后悔不及。（http://baike.baidu.com/）

"鬼迷心窍"因迷恋某种事物而认识不清，思维能力削弱。通常用来形容一个人被其它事物给迷住了，并且被迷得很深而不知其利害，别人感觉他就像被鬼使了法一样。

因为鬼是夜里出现，在黑暗中行动，所以就引出"作怪"的意思。以鬼"作怪"的特征认知"被鬼使了法一样"的人。是基于相似点的隐喻用法。

（32）大自然的伟大力量，塑造出了许多人力所不能及的奇妙景观，让我们一起来欣赏这些<u>鬼斧神工</u>之作。（http://baike.baidu.com/）

"鬼斧神工"既可以形容人工雕琢，也可以形容大自然。

基于"鬼"异乎寻常、不同一般、拥有超人类的力量的特征认知有相似点的人或大自然的隐喻用法。

七、日语有关"鬼"的惯用表达

（33）渡る世間は鬼ばかり。（日剧中文题目《冷暖人间》）

新造语，意思是：人生在世，不如人意常八九。对于这个不如人意常八九的人世间，如何应付这些烦恼事，如何感受人间的冷暖，是整个电视剧的内容。以"鬼"讨厌的特征，隐喻地认知让人厌的"不如意的事"。也是基于相似点的隐喻用法。

（34）鬼に金棒。（村石昭三等 2003：140）

意思是"让本来就很强大的鬼拥有金棒"，如虎添翼。形容十分厉害，非常强大。以"鬼"的"强大"的基本特征认知有相似点的"强者"的隐喻用法。

（35）鬼の居ぬ間に洗濯。（村石昭三等 2003：140）

44

比喻趁监视的人或可怕的人不在，做自己想做的事或歇息。就是俗话中的"阎王不在，小鬼闹翻天"。

这里的"鬼"指"可怕的人"，与"鬼"的基本义"可怕"在性质上有相似点，因此属于隐喻用法。

（36）鬼が出るか蛇が出るか。（大连外国语学院编 1994：280）

意思是 "不知道世上究竟有多么恐怖的人，也不知道人心中隐含着怎样恐怖的想法。"人心难测。多指前途吉凶莫测，未来的事只有天知道。

这里的"鬼"指"恐怖的人"，与其基本义"恐怖"在性质上有相似点，属于隐喻用法。

（37）鬼の目にも涙。（村石昭三等 2003：140）

意思是再冷酷无情的人，有时也会起怜悯之心；铁石心肠的人也会落泪。

这里的"鬼"指"冷酷无情的人"，与其基本义"冷酷"在性质上有相似点，属于隐喻用法。

八、汉日"鬼"词语隐喻表达及文化解读

隐喻与人们的经验和文化密切相关。文化包括历史、宗教、经济、社会、文学艺术、思维方式、价值观念等方面。为更好地理解汉日"鬼"词语的隐喻用法，现将汉日"鬼"词语的隐喻表达，简单地归纳如下表1：

通过表1的归纳，就会发现汉日"鬼"词语有相同用法，可以说不同民族之间认知思维有同质性。人们依靠自己的经验，通过自己内心感受的相似性产生联想，从"鬼"的本义向其他意义转移。对于汉日"鬼"词语的相同用法，日语学习者很少出现误用、误译现象。

表1 汉日"鬼"词语的隐喻表达归纳

汉语	日语	隐喻表达的语义归纳
○	○	异乎寻常、不同一般、拥有超人类的力量的人（褒义用法）
○	○	讨厌的人或事；恐怖的人或地方（贬义用法）
○	×	阴谋（贬义用法）
×	○	担心事（中性词）
○	○	古怪（中性词）
○较多	○较少	后词缀表示讨厌的人（贬义用法）
○（多指小孩儿）	○	后词缀表示不同一般、拥有超人类的力量的人（褒义用法）
○较多	×	前词缀表示讨厌的东西、地方（贬义用法）
×	○较少	前词缀表示一种游戏（类似中国的老鹰抓小鸡的游戏）（中性词）
○	×	表示强烈的否定意义
○	×	偷偷摸摸做坏事，狡猾的人（贬义用法）
○	×	作怪（贬义用法）
○	×	大自然的奇妙景观（褒义用法）
×	○	不如意的事（中性词）

其实，值得关注的应是汉日"鬼"词语的不同用法。

首先，汉语"鬼"词语的贬义用法比日语"鬼"词语的贬义用法多。尤其表示"讨厌"的贬义用法多。并且，汉语里有强烈的否定意义的用法，而日语没有。这属于词汇的半空缺现象。日语学习者极易出现误用、误译现象。

其次，汉语"鬼"的词缀贬义用法，比日语丰富得多，似乎还有发展趋势。换言之，似乎汉语"鬼"被隐喻化得更彻底。

关于这两个问题，笔者认为应从文化的角度去解读。在封建社会，由于生产力的提高，人们对鬼神的态度开始发生转变，部分开明的知识分子对鬼神已经没有恐惧的感觉。此时，"鬼"的词语已经没有了本义。这一点从文人的作品中就看的出来。在封建统治较长的专制统治下，中国当时大兴文字狱。人们很难表达自己的理想、愿望，于是采用非人类的形式隐悔曲折地表达自己的思想。如清代蒲松龄在他的著作《聊斋志异》中，肆意谈鬼，谈鬼者170多篇。作者在其作品上借"鬼事"

46

言"人事"，谴责贪官污吏、讥讽人情冷暖、嘲笑世风淡薄等等。实际上也是作者对当时社会的一种抗争手段。这或许是汉语"鬼"的贬义用法，比日语丰富得多的原因之一。

原因之二，或许是历史因素。中国曾受过诸多国家的侵略，人们对当时的统治者与外国侵略者有着强烈的憎恨、厌恶的情绪。所以，以"鬼"借代表示"糟糕、厌恶、不满、发泄"等强烈否定意义的贬义用法比日语多。

第三，汉日"鬼"的有关惯用表达，尤其是习语，有各自固定的表达方式。这是因为习语是人们在长期的劳动和生产实践中形成的。

综上所述，可以看出汉日"鬼"词语的隐喻用法如此丰富多彩，既有许多相同之处，也有各自的特点，不一致现象只能归于民族的文化差异。不同的文化蕴育了不同的语言，不同的语言背后也隐藏着不同的文化内涵和文化规约。因此要学好并用好一门语言，是离不开对该语言所处文化的深刻了解。历史文化传统的不同和各国意识形态的不同是形成同一词汇在不同文化里所承载内涵不同的原因。同一个词的含义不仅有褒贬的不同，而且也有多寡的不同，存在同一个词在甲文化里的含义大于或小于乙文化里含义的情况。习语是人们在长期的劳动和生产实践中形成的，并具有固定的表达方式，也称俗语或成语，是语言中的精华。习语更是与文化密切相关。语言不仅有其语言特征，也有其所处的社会文化特征。忽视了语言和语境的相关性和有机整体性，人类的交际就无法实现。

这就要求我们在跨文化交际过程中，考虑不同语言间的文化差异，准确地理解汉日"鬼"词语的引申义。

第五节　流行语"～族"的认知解释及其文化背景

一、引言

「～族」一词在日语中的频繁使用，是日本社会的真实反映。日本人有一种习惯，就是排斥自己所不能理解和不能接受的一类人的习惯。 因为他们有一种传统的集体意识，所以当看到周围有些人的行为与众不同的时候就会加以指责。 总之，他们对"另类"的人们非常冷漠，故「～族」一词多用于贬义。《日语知识》2003 年9 月曾登载过有关流行语「～族」的文章。 但只是根据年代顺序简单地介绍了含义而已。因此，在本研究中通过认知体系中的「メトニミー」(转喻)和「メタファー」(隐喻)，解析「～族」的由来及其所反映的文化背景。

二、理论背景

在本节分析上采用的有关"隐喻"和"转喻"的术语，参照了籾山洋介(2002)的解释。

隐喻:基于两个事物或概念之间有外观上或者性质上的某种相似性，用一种事物或概念的表现形式来表示另一事物或概念。使词语获得形象性转义的特殊的修辞手段。两个事物之间存在着相似性，没有任何实际的联系，其重点为"喻"。 也就是说，本体和喻体之间没有实在的联系，是在相似的基础上形成的虚拟的联系，叫暗喻或者隐喻。例如:

〇目玉焼き。　 〇月見うどん。（依据外观上类似的隐喻用法）

〇語学力を武器に国際社会で活躍する。 （依据抽象的性质上类似的隐喻用法）

转喻:两个事物在概念之间有相关性，无相似之处，但有不可分离的联系(空间上物与物之间邻接关系，两个事情相继发生或者同时发生的关系，还有部分与全体关系)。 其重点为"换"。以相关性为基础，本体和喻体之间有紧密的现实的联系，这种联系是真实的客观存在的。叫换喻或者转喻。例如:

○今日は寒いから鍋にしよう。(物与物之间的邻接关系的用法)

○一晩で一升瓶を飲み干してしまった。(物与物之间的邻接关系的用法)

○化粧室。○お手洗い。 (避开直接表达排泄行为的委婉表达用法)

三、「族」的含义

1. 「族」的基本义:

   同一血统的人,宗族。

   例:漢族、朝鮮族、大和民族等。

2. 「族」的扩展义:

   伙伴、一伙、朋友、 家伙(们)等,多用于贬义。

   例:親指族、暴走族、はたる族、窓際族。

四、依据概念上相关的转喻

(1) 親指族

「親指」是汉语的大拇指之意。「親指族」是指在日常生活中能够熟练地高频率地使用手机打电话、发短信、上网等的年轻人。 这个词是从快速地用大拇指在手机的键盘上操作而来的。「親指族」一词的由来在概念上与大拇指有密切的关联,故判断为转喻。

自从手机有了短信业务以来,年轻人就把它作为一种交际的手段而积极地利用它,出现了无论何时何地都在频繁地收发短信的一类人。

他们运用大拇指做各种各样的事。不只是短信,还利用因特网订购车船票及音乐会的入场券,甚至还购买书籍、转汇等。而且,他们的队伍越来越庞大。

「親指族」越来越多,其原因是日本手机的普及。有很多免费手机供人们使用,且对学生的手机话费实行半价优惠的措施,这些都促使了「親指族」的增长。

(2) カウチポテト族

是指躺在自家的躺椅上，一边吃着薯条一边看电视或是玩游戏的一族。

「カウチポテト族」的来源与躺椅和手里所拿的薯条有关，故判断为是转喻。

「カウチポテト族」一词，从 1988 年开始作为"流行语"流行起来的。笔者认为其流行背景与日本的「核家族化」「少子化」及亲朋邻里之间的关系淡漠化，有着密切的关系。

由于工薪阶层经常加班，或是调换工作等的原因，和家人的沟通较少。在这样的家庭环境中成长的年轻人经常是自己闷在家里，看录像、玩游戏来解除压力。

(3) おたく族

据『角川必携国語辞典』，「お宅」在口语中是第二人称代名词，用于与自己同等关系，并且不太亲近的人，带有一种轻微的敬意。有的词典把它定为俗语。若写成「オタク」或「おたく」，就有"对一特定的事物着迷"之意。(『三省堂国語辞典(第五版)』2001 年)这种新的用法来源于 1983 年中森明夫『漫画ブリッコ』(白夜書房)6 月刊中的『おたく』の研究 1「街には『おたく』がいっぱい」。据说是因为用「マニア」或「熱狂的なファン」这样的词都觉得不贴切，才用「おたく」来命名的。

1991 年出版的『現代用語の基礎知識』「マンガ文化用語の解説」(米沢嘉博)对「おたく」一词做了如下相同的解释。

本来是指沉溺于漫画、动画片、科幻小说等，不愿与人交际的一类人。这类人具有排他性，易热衷于一件事情，不善于交际等特点。他们留着长发、穿着 T 恤、牛仔裤、体态显得微胖。(中略)这类人和别人说话时一开口就爱说「おたくは…」，由此诞生了「おたく族」一词。(『日本語学』2002 年)

「おたく族」的「たく」并不是打招呼的意思，而是指家，是指独自一人呆在里面，连自己的家人也不能靠近的"密室"。

「おたく族」主要是指埋头于电脑网络，"为自己的兴趣而活"的人。因为他们

50

一上网就是好几个小时，不需要什么朋友。

「内向的なマニア」指的是把自己禁锢在「おたく」这样的密室里，为自己的兴趣而活的人。它与「おたく族」一词在概念上有着密切的关系，故判断为转喻。

据说，一旦沉溺于电视、CD、电脑，就会无视他人的存在，甚至于连和别人玩都觉得浪费时间。

现代的年轻人都爱逃避现实生活，而沉溺在游戏的虚拟世界里。当作是"一种自我保护术"。据说在年轻男子中流行一种游戏叫培养理想女孩的游戏。原因是现实生活中的女孩很难追到手，年轻男子也不愿辛辛苦苦地去追。这些人整天沉浸在虚拟的世界里，导致他们不愿结婚。(「『おたく』族考」(http://structure. cande. iwate- u. ac. jp/ german/ otaku. htm)「おたく族」的增加会加剧日本的少子化问题，直接影响着日本的未来。

(4) 暴走族

所谓的「暴走族」是一群在深夜里大声地像在自己家的马路上一样横行，给一般的司机和当地居民休息带来很大麻烦的人。因其给当地的交通和居民的生活带来很大的麻烦，所以在日本成为颇难解决的社会问题。

「暴走族」可以分为两类。

一类是指制造很大的噪音，肆意地粗野地在街上、公路上跑 S 路线，闯红灯的「共同危険型」的一伙人。

另一类是无视交通规则而比驾驶技术和速度的一伙人。

「暴走族」的概念与来源有很大的关系。故判断为转喻。

(5) ヘッドホン族

1980 年「ヘッドホン族」被确定为流行语。1979 年开始发售的随身听带动了耳机的流行。

因其与耳机有关，所以判断为转喻。

(6) くれない族

是指抱怨丈夫不理解、不关心，抱怨孩子不听话而郁闷得快要气炸的主妇。「くれない族」是由 1984 年的 TBS 的电视剧『くれない族の反乱』而来的。因其概念与来由有关系，故判断为转喻。

随着家庭格局的变化，家庭主妇已经不能一个人解决家庭问题。而一直忍受过来的她们也终于爆发出来。最近，与退了休的丈夫离婚的主妇也在逐年增加。

(7) ながら族

是指已经习惯于一边看电视或一边听着收音机而学习的年轻人。

这也是基于概念上的转喻。

「ながら族」是 1958 年诞生的。从这个词上可以看出日本很早就普及了家用电器。

(8) 宅配族

关于这个词，『外辞苑』做了如下解释，说它出现于 1990 年，是指一切都靠送货上门的人们。它的命名也是转喻。

发一个邮件或打一个电话就能收到热乎乎的比萨饼或刚做好的盒饭、寿司等。因此从这个词可以看出日本的服务业较发达。

(9) 金帰月来族

「金」是「金曜日」，「月」是「月曜日」。是指那些周五晚上回家，周一坐第一

趁车回到公司的单身赴任的人们。这个词也是转喻。

这个词反映了日本工薪阶层的生活状况。

(10) 個族

『外辞苑』对此词做了如下解释:指出生于1998年的(有家)脱离家庭,或是没有家的人。它反映了在日本经济不景气的情况下,有很多公司的人员被解雇的情况。所以在这样的严酷的现实中,结了婚的男子被妻子抛弃,还有的一部分年轻人认为负担太重,不愿结婚而过独身生活。这些都冲击着日本传统的婚姻观。「個族」已经成为日本的社会问题。

同样「個族」属于依据概念上有相关性的转喻。

(11) 週末レンタカ一族

『外辞苑』对此词做了如下解释:是指不买车,而在周末租车去娱乐或购物的人。

也许是经济不景气的原因,在日本有很多人负担不起各种各样的保险和还贷,从而卖掉自家车,在需要时去租车。

这个词的概念也与其来由有相关性,是转喻。

五、依据外观上或性质上相似的隐喻

(12) 家事オンチ(音痴)族

掌握「家事オンチ(音痴)族」的认知含义,有必要了解一下「オンチ」这个多义词。

语义1: 是指由于生理欠缺或是心理原因而不能够正确地识别和发声等。也指这样的人。日语里又称「音聾」。这就是「オンチ(音痴)」的基本义。

53

语义 2: 是指对声音的感觉迟钝, 唱歌走调的人。

语义 3: 对某种事情感觉迟钝的人。

例如:「方向音痴」(分不出东南西北)、「運動音痴」(没有运动细胞)、「リズム音痴」(没有乐感)、「味音痴」(味觉迟钝)、「恋愛音痴」(不会谈恋爱)、「家事音痴」(不会做家务)。

从基本义引申到语义 2 和语义 3 的认知关系是隐喻关系。

「家事オンチ(音痴)族」是 1988 年的流行语。是指那些不懂得家务, 洗衣做饭都靠妈妈来做的 20 岁左右的年轻女孩。

(13) ほたる族

是 1989 年的流行语。是指被家里的人赶到阳台上吸烟的男性, 因为他们吸烟时的红色烟火看起来像萤火虫一样, 由此而得此名。是基于外观上相似的隐喻。

「ほたる」是指萤火虫。汉字是 "萤" 英语叫 "firefly",「枕草子」里就有吟诵它的诗句「ほたる族」一词相当于英语的 "human being", 意译为 "lonely Man" 之意。他们常年出没于阳台和大门口。身着睡衣, 吸烟时燃起的一点火光, 着实可怜。尤其是冬天, 就更可怜了。

(14) 窓際族

是 1978 年的流行语。1977 年的『北海道新聞』里使用了「窓際おじさん」一词, 由此于 1978 年的『日本経済新聞』出现了「窓際族」。日本经济在 1979 年的石油危机以后一直萎靡不振, 结果那些在经济高度增长期大幅增加的中高年龄层的中层管理人员, 纷纷从一线退下来, 他们天天坐在窗边守着办公桌, 所以被称为「窓際族」。这个词象征着经济低迷的时代。

因 "从一线退到二线" 和 「窓際」(窗边) 在其性质上有相似之处, 故是一种隐喻。

(15) 雨宿り族

　是1994年的流行语。指在异常激烈的就业大战中，暂时找一个公司安顿下来的女学生。它反映日本女学生的就业难问题（「就職氷河期」）。

　经济不景气，使女性就职更加困难。因此她们所选择的是临时的安身之处，「雨宿り」是指为了躲避瓢泼大雨而临时找的地方。「雨宿り族」在性质上与「雨宿り」有相似之处，故也是隐喻。

(16) 濡れ落ち葉族

　它源于1989年樋口恵子的「濡れ落ち葉」一词。是指那些疲惫不堪的丈夫。他们退休之后没有什么爱好，无所事事，而他们的妻子却精力充沛。所以缠着老婆就像是被扫把卷起的落叶一样，整天跟着老婆到处走，甚至跟着去小旅行。故被称为「濡れ落ち葉族」。「濡れ落ち葉」(湿的落叶)和「粗大ゴミ」(退休的丈夫)是一个意思。性质上相同，故也是隐喻。

　那些以事业为主的工薪一族，没有时间去娱乐就到了退休年龄。却被称为「濡れ落ち葉族」(几年前是粗大垃圾)是多么痛苦啊。所以现在工薪族的观念也有了改变，终生以事业为主的观念也开始动摇。尤其是年轻人这种倾向越来越强烈。他们把为追求一个好的职位而跳槽当成是理所当然的事情，甚至成为一种潮流。把跳槽很时尚地称为「デューダする」。

　"DODA/デューダ(する)"是指调转工作的意思。来源于『転職情報誌DODA（デューダ）』。(井上美悠紀(株)学生援護会社長が1989 新語部門・銅賞を受賞した言葉。)

六、结语

　　综上所述，「～族」的流行语，以转喻和隐喻的认知视角，进行了解释和系统的分类。也折射出了其蕴涵的文化背景。如，日本的「核家族化」「少子化」，亲戚和邻里间关系的淡漠化，传统的婚姻观念的改变，经济低迷造成的女大学生的就业难问题，工薪阶层终生献身于事业的观念的动摇等等各种各样的社会问题。

第六节　从搭配关系看「だらけ」与「まみれ」的用法

一、引言

「だらけ」与「まみれ」的用法，有相似之处，也有细微的不同。仅靠词典的简单解释，日语学习者在做能力测试题时，很难正确判断。本节基于「少納言」「現代日本語書き言葉均衡コーパス」、"google 网" 检索的例句，以前接名词搭配关系，试分析「だらけ」与「まみれ」的用法。通过「少納言」语料库检索结果是「だらけ」有 1978 个用例，「まみれ」有 857 个用例。这就说明「だらけ」的用法比「まみれ」的用法丰富得多。那么，先看它们的各自用法，其次看有何细微的不同。

二、N+だらけ

（一）接在名词之后，表示某个物体表面沾满了一些东西，显得脏

（1）部屋が埃だらけになる。/房间满是灰尘。

（2）泥だらけの顔。/脸上沾满了泥。

（3）血だらけの手。/沾满血的手。

（4）かびだらけの壁。/满是霉的墙壁。

（5）顔が汗だらけになった。/脸全是汗。

（二）接在名词之后，表示某种令人不快或杂乱的状态

接在名词之后，表示人或物体的某个表面因某种原因呈现出某种令人不快的状态，或显得杂乱的状态。未必是表面沾了东西。汉语意思是 "净是" "全是"。

（6）落書きだらけのトイレ。/乱写乱画的厕所。

（7）紙くずだらけの部屋。/到处是纸屑的房间。

（8）そばかすだらけの顔になった。/成了满脸雀斑。

(9) 身体中傷だらけ。/遍体鳞伤。

(10) しわだらけの服。/净是褶皱的衣服。

（三）接在名词之后，表示量、数目非常多

接在名词之后，表示实体，非实体的量、数目之多，汉语意思是"净是""全是"。多用于消极场合。说话者对某个事实表示无奈或惊讶的心情。

(11) にせものだらけの回転寿司。/净是不正宗的回转寿司。

(12) 不満だらけの人生。/净是不满的人生。

(13) 問題だらけの世界で過ごすのは大変だ。/在净是些问题的世界里生活真不容易。

(14) 私は欠点だらけの女です。/我是浑身缺点的女人。

(15) ストレスだらけの心。/充满精神压力的内心世界。

三、N+まみれ
（一）表示某物表面整体被N所覆盖的意思

让人感觉到脏的东西沾满、附着另一个物的表面的状态。可以写成「塗れ」。「Nまみれ」表示某物表面整体被N所覆盖的意思。（参考『goo 辞書』）有「N+まみれで」、「N+まみれの」、「N+まみれになる」的形式。

(16) 冷たい手に血まみれの剣を握っている。/冰凉的手上握着沾满鲜血的剑。

(17) 泥まみれ、埃まみれになって遊んだりする。/玩得浑身都是泥土和尘埃。

(18) 汗まみれになって、帰ってきた。/（流得）浑身是汗，回来了。

(19) 少年は煤まみれの黒ぶちメガネを外した。/少年摘下沾满煤灰的黑边眼镜。

（20）雪によって雪まみれの道になった。/道路被雪都覆盖了。

（二）因抱有一些无法解决的问题而表示困惑的状态

因抱有一些无法解决的问题而表示困惑的状态。（参考『goo 辞書』负面的用法较多。）

（21）ストレスまみれの男。/被精神压力所困扰的男人。

（22）人間は問題まみれのこの世界で考え、行動する。/人在满是问题的这个世界上思考，行动。

（23）花粉まみれで辛いわ。くしゃみが連発。/由于（空气中）弥漫着花粉（感觉）很难受，一个劲儿地打喷嚏。

（24）インフルエンザまみれの内科待合室。/身处周围都是流感病菌的内科候诊室。

（25）スキャンダルまみれの財務省の元次官。/被丑闻缠身的财政厅前副官。

四、「だらけ」与「まみれ」的区别
（一）强调数量或程度

对某个事实表示无奈、困惑的时，「だらけ」与「まみれ」能替换。只是强调点不同。「だらけ」强调的是数量之多，而「まみれ」强调的是困惑的程度。

（26）彼は借金だらけになっている。/他拉了一身饥荒。

（27）金銭トラブルで離婚したバツイチ女性とお付き合いする前に、女が借金まみれじゃないかどうか調べる。/在与经济纠纷而离过一次婚的女性交往之前，调查她是否在因为债务（问题）而焦头烂额。

（28）添加物だらけの食品。（〇添加物まみれ）/净是（含有）添加剂的食品。

（29）汚染だらけの大気。/大气污染很多。

(30) 放射能汚染まみれの福島原発。/被核辐射所笼罩的福岛原子能发电站。

(31) 賄賂だらけの政治家。/贿赂很多的政治家。

(32) 賄賂まみれの元国交省キャリアに実刑。/前国土交通省公务员因贿赂
（事件被宣判为）实际服刑。

（二）能够确定某表面，并且表示沾满的意思时，「だらけ」与「まみれ」能替换，只是沾的面积、程度不同

(33) 手が血だらけになっている。/手沾满了血。表示的是多。

(34) 手が爪も見えないほど血まみれになっている。/手上都是血，达到了
手指甲都看不到得程度。

例（34）的「まみれ」表示整个手被血盖住。应该比「だらけ」流血流得多。
流血覆盖的面积比「だらけ」大。

(35) ほこりだらけの人形。/沾了很多灰尘的布娃娃。

(36) 置物の隅でほこりまみれになっている古い人形を見つけた。（2011
年7月N1真题）/放东西的角落里发现了沾满灰尘的旧的布娃娃。

例（36）的「まみれ」表示的是整个布娃娃表面都被灰尘整体上覆盖的意思。

（三）当很难把握物体表面时，就不能使用「YがNまみれ」的形式

因为「〜まみれ」是针对某物体表面来说的，比「だらけ」使用范围窄。并且
「Nまみれ」表示覆盖的意思时，N主要是液体或粉末状的东西。表示某个表面被N
整体上覆盖。如下场合，不能替换。

(37) ？部屋がほこりまみれになっている。

(38) √部屋がほこりだらけになっている。/房间净是灰尘。

例（37）的句子里，「部屋」是很难把握是物体的表面。所以，不能用「ま
みれ」。但是「部屋」换为「床」的话，「だらけ」与「まみれ」都能用。

(39) ×間違いまみれの作文。
(40) √間違いだらけの作文。/净是错的作文。

表示人或物体的某个表面因某种原因呈现出某种令人不快的状态，用「だらけ」。
例 (40) 的句子，是作文出现很多语法等错误。所以，不能使用「～まみれ」。

(41) ×休日なので、道が車まみれだ。
(42) √事故で事故現場の道が血まみれになっている。/由于事故，事故现
      场的路面全都是血。

例（41）的句子，不能想象车多得都覆盖了路面。所以，不能使用「まみれ」。
而例（42）的句子，表示事故现场道路表面被血覆盖的状态，所以能使用「まみれ」。

(43) ×洋服がシミまみれになっている。
(44) √洋服がシミだらけになっている。/衣服上净是污渍。

例（43）的句子里，「シミ」是污渍的意思。指因液体衣服部分弄脏，不表示
衣服整体全面弄脏。所以，不能用「まみれ」。

(45) ×傷まみれの茶碗。
(46) √傷だらけの茶碗。/净是瑕疵的饭碗。

例（45）的句子里，「傷」在这里是瑕疵的意思。瑕疵不可能覆盖整个饭碗的
表面。所以，不能用「まみれ」。

五、结语

综上所述，「だらけ」与「まみれ」的区别，概括如下：能够确定某表面，并且表示沾满的意思时或者对某个事实，表示无奈、很困惑的时候，「だらけ」与「まみれ」能替换。只是语感不同。当很难把握物体表面时，就不能使用「YがNまみれ」的形式。因为「～まみれ」是针对某物体表面来说的，比「だらけ」使用范围窄。「だらけ」与「まみれ」多用于消极场合。

第二章　动词类研究

【本章导读】

本章主要基于语料库研究了动词「切る」的认知结构及语义特征、基于语料库主要考察表示"盖"动作的日语"被せる""塞ぐ""かける""覆う"动词的前面名词搭配情况。概括了自他动词的规律并且对两组近义词「見える/見られる」「聞こえる/聞ける」进行了辨析。

通过隐喻和转喻两个观点入手，探讨多义词「切る」的语义特征，并对义项之间的关联性进行阐释。除了对动词「切る」进行分析之外，也列举相关的复合动词，对其引申义进行周详解释。主要通过平面语料库与视频语料库对多义词「切る」的语义扩张进行了阐释。比较抽象的惯用句和"不可分解型"的复合动词的学习，建议结合视频语料库的多媒体立体语境提供的信息，加深多义词「切る」的语义扩张的理解。考察结果发现「切る」的扩展义大部分是隐喻用法。

基于日本NINJAL-LWP for BCCWJ语料库考察表示"盖"动作的日语"被せる""塞ぐ""かける""覆う"动词的搭配异同。主要通过搭配词的共现频数、MI值、LD系数的数据分析，概括它们与前接名词的典型搭配特点，考察了区别这四个动词的方法。

日语自他动词是有规律可循，但不是绝对的，也有例外的情况。首先，简单概括其规律如下：一、下一段动词大多数是他动词，其相应的同根词是自动词。也有例外，如：［焼ける(自) 焼く(他)］。二、他动词+可能助动词→约音而成的下一段可能动词都是自动词。三、大多数以「す」结尾的五段动词是他动词，其同根词是自动词。也有例外，如：［知らす(他) 知る(他)］；［聞かす(他) 聞く(他)］；［飲ます(他) 飲む(他)］。

其次，通过两组近义词「見える/見られる」「聞こえる/聞ける」的辨析提高学习近义词的效率，使日语学习者的语言输出更加地道、自然。

第一节　基于文学作品语料的「切る」的认知结构及语义特征

一、引言

一词多义是语言词汇中极普遍的现象，它是历史发展的必然结果。词义可分为基本义和扩展义（或延伸义、引申义）。前者指的是词汇的原义，一般来说是具体的、人类最初认识事物的意义；后者指的是从原义派生出来的词。（李瑛，文旭，2006：1）

有关多义词「切る」的先行研究很多，但认知语义学的原理研究多义词「切る」的还很少。通过隐喻和转喻两个观点入手，探讨多义词「切る」的语义特征，并对义项之间的关联性进行阐释。以便于学习者对「切る」的语义扩张的理解，从而有助于实现典型意义逐步向周边意义的学习。以减少外语学习中母语负迁移，有利于学生跨文化交际的顺利实现。

二、研究的理论基础

认知语言学认为，隐喻和转喻都是人类的认知手段。关于隐喻、转喻的概念籾山洋介（2002）解释如下：

隐喻：基于两个事物或概念之间存在的某种相似性，用一种事物或概念的表现形式来表示另一种事物或概念。（笔者译）（籾山洋介 2002：65）

转喻：基于两个事物或概念之间存在的某种临近性或者关联性，用一种事物或概念的表现形式来表示另一种事物或概念。（笔者译）（籾山洋介 2002：76）

隐喻和转喻作为重要的认知方式，其实质都是概念化的。两者的认知操作过程都是概念间的映射，但这两种映射存在着是否跨域的差别。隐喻涉及两种概念领域，一般是不同认知域中两种事物或概念间的映射，即通过相对熟悉的事物来理解另外的事物；而转喻涉及的是同一认知域内两种事物或概念间的映射，即通过某一事物的显著部分或特征，或通过有特殊关系的邻近事物来理解事物。运作机制上的区别主要在于它们利用的是事物之间的不同关系。（束定芳 2008:200-201）隐喻建立在

事物或概念间存在的形状、功能等方面的相似关系的基础上；而转喻则强调两种事物或概念间存在的相邻关系。如时间上的邻接关系、手段与目的之间的关系、部分与整体之间的关系等。

三、先行研究及问题之所在

森田良行（1989）把「～切る」的语义分为四类。一类是动词的本义，例如，作为"切断"来讲，列举了「噛み切る」等动词；但是二类和三类的分析就难以理解了，时而把「思い切る」归类为"完了"，时而归类为"有自信「自信を持つ」"；四类作为"终了""极限"的意思，罗列了「困りきる」「張り切る」「冷え切る」等。

姫野昌子（1999）把「～切る」分为"词汇性复合动词"（語彙的複合動詞）和"语法性复合动词"（統語的複合動詞）两类。「諦めきる」既可归为"终结"也可归为"极限"，将「思い切る」「言い切る」归为"终结"，把「張り切る」「困りきる」归为"极限"。

ジャマシイ（1998）把「言い切る」归类为"充分，十分"，而把「思い切る」归类为"切断"。

李曉洙（1997）把复合动词「～切る」分为两类。可分解为两个动词的叫"语法性复合动词"（統語的複合動詞），不能分解为两个动词的叫"词汇性复合动词"（語彙的複合動詞）。作为"可分解型"的动词语义分为"切断物品"，"完成"，"极限"，"满怀自信"。把「言い切る」「諦め切る」归类为"满怀自信"，「思い切る」「押し切る」归类为"词汇性复合动词"（語彙的複合動詞）。

杉村泰（2008）把复合动词「～切る」分为"切断""终结""行为的完成""变化的完成""极限状态"五类。把「思い切る」归类为"终结"，把「諦めきる」划分到"变化的完成"，「言い切る」「張り切る」归类为"极限状态"。然而，杉村泰（2007）却把「諦めきる」归为"极限"。

上述先行研究把复合动词「～切る」的语义分为："切断"、"终结"、"完了"、"极限"、"满怀自信"等几类。然而，对于"终结"与"完了"，"完

了"与"极限"之间的异同解释却极其模糊。特别是「言い切る」、「思い切る」、「諦めきる」的定位，在研究者之间意见并不统一。这样的分类方法，对于日语学习者来说无疑会造成理解上的负担。

許永蘭（2008）从隐喻的观点对「切る」进行分析，总结出7种用法，并进行了"语境上的语义"（文脉的意味）和百科事典的语义（百科事典的意味）的认定。该认定对多义词的语义扩张分析起着重要作用，其意义大于之前的分类方法。但是该文只对动词「切る」的义项进行分析，未涉及「切る」的复合动词。

四、「切る」的多义分析

本节将通过大量的例句，分析「切る」的15个语义（语义1是本义，其余14项语义是引申义）的认知多义结构。本节中「切る」的语义参考了松村明（2005）的有关「切る」的语义解释，从隐喻和转喻的视角阐释义项间的关系，对「切る」的相关复合动词也进行分析研究。

（一）语义 1：〈人或动物〉〈把连在一起的有形物体〉〈分开〉

（1）花子がはさみで紙を切る。

汉译：花子用剪子剪纸。

人把纸剪断的意思。这是「切る」的基本义"切断"的意思。

1. 语义1的语境上的语义

语义1的语境上的语义又可分为如下2类。分析方法参考（許永蘭 2008：306）

语境上的语义①：分离后利用。

语境上的语义②：分离后去除。

（2）領収書を切る。（goo web 搜索）

汉译：开发票。

这是语义1的语境上的语义①的用法，就是分离之后利用的用法。

（3）パンの耳を切る。

汉译：切面包的两侧（扔掉）。

这是语义1的语境上的语义②的用法，就是分离之后去掉的用法。

语义1与语义1的语境上的语义①和语义1的语境上的语义②的关系都是基于时间上连续的关系形成的转喻。

2. 语义1 的百科事典的语义

语义1的百科事典的语义可分为如下3类。分析方法参考（許永蘭 2008:307）

百科事典的语义①：〈人〉〈对于连成一体的〉〈未被发觉的固体的一部分〉〈使之可视〉。

百科事典的语义②：〈人〉〈对于人〉〈带来身体上的〉〈伤害〉。

百科事典的语义③：〈人〉〈把连成一体的〉〈事物的长度〉〈缩小〉〈使之比原来小〉。

（4）りんごを切る。

汉译：切苹果。

切苹果的同时，使未被发觉的苹果的另一面展示出来。这是语义1的百科事典的语义①的用法。语义1的百科事典的语义①与语义1是基于「切る」行为同时发生的关系而形成的转喻。

（5）罪人を切る。（《スーパー大辞林》）

汉译：杀罪犯（或砍罪犯的头）。

（6）ナイフで手を切る。

汉译：（不注意）用刀割了手。

67

例句（5）、（6）是指人对人的身体有所伤害，这一行为与「切る」行为有时间上的邻近性关系，即是同时发生的关系。因此，语义1的百科事典的语义②与语义1是转喻关系。例（5）是有意造成的，而例（6）是无意造成的。

（7）髪の毛を切る。

汉译：剪头发。

（8）この文は長すぎるからここで一旦切ったほうがいい。（《コロケーションで増やす表現》）

汉译：这个句子太长，最好在这里断句。

例句（7）、（8）的用法是语义1的百科事典的语义③的用法，使东西由大变小。这是与「切る」行为同时发生的关系，所以语义1的百科事典的语义③与语义1形成转喻关系。

（二）语义2：〈人〉〈把固体上〉〈多余的水或油〉〈从固体〉〈分离〉〈去除〉

（9）傘の水を切ってください。（goo web搜索）

汉译：抖落伞上的水。

（10）てんぷらの油を切る。（goo web搜索）

汉译：滤出油炸食品的油。

语义2与语义1的语境上的语义②的相似点是"分离去除"，两者的隐喻关系成立。

（三）语义3：〈人、动物或物体〉〈将空间上连续的东西或流动的东西〉〈隔断后〉〈移动〉〈或应付某事〉

（11）風を切って走る。（goo web搜索）

汉译：迎风而跑。

(12) 船が波を切って進む。（goo web搜索）

汉译：小船破浪前行。

(13) 道を横切る時には気をつけてください。（《コロケーションで増やす表現》）

汉译：过马路时要小心。

(14) 美人のおかみが一人で切り回している居酒屋というか気軽な割烹。

(http://r.tabelog.com/tokyo/A1323/A132301/13021971/dtlrvwlst/831096/)

汉译：美女老板娘一个人应付着具有居酒屋风格的小吃店。

例句（11）、（12）、（13）表示人或物把空间上连续的东西或流淌的东西隔断后转移。而例句（14）表示人把空间上连续的东西隔断处理。也就是接连应付、麻利地收拾的意思。语义3的语义和语义1的意思有相似点，都有"切断"的意思。两者的隐喻关系成立。

（四）语义4：〈人〉〈对于连在一起的〉〈电源、气息、自来水等〉〈施加作用使分离〉〈或者使中断、停止〉

(15) 節電を心がけて、使っていない機器の電源は切りましょう。（《コロケーションで増やす表現》）

汉译：心怀节电意识，关掉未使用机器的电源吧。

(16) 今、電車の中なので、いったん電話を切ってもよろしいでしょうか。
（《コロケーションで増やす表現》）

汉译：现在（我）在电车里（不方便），可以暂且挂断电话吗？

(17) 息急き切って働く。（《Weblio辞書》）

汉译：气喘吁吁地工作。

(18) 水を使わないときは、水道を切りましょう。（goo web搜索）

汉译：不用水时把水龙头关上吧。

例句（15）、（16）是切断电源的意思，例句（17）是上气不接下气，气喘

呼呼地工作的意思，例句（18）是关水龙头的意思。

语义4与语义1的意思有相似点，都有"切断"的意思。两者的隐喻关系成立。

（五）语义5：〈人〉〈对于连成一体的〉〈抽象的事物〉〈施加抽象作用〉〈把抽象事物的那部分（非本体）〉〈从本体〉〈分离后〉〈去除〉（許永蘭，2008：312）

（19）普通なら<u>未練を切る</u>ために別れた元彼氏とは連絡をしない。 (google web搜索)

汉译：一般情况下，为了了断旧情，不会跟分手的男友再联系。

（20）大学への進学を<u>思い切る</u>。 （《Weblio辞書》）

汉译：彻底放弃上大学。

（21）惚れた女の子、<u>諦めきる</u>か。(goo web搜索)

汉译：是否要对迷恋的女孩断念呢？

例句（19）中的「未練を切る」的意思是断绝对前男友的依恋之情。例句（20）中的「思い切る」是放弃、断念的意思，即放弃升学的想法。例句（21）中的「諦めきる」表示觉得没有希望和期盼而放弃的意思。也就是彻底了断与女子交往的想法。

语义5与语义1的语境上的语义②的语义有相似点，都有"除去、扔掉"的意思。两者隐喻关系成立。

（六）语义6：〈人〉〈对他人的做法〉〈进行严厉批评〉〈或者将未被发觉的实际状况〉〈揭露〉

（22）雑誌の<u>世相をきる</u>コラムが人気だ。(《コロケーションで増やす表現》)

汉译：杂志上批判社会风气的专栏很受欢迎。

（23）官界の<u>腐敗をきる</u>。（《Weblio辞書》）

汉译：批判官界的腐败。

例句（22）的意思是人通过杂志专栏，对世人的做法进行尖锐批评。例句（23）

的意思是抨击并揭露官界的腐败。

　　语义6的语义与语义1-百科事典的语义①有相似点，都有把未看到的那一面，使之看清的意思。因此两者的隐喻关系成立。

(七) 语义7：〈一个人〉〈给另外一个人〉〈带来精神上、社会上、经济上的〉〈打击或损失〉

　　(24) 親子の<u>縁を切る</u>。（《Weblio辞書》）

　　汉译：断绝亲子关系。

　　(25)彼は<u>自腹を切って</u>まで、このプロゼクトを完成させようと思った。(《コ
　　　　ロケーションで増やす表現》)

　　汉译：他甚至自己掏钱想要完成这个项目。

　　(26) 一番信用していた部下まで、彼を<u>裏切った</u>。（goo web搜索）

　　汉译：连最信任的下属都背叛了他。

　　(27) ある農家は<u>派遣切り</u>に遭った人を4人採用した。（goo web搜索）

　　汉译：某个农家录用了4个被解雇的派遣人员。

　　(28)「<u>新卒切り</u>」に遭った人が、精神的に追い込まれた状況は察するに余
　　　　りある。（goo web搜索）

　　汉译：非常理解刚就职的员工被解雇而在精神上所遭遇的窘境。

　　例句（24）表示断绝亲子关系，对于父母和子女都形成精神上的打击。例句（25）中的「自腹を切る」和「身銭を切る」的意思相同，需要自己付钱，造成经济上的损失。例句（26）中的「裏切った」是违背违反了约定、信誉的意思，在这个句子中，指的是被部下背叛，造成了精神上的打击的意思。

　　例句（27）中所谓的「派遣切り」是指派遣职员就职的企业由于业绩恶化或改变经营方针等理由，而导致派遣公司解除与派遣职员的劳动合同，结果是派遣职员被解雇或被拒更新雇佣合同。这对派遣职员造成了精神上的、社会上的、经济上的打击。

例句（28）中的「新卒切り」是指"4月就职前后，已经内定的大学生或新员工由于强势或无理要求而被迫辞职"的意思。

这对于被迫辞职的人来说也形成了精神上的、社会上的、经济上的打击。

语义7的语义与语义1的百科事典的语义②有相似点，都有"打击"的意思。隐喻关系成立。

（八）语义8：〈一个人〉〈把另外一个人〉〈从某个集体或组织〉〈除掉〉

（29）60点以下の者は切る。（《スーパー大辞林》）

汉译：去掉60分以下人员。

（30）反対派を切る。（《スーパー大辞林》）

汉译：除掉反对派。

例句（29）是"把60分以下的人从集体中分离出去"。例句（30）是"把反对人员从集体中分离出去"的意思。语义8与语义1的语境上的语义②的意思有相似点，都有"分离去掉"的意思。隐喻关系成立。

（九）语义9：〈某个数值〉〈比一定的标准、界限〉〈少〉〈一点点〉

（31）日本経済新聞社とテレビ東京が2010年12月24〜26日に実施した世論調査で、菅内閣の支持率は26％で、初めて3割切る。11月の前回調査から4ポイント低下。

（http://www.nikkei.com/news/headline/article/g）

汉译：日本经济报社和东京电视台于2010年12月24～26日实施的调查表明：菅内阁的支持率为26%，首次低于30%。与上次11月进行的调查相比低4个百分点。

（32）15年ぶりの円高。95年7月には瞬間的に1ドル80円を切った。今回も1ドル85円程度にまで達し、80円を切るかもしれない、という意見もあるようだ。（google web搜索）

72

汉译: 时隔15年日元升值。95年7月曾经（外汇牌价）瞬间1美元低于80日元。这次达到了1美元85日元左右，有人认为有可能低于80日元。

例句（31）、（32）都是数值比基准略少的意思。如果数值大幅缩小则不能用「切る」，用「下回る」比较自然。「下回る」无论数值减少的幅度大或小都可以使用。

语义9的意思与语义1－百科事典的语义③的意思有相似点，都有"比基准略小"的意思。隐喻关系成立。

（十）语义10：〈人〉〈把堵塞或密封的东西〉〈打开〉

（33）手紙の封を切ると、きれいなカードが出てきた。（《コロケーションで増やす表現》）

汉译: 打开信封，露出一张漂亮的卡片。

（34）封を切った白ワインの保存方法を教えてください。
（http://search.yahoo.co.jp/search?p）

汉译: 请教一下开封后的白葡萄酒的保存方法。

（35）女優が登場すると、カメラマンたちは競ってシャッターを切りまくった。（《コロケーションで増やす表現》）

汉译: 女演员一上场，摄影师们就争先按快门。

例句（33）是人在开信封的同时，能看到里面的卡片的意思。例句（34）中的「切る」是人把堵塞着的或者封闭着的物体—酒瓶"打开"的意思。"打开"的同时，可见瓶里的葡萄酒的意思。

例句（35）中的「シャッターを切りまくった」可以这样考虑：「シャッター」是相机的镜片和胶卷之间的帷幕或挡板，避免胶卷感光的遮光装置。也就是一按键快门就打开，胶卷感光就开始照相。此处的「切る」是把封闭着的物体打开的意思。也就是例句[35]也表示在打开的同时影像可见的意思。

语义10与语义1的基本义"切断"是基于「切る」这一行为同时发生的事情的

转喻关系。另外，语义10与语义1的百科事典的语义①中的"使之可视"有相似点，隐喻关系也成立。

（十一）语义11：〈人〉〈发起某动作、行动〉〈或者开展新的活动〉

(36) 長年続けてきた職場を離れて笑顔で第二の人生のスタートを切った。
（http://search.yahoo.co.jp）

汉译：离开工作多年的职场，以笑脸开始了人生第二季。

例句（36）是退休后重新开始人生的意思。时间上连续的东西，通过「切る」这一行为断开的同时，开始新的人生的关系，因此，语义11与语义1形成转喻关系。

（十二）语义12：〈人〉〈限定〉〈某数量或日期等〉

(37) レポートの締め切りはいつですか。(《コロケーションで増やす表現》)
汉译：报告的截止日期是何时？
(38) 人数を切って参加を受け付ける。（《スーパー大辞林》）
汉译：限定人数之后接待参加者。

例句（37）是在提交报告的日期上加以限定的意思。例句（38）是对参加的人数加以限定的意思。

语义12中"断开持续的日期和连着的数字"的意思与语义1「切断」的意思有相似点，隐喻关系成立。

（十三）语义13：〈人的某种行为或状态〉〈达到某个量的〉〈极限〉

(39) 今月はいろいろな物を買い換えているうちに、父からの仕送り分を早々に使い切ってしまった。（《コロケーションで増やす表現》）
汉译：这个月换购各种物品，不知不觉把父亲寄来的生活费早花光了。

（40）久しぶりの運動で疲れ切った。（goo web搜索）

汉译：因久违的运动疲劳透了。

例句（39）是把父亲邮来的钱全部用光的意思。例句（40）是通过运动使身体状态达到极限的意思。两者都是"达到极限点"的用法。因此，语义13与语义12的意思有相似点，隐喻关系成立。

（十四）语义14：〈人〉〈张开〉〈紧闭的嘴〉〈开始发言〉

（41）口を切る。（《Weblio辞書》）

汉译：开始说话。

例句（41）是先发言的意思。语义14和语义10有相似点，都有"打开、开"的意思。隐喻关系成立。

（十五）语义15：〈人〉〈对他人〉〈用威严的尖刻的言语〉〈进行批判〉

（42）「馬鹿やろう！この字が読めないのか！」と啖呵を切るのをわたしは聞いたことがない。

（http://www.weblio.jp/content/%E5%95%96%E5%91%B5%E3%82%92%E5%88%87%E3%）

汉译：我从没听过"傻瓜！不会读这个字吗？"之类的训斥。

"啖呵を切る"是惯用句，表示"吵架、拌嘴时对对方叱责"的意思，也就是用尖刻的言语批评的意思。语义15与语义6有相似点，都有"批判"的意思。隐喻关系成立。

五、多义词「切る」的认知多义网络结构

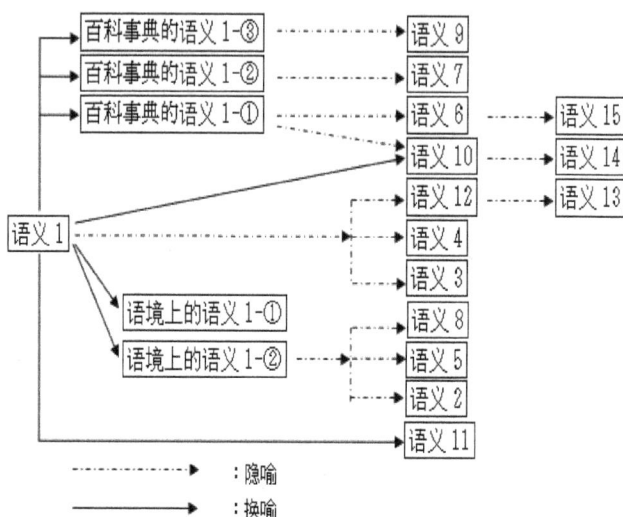

如图所示，从认知语言学的视角可以把「切る」的表达归纳为15个语义，语义项之间的隐喻和转喻关系一目了然。

图1 多义词「切る」的认知多义结构

六、结语

考察结果发现动词「切る」有15个语义。分析时要从多个角度把握意义，不仅要考虑语境上的语义，而且还要考虑人在各种经验中形成的百科事典的语义。比如，新语"新卒切り"、"派遣切り"的分析，就需要考虑百科事典的语义。以便于学习者对多义词「切る」的语义扩张的理解，从而有助于实现典型意义逐步向周边意义的学习。

第二节　基于影视剧的多义词「切る」的认知语义研究

一、引言

一词多义是语言词汇中极普遍的现象，它是历史发展的必然结果。词义可分为基本义和扩展义（或延伸义、引申义）。前者指的是词汇的原义，一般来说是具体的、人类最初认识事物的意义；后者指的是从原义派生出来的词。（李瑛，文旭 2006（5）：1）

Nation 指出多义词认知过程的有效策略是用一个能贯穿于所有意义的词义来定义目标词，这样可以减少所需认知的词汇量，因为任何一次目标词的出现都是该词的复现。（赵群，罗炜东 2005（6）：50）

有关多义词「切る」的先行研究很多，但基于视频语料库以认知语义学的原理研究多义词「切る」的尚未发现。通过隐喻和转喻两个观点入手，探讨多义词「切る」的认知语义网络（semantic net-work）结构，以便于学习者对「切る」的语义扩张的理解，从而有助于实现典型意义逐步向周边意义的学习。研究的目的是给学习者提供多义词学习的有效途径和方法，使日语学习者跨文化交际的顺利实现。

二、研究的理论基础

现代语言学理论认为隐喻和转喻是多义生成的两种主要方式，是语言发展中语义"演变"的重要途径。（章宜华 2005（3）：15）

关于隐喻、转喻的概念籾山洋介（2002）解释如下：

隐喻：基于两个事物或概念之间存在的某种相似性，用一种事物或概念的表现形式来表示另一事物或概念。（笔者译）（籾山洋介 2002：65）

转喻：基于两个事物或概念之间存在的某种临近性或者关联性，用一种事物或概念的表现形式来表示另一种事物或概念。（笔者译）（籾山洋介，2002：76）

隐喻和转喻作为重要的认知方式，其实质都是概念化的。两者的认知操作过程都是概念间的映射，但这两种映射存在着是否跨域的差别。隐喻涉及两种概念领域，一般是不同认知域中两种事物或概念间的映射，即通过相对熟悉的事物来理解

另外的事物；而转喻涉及的是同一认知域内两种事物或概念间的映射，即通过某一事物的显著部分或特征，或通过有特殊关系的邻近事物来理解事物。运作机制上的区别主要在于它们利用的是事物之间的不同关系。（束定芳 2008：200-201）隐喻建立在事物或概念间存在的形状、功能等方面的相似关系的基础上；而转喻则强调两种事物或概念间存在的相邻关系。如时间上的邻接关系、手段与目的之间的关系、部分与整体之间的关系等。

多义词「切る」的语义很多，为了便于理解它的各种认知语义，本研究试图基于视频语料库，探讨其语义特征。因此有必要了解视频语料库应用于外语教学的重要意义。

视频语料库在基于字幕提供真实的文本平面语境的同时，还提供语言具体使用的场面、背景以及说话人伴随的肢体语言，即：多媒体立体语境。（刘玉琴，韩兰灵 2014（1）：15）

孙燕青、董奇（2001）实证考察了多媒体动画片语境条件下，词类对儿童英语词汇学习效果的影响，研究了多媒体语境下儿童英语词汇学习效果产生的影响；提出多媒体技术以其集成性、交互性、情境性、动态性等特点为语境学习创造了新的条件，它能够为学习者提供大量真实、自然、生动、形象的语言信息及与之相匹配的情境信息，能够使学习过程更为灵活，更具适应性和趣味性，使语境学习的优势得以更加充分的发挥。（孙燕青，董奇 2001（4）：47-51）

由于多媒体语境提供的信息远远多于文本语境，因此可以说其认知支点丰富，多种感官刺激使原本抽象的情景语境形象化、具体化，使新语境、新知识的吸纳更为快捷。

影视作品中语境的显著特点是多元、立体，具有丰富的认知支点，能够促进学习者调动所有的感官通道去理解语义。

三、先行研究

森田良行（1989）把「～切る」的语义分为四类。一类是动词的本义，例如，作为"切断"来讲，列举了「噛み切る」等动词；但是二类和三类的分析就难以理

解了，时而把「思い切る」归类为"完了"，时而归类为"有自信「自信を持つ」"；四类作为"终了""极限"的意思，罗列了「困りきる」「張り切る」「冷え切る」等。

姬野昌子（1999）把「～切る」分为"词汇性复合动词"（語彙的複合動詞）和"语法性复合动词"（統語的複合動詞）两类。「諦めきる」既可归为"终结"也可归为"极限"，将「思い切る」「言い切る」归为"终结"，把「張り切る」「困りきる」归为"极限"。

ジャマシイ（1998）把「言い切る」归类为"充分，十分"，而把「思い切る」归类为"切断"。

李晙洙（1997）把复合动词「～切る」分为两类。可分解为两个动词的叫"语法性复合动词"（統語的複合動詞），不能分解为两个动词的叫"词汇性复合动词"（語彙的複合動詞）。作为"可分解型"的动词语义分为"切断物品"，"完成"，"极限"，"满怀自信"。把「言い切る」「諦め切る」归类为"满怀自信"，「思い切る」「押し切る」归类为"词汇性复合动词"（語彙的複合動詞）。

杉村泰（2008）把复合动词「～切る」分为"切断""终结""行为的完成""变化的完成""极限状态"五类。把「思い切る」归类为"终结"，把「諦めきる」划分到"变化的完成"，「言い切る」「張り切る」归类为"极限状态"。然而，杉村泰（2007）却把「諦めきる」归为"极限"。

上述先行研究把复合动词「～切る」的语义分为："切断"、"终结"、"完了"、"极限"、"满怀自信"等几类。然而，对于"终结"与"完了"，"完了"与"极限"之间的异同解释却极其模糊。特别是「言い切る」、「思い切る」、「諦めきる」的定位，在研究者之间意见并不统一。这样的分类方法，对于日语学习者来说无疑会造成理解上的负担。因此，建议像这样"不可分解型"的复合动词的学习，最好结合视频语料库的多媒体立体语境提供的信息加深多义词「切る」的语义扩张的理解。

許永蘭从隐喻的观点对「切る」进行分析，总结出7种用法，并进行了"语境上的语义"（文脈的意味）和百科事典的语义（百科事典的意味）的认定。（許永

蘭 2008：303-320）该认定对多义词的语义扩张分析起着重要作用，其意义大于之前的分类方法。但是该文只对本动词「切る」的义项进行分析，未涉及「切る」的复合动词，并且对「たんかを切る」这样的比较抽象的难以理解的惯用句没有进行分析。

四、「切る」的多义分析

使用的语料库是2013年大连理工大学软件学院刘玉琴等开发的《JV Finder》语料库。这是一个日语多媒体立体语境的平台，作为准JSL的日语语境输入途径，系统提供了在线的基于词汇以及场景的视频片段检索功能。截止到2014年7月该语料库收录了40部带有汉语和日语双语字幕的影视剧，共计时长330小时左右，以校园、爱情、职场、家庭等为主题，视频大小为200G左右。

基于《JV Finder》视频语料库检索关键词「切る」，发现大部分的例子都是扩展义的例子，而基本义的例子极少。因此，为了便于分析，本节在分析基本义时采用goo web搜索的例子，而分析扩展义时均采用视频语料库的例子分析「切る」的认知多义结构。在分析中「切る」的语义参考了松村明（2005）的《スーパー大辞林》，从隐喻和转喻的视角阐释义项间的关系，对「切る」的相关复合动词也进行分析研究。

（一）语义 1：〈人或动物〉〈把连在一起的有形物体〉〈分开〉

（1）花子がはさみで紙を切る。

汉译：花子用剪子剪纸。

人把纸剪断的意思。这是「切る」的基本义"切断"的意思。

1. 语义1的语境上的语义

语义1的语境上的语义又可分为如下2类。分析方法参考（許永蘭 2008:306）

语境上的语义①：分离后利用。

语境上的语义②：分离后去除。

（2）領収書を切る。（goo web 搜索）

汉译：开发票。

这是语义1的语境上的语义①的用法，就是分离之后利用的用法。

（3）パンの耳を切る。

汉译：切面包的两侧（扔掉）。

这是语义1的语境上的语义②的用法，就是分离之后去掉的用法。

语义1与语义1的语境上的语义①和语义1的语境上的语义②的关系都是基于时间上连续的关系形成的转喻。

2. 语义1 的百科事典的语义

语义1的百科事典的语义可分为如下3类。分析方法参考（許永蘭 2008：307）

百科事典的语义①：〈人〉〈对于连成一体的〉〈未被发觉的固体的一部分〉〈使之可视〉。

百科事典的语义②：〈人〉〈对于人〉〈带来身体上的〉〈伤害〉。

百科事典的语义③：〈人〉〈把连成一休的〉〈事物的长度〉〈缩小〉〈使之比原来小〉。

（4）りんごを切る。

汉译：切苹果。

切苹果的同时，使未被发觉的苹果的另一面展示出来。这是语义1的百科事典的语义①的用法。语义1的百科事典的语义①与语义1是基于「切る」行为同时发生的关系而形成的转喻。

（5）罪人を切る。（《スーパー大辞林》）

81

汉译: 杀罪犯 (或砍罪犯的头)。

(6) 父: <u>お腹を切って</u>中を調べるための手術。

　　息子: <u>お腹を切る</u>の？ (『犬を飼うと言う事』)

汉译: 父: 剖腹检查里面的手术。

　　儿子: 要剖腹?

例句 (5) (6) 是指人对人或动物的身体有所伤害, 这一行为与「切る」行为有时间上的邻近性关系, 即是同时发生的关系。因此, 语义1的百科事典的语义②与语义1是转喻关系。

(7) お前<u>髪切った</u>のか？ いいじゃんこれ。カッコイイじゃん。(『全開ガール』)

汉译: 你剪头发了吗? 不错嘛。挺帅啊。

例句 (7) 的用法是语义1的百科事典的语义③的用法, 使东西由长变短。这是与「切る」行为同时发生的关系, 所以语义1的百科事典的语义③与语义1形成转喻关系。

(二) 语义2: 〈人〉〈把固体上〉〈多余的水或油〉〈从固体〉〈分离〉〈去除〉

(8) 麦わら帽子は帽子の中では唯一<u>お湯を切る</u>道具。すなわちざるとして使うことができるのでございます。(『謎解きはディナーの後で』)

汉译: 草帽是所有帽子中唯一可以沥水的工具。换言之草帽可以当沥水篮子来使用。

语义2与语义1的语境上的语义②的相似点是"分离去除", 两者的隐喻关系成立。

（三）语义3：〈人〉〈对于困难的事态〉〈处理应付后〉〈排除〉〈困难事态〉

(9) A：このままじゃ、うちの会社終わっちゃいますよ。

B：何とかして乗り切るしかない。（『悪魔と契約した女』）

汉译：A：这样下去公司会倒闭的。B：只能想想办法渡过难关了

(10) 遺産争いでございましょう。おそらく辰夫氏は藤代雅美さんとの結婚
を押し切るつもりだった。このままでは遺産が減ると考えた犯人が辰
夫氏を殺したのでしょう。（『謎解きはディナーの後で』）

汉译：是遗产争夺。恐怕辰夫先生排除困难打算和藤代雅美小姐结婚。犯人
认为这样一来遗产就会减少，所以杀了辰夫先生。

　　例句（9）的用法表示人想方设法度过难关的意思。也就是说把困难的事态处
理应付后，"去除"困难事态的意思。例句（10）的用法表示"排除"困难的意思。
语义3的语义与语义1—语境上的语义②的语义有相似点，都有"去除"的意思。
两者隐喻关系成立。

**（四）语义4：〈人〉〈对于连在一起的〉〈电源、气息、自来水等〉〈施加作用
使分离〉〈或者使中断、停止〉**

(11) 男：あのさ、仕事中って言ったよね今。

女：ホントに仕事？何時に終わんの？

男：切るよ。

女：えッ？男なんて最低。（『華和家の四姉妹』）

汉译：男：我都说了现在正在工作吧。

女：真的在工作吗？几点结束？

男：我挂了。

女：男人真可恶。

例句（11）的用法是挂电话的意思。也就是切断电源的用法。语义4与语义1的意思有相似点，都有"切断"的意思。两者的隐喻关系成立。

（五）语义5：〈人〉〈对于连成一体的〉〈抽象的事物〉〈施加抽象作用〉〈把抽象事物的那部分（非本体）〉〈从本体〉〈分离后〉〈去除〉（許永蘭，2008：312）

(12) あれで家族はばらばらになるし、わしの人生狂ってしまうし、それを<u>吹っ切る</u>っちゅうのは一生できんばい。（『フリーター、家を買う』）

汉译：因为那件事我的家变得支离破碎，人生也被毁了，我这辈子都不可能忘怀。

(13) でも母親はまるで変わらなかった。そこで<u>思い切って</u>幸子ちゃんの一時保護に<u>踏み切った</u>んだ。幸子ちゃんと引き離されてさすがのおかあさんも反省しているように見えた。（『ドンキホーテ』）

汉译：可是那个妈妈丝毫不知悔改。于是断然下狠心提出短期保护幸子的要求。和幸子分开后她妈妈看起来似乎反省了。

例（12）（13）中的「吹っ切る」「思い切る」是放弃、断念的意思。例（13）中的「踏み切る」是下定决心、下狠心的意思。也就是与「思い切る」有类似的意思。语义5的语义与语义1的语境上的语义②的语义有相似点，都有"除去、扔掉"的意思。两者隐喻关系成立。

（六）语义6：〈一个人〉〈施加作用〉〈断开去除〉〈使之无关联〉

(14) もちろんすべてが終わった後で悪事に手を染めた自分も罪を償うつもりです。悪を… <u>断ち切る</u>ために。（『悪魔と契約した女』）

汉译：当然一切都结束后双手沾满罪恶的我也会赎罪的。为了铲除邪恶。

例（14）「断ち切る」是断开去除使之无关联的意思。语义6的语义与语义1的语境上的语义②的语义有相似点，都有"断开除去"的意思。两者隐喻关系成立。

（七）语义7：〈一个人〉〈给另外一个人〉〈带来精神上、社会上、经济上的〉〈打击或损失〉

(15) 不倫っていうのは男の人が奥さんや子供がいるのに他の女の人と付き合って家族を<u>裏切る</u>ことだよ。（『家政婦の三田』）

汉译：所谓的婚外恋呢就是指男的明明有老婆孩子还跟其他女人交往背叛家人。

(16) A：おかげで楽しい歓迎会できたじゃないですか。

　　 B：まさかあの時の金は。

　　 C：係長様の歓迎会なんかに<u>身銭切る</u>わけないでしょ。（『悪党』）

汉译：A：多亏了他你才有了个愉快的欢迎会不是吗。

　　　 B：不会吧。那个时候的钱是。

　　　 C：我们也不会为了组长大人的欢迎会而掏自己的腰包啊。

(17) 東海林主任には気をつけたほうがいいよ。仕事はできるんだけどさ。アンチ派遣だから。気に入らない<u>派遣はバサバサ切る</u>の。（『派遣の品格』）

汉译：最好在東海林主任面前小心为好。他虽然工作干的很好，但是瞧不起派遣员工。他会解雇不喜欢的派遣员工。

(18) A：大変だ！

　　 B：何だよ？一ツ木さん、どうしたんですか？

　　 A：申し訳ございません！村瀬早苗が「もう<u>契約打ち切る</u>」っていってどっか行っちやいました。（『派遣の品格』）

汉译：A：糟了。

　　　 B：什么吗？一木怎么了？

　　　 A：抱歉，村瀬早苗说不跟我们继续签约就没影了。

例句（15）中的「裏切る」是背叛的意思，在这个句子中，指的是男的背叛了

家人，给家人造成了精神上的打击的意思。例句（16）中的「身銭を切る」的意思是需要自己付钱，造成经济上的损失。 例句（17）中所谓的「派遣を切る」是指派遣职员就职的企业由于业绩恶化或改变经营方针等理由，而导致派遣公司解除与派遣职员的劳动合同，结果是派遣职员被解雇或被拒更新雇佣合同。在这里站在公司这一方的主任解雇派遣员工，对派遣职员造成了精神上的、社会上的、经济上的打击。例句（18）中的「契約打ち切る」是指不继续签约的意思。这对于被解约公司人来说也形成了经济上的打击或损失。

　　语义7的语义与语义1的百科事典的语义②有相似点，都有"伤害、打击"的意思。隐喻关系成立。

（八）语义8：〈一个人〉〈把另外一个人〉〈从某个集体或组织〉〈除掉〉

　　（19）A：そういう能書きは誰でも知ってる。ですから我が社も雇用体制の
　　　　　　転化を。

　　　　　B：お前俺にロートル社員の首を切るのはもう嫌だもう出来ないって
　　　　　　言ったよな。（『犬を飼うと言う事』）

　　汉译：A：别照本宣科了。这些大家都知道。如果我们公司也进行雇佣体制
　　　　　　转换…。

　　　　　B：你跟我说过不愿意做开除老员工的事，也真做不到。

　　例句（19）是"把老职员从集体中分离出去"的意思。也就是辞掉的意思。语义8与语义1的语境上的语义②的意思有相似点，都有"分离去掉"的意思。隐喻关系成立。

（九）语义9：〈某个数值〉〈比〉〈一定的基准/限定〉〈少〉〈一点点〉

　　（20）A：メンツが懸かってっからな。

　　　　　B：ほら、寺日没まで3時間切った。行くぞ。（『犯罪心理捜査』）

　　汉译：A：咱搜查科的颜面问题。

B：小寺离日落只剩不到 3 小时了。走吧。

（21）記者発表まで1週間を切りました。マスコミ対応はどうなってます
　　　か。（『絶対零度特殊犯罪潜入捜査』）

汉译：离新闻发布会还不到一个礼拜了。媒体应付方面怎么样了？

　　例句（20）（21）里面的「切る」是指数值比基准略少的意思。如果数值大幅
缩小则不能用「切る」，而用「下回る」比较自然。「下回る」无论数值减少的幅
度大或小都可以使用。
　　语义9的意思与语义1的百科事典的语义③的意思有相似点，都有"比基准略
小"的意思。隐喻关系成立。

（十）语义10：〈一个人〉〈对某个事情〉〈进行〉〈处理应付/张罗/主持〉

（22）A：いきなり話に入ってくるな！

　　　　B：これだけ大きい会場でしたら販売用に臨時の派遣を6人用意してく
　　　　　　ださい。

　　　　A：お前が仕切るな。（『派遣の品格』）

　汉译：A：别突然插话！

　　　　B：这么大的会场的话，请安排临时派遣人员6个人。

　　　　A：你别张罗。

　　在例句（22）里的用法是表示进行"处理应付""掌管"的意思。语义10的
意思与语义3的意思有相似点，都有"处理应付"的意思。隐喻关系成立。

（十一）语义11：〈人〉〈发起某动作/行动〉〈或者开展新的活动〉

（23）息子：ごめんね。せっかく俺のこと採用してくれるとこがあんのに。
　　　　　　そのことでまた親父ともめちゃって。とにかくさ、早く決めて
　　　　　　再スタート切るからさ。

87

母親：してるんじゃない？　『フリーター家を買う』

汉译：儿子：对不起。好不容易有地方愿意录用我了却又因为这件事和老爸
　　　　　　　吵架了。不过我会尽快做决定，然后重新出发的。

　　　母亲：不是已经出发了吗。

例句（23）是重新开始工作的意思。表示时间上连续的东西，以「切る」这一行为"断开"以前的工作的同时，开始进行新的工作的意思。因此，语义11与语义1形成转喻关系。

（十二）语义12：〈人的某种行为或状态〉〈达到某个量的〉〈限定/极限〉

（24）A：早く帰って、お願いだから。

　　　B：ヤ～ダ。全部売り切るまでは帰らない。（『華和家の四姉妹』）

汉译：A：赶紧回去，算我求你了。

　　　B：不。把这些全部卖完之前我不回去。

（25）A：警察力を駆使して大人気店を貸し切ることでさえ可能です。

　　　B：それはまずいんじゃ。（『謎解きはディナーの後で』）

汉译：A：甚至能够借用警力包下人气高的店铺。

　　　B：这样不好吧。

（26）賞金を生活費の足しにしようと張り切る主婦。（『Hunter』）

汉译：想用赏金来补贴家用的干劲十足的主妇。

例句（24）里面的用法表示彻底卖光的意思。也就是说达到量的"极限"。例句（25）里面的用法表示把店铺全部出租的意思。也就是说达到量的"极限"。例句（26）里面的用法表示鼓足干劲儿。这三个都是"达到极限"的用法。因此，语义12与语义9的意思有相似点，都有"限定、极限"的意思。隐喻关系成立。

（十三）语义13：〈人〉〈对他人的做法〉〈进行严厉的〉〈批评〉〈或者将未被发觉的实际状况〉〈揭露〉

（27）男：情けない話だけど…。うららちゃんが言ったみたいにお義父さんに<u>たんか切る</u>自信が全然なくて。

女：何いってんの。男は度胸だって度胸！

汉译：男：说来惭愧。我完全没有自信能够像小丽说的那样对岳父用尖刻的语言斥责批判的语气讲话。

女：你这是什么话。男人就要有<u>胆量，胆量</u>！

例句（27）里面的「たんか切る」是惯用语。表示"吵架、拌嘴时对对方斥责"的意思。也就是用尖刻的语言斥责、"批判"对方，使对方看清问题的意思。语义13的语义与语义1的百科事典的语义①有相似点，都有把未看到的那一面，"使之看清"的意思。隐喻关系成立。

综上所述，可以把「切る」的语义概括为如下认知多义网络结构图。如图1所示，从认知语义学的视角可以把「切る」的语义归纳为13个语义，义项之间的隐喻转喻关系一目了然。

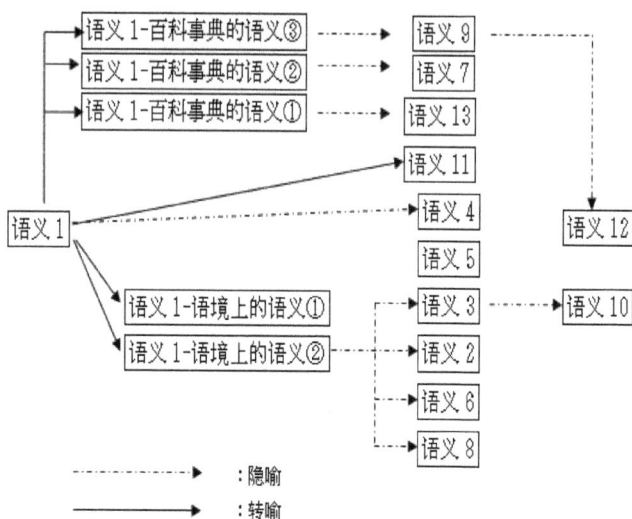

图 1 「切る」的认知多义网络结构

五、结语

　　基于《JV Finder》视频语料库考察多义词「切る」的语义发现有13个，一般都是扩展义的隐喻用法。仅仅借助平面语料库学习多义词很难理解其扩展义。尤其惯用句的学习难度大。比如「たんかを切る」这样的比较抽象的惯用句，利用庞大的"少纳言"书面语料库也只出现2个例子，均出自国会会议录和报纸的例子，很难理解其语义。因此，建议利用多模态的视频语料库，虽然关键词的例子没有平面语料库的例子多，但是多媒体立体语境提供的信息远远多于文本语境，可以说其认知支点丰富，多种感官刺激使原本抽象的情景语境形象化、具体化，使新语境、新知识的吸纳更为快捷。视频语料库的应用将有助于学习者对多义词的语义扩张的理解，给学习者提供了多义词学习的有效途径和方法。

第三节　基于语料库研究表示"盖"动作的日语词语搭配

一、引言

日语中"盖"动作的词有"被せる""塞ぐ""かける""覆う"等。正确使用这几个日语动词，对日语学习者来说是个难点。比如，撒种子之后用土盖上，日语用"被せる"，盖上锅盖，日语用"ふたをする"或"ふたを閉める"，用微波炉热菜的时候用保鲜膜盖上，日语用"皿にラップをかける"。而2012年12月日语2级能力考试出了有关"ふさぐ"的一道选择题。正确选项为"紙袋に穴があいていたので、セロテープでふさいだ。"

事实上相当于汉语表示"盖"动作的日语动词主要集中在"被せる""塞ぐ""かける""覆う"这4个动词。

本研究通过语料库主要考察表示"盖"动作的日语"被せる""塞ぐ""かける""覆う"动词的前面名词搭配情况。主要通过搭配词的共现频数、MI值、LD系数的数据分析，概括它们与名詞的典型搭配特点，考察汉语"盖"字句的日语"被せる""塞ぐ""かける""覆う"动词在语料库中的搭配特点，由此探讨词语搭配研究对日语教学与研究方法和意义。

词语搭配研究是当今语料库语言学比较活跃的领域，在语言研究领域受到高度关注。词语搭配研究之父Firth(1957:12)曾说："You shall Know a word by the company it keeps."即词的意义从与它结伴同现的词中体现。毛文伟（2013）介绍了日本语料库的应用方法，田野村（2009）、大曽（2003）、中溝（2011）、卫乃兴（2002）、邓耀臣（2003）等介绍了词语搭配研究的方法。卫乃兴(2002)提到语料库证据支持的词语搭配研究有两种基本方法：基于数据的方法（data-based ap-proach）和数据驱动的方法（data-driven approach）。数据驱动的方法适用于大型的语料库研究，有利于发现语言使用中的新事实，词语行为的新特点等。王华伟，曹亚辉（2012）介绍了基于语料库研究日语近义词的动词搭配研究。

词语搭配研究的重要目的之一就是发现和描述迄今尚未认真研究的半固定词

组。词语搭配的研究又是一种语言学研究方法。由这种词项到语境、再由语境到词项的方法（Francis 1993）可以系统地研究语言使用中的词组和词块，对语言描述、自然语言处理、信息科学等相关领域都有重要意义。（卫乃兴　2002）词语搭配研究是进一步深入研究语言理论的综合性手段，跨语义和语法两个领域，其研究结果广泛地应用于（1）词语多义比较（2）词典的编撰（3）外语教学。特别是通过词语搭配研究可以将本族语使用者的隐性知识，转换为显性知识，体现在外语课堂，教材开发等方面，有助于提高外语学习的效率。

有关"被せる""塞ぐ""かける""覆う"动词比较的先行研究除了词典的解释外先行研究甚少。各个词典主要围绕词义、语法解释，学习者正确区分使用这4个动词有一定难度。分析近义词的方法除了词义、语法的解释之外，不可忽视的另一个重要因素是词配信息。

二、使用的语料库及研究对象

（一）使用的语料库

研究中使用的语料库 NLB 为 NINJAL-LWP for BCCWJ 的简称。NLB 是日本国立国语研究所和 Lago 语言研究所，为了方便检索日本国立国语研究所开发的『现代日语书面语均衡语料库』（BCCWJ）而共同开发的在线检索系统。通过利用 NLB 语料库能够抽取搭配和语法行为的信息，对 BCCWJ 语料库的数据使用了 MeCab 和 CaboCha 软件，抽取了搭配词。该语料库共收录 104, 805, 763 词。该系统于 2013年 6 月 25 日公开使用，NLB 语料库最大功能之一是根据研究者的需要在系统中输入节点词，就能自动呈现各词汇与节点词之间的共现搭配信息。

（二）研究对象

本研究以表示"盖"动作的日语"被せる""塞ぐ""かける""覆う"动词与前接名词的搭配信息为中心，分析各个动词的搭配特点，由此探讨词语搭配研究对日语教学与研究方法和意义。

表示"盖"动作的日语动词前面主要接什么样的名词，有何特点，用《NLB》语料库进行考察。

三、词语搭配研究中使用的统计方法

(一) 搭配词共现频数

共现频数是指在抽取节点词的所有搭配词时，与节点词共现的搭配词的频数。
（王华伟，曹亚辉 2012:71）

(二) 统计测量

词语搭配的研究是词项的典型共现行为。典型性（typicality）不同于可能性；在一定程度上，词项的任何组合都是可能的，甚至象 colorless green ideas sleep furiously（无色的绿思想愤怒地入睡）和 This lemon is sweet（这柠檬是甜的）这样的组合，在一定的语境中不是不可能（McIntosh 1967:188）即搭配无所谓"不可能"，只是出现的频率不同。所以搭配提取后就要进行统计测量，检验各搭配词与节点词之间的相互预见和相互吸引程度，判断它们的共现在多大程度上体现了词语组合的典型性。（卫乃兴 2002:106）

搭配词的共现频数高并不意味着就是显著搭配，还需要分析其他的统计测量方法。国内先行研究发现共现词显著性的测量方法通常用 MI 值和 T 值。这两种方法都是通过比较共现词的观察频数（observed frequency）和期望频数（expected fre2quency）的差异来确定搭配序列在语料库中出现概率的显著程度。（邓耀臣 2003:75；工华伟，曹亚辉 2012:71）

本研究参考日本中条·内山（2004）、石川慎一郎（2008）的研究，用 MI 值和 LD 系数，分析共现词搭配强度。中条·内山（2004）比较了检索特定语的 9 种统计方法之后，指出运用 LD 系数方法判断词语组合的典型性比较理想（石川慎一郎 2008：40-50）。

1. MI 值

MI 值（Mutual Information Score，相互信息值）表示的是互相共现的两个词中，一个词对另一个词的影响程度或者说一个词在语料库中出现的频数所能提供的关于另一个词出现的概率信息。MI 值越大，说明节点词对其词汇环境影响越大，对其共现词吸引力越强。因此，MI 值表示的是词语间的搭配强度。基于语料库的词语搭配研究中通常把 MI 值 $\geqslant$ 3 的词作为显著搭配词。（邓耀臣 2003:75-76）

MI 值计算公式如下：

I= log2（共现的实际频数×语料库总词数 / 节点词频数×搭配词频数）（石川慎一郎 2008：40-50）

2. LD 系数

根据中条·内山（2004）对9种统计值准确度的比较得知，运用D值方法判断词语组合的典型性是最理想，最精确。（石川慎一郎 2008：40-50）。D值常用来统计处理词语搭配。它的计算不需要语料库的总词数。

D 值计算公式如下：

D= 2×（共现的实际频数 / 节点词频数＋搭配词频数）（石川慎一郎，2008：40-50）

LDはLogDice係数でコロケーションの統計処理でよく利用されるダイス係数を対数化したものです。共起頻度、中心語頻度（見出し語の頻度）、共起語頻度の3つの変数から導いた統計値で、降順に並べるとMIスコアよりは単純頻度に近い結果が出ます。（日本国立国語研究所，Lago言語研究所. NLB ユーザマニュアル1.20 2014：22）

四、"被せる""塞ぐ""かける""覆う"的搭配情况

（一）表示"盖"动作的日语"被せる""塞ぐ""かける""覆う"在词典中的解释

日语词典种类繁多，对词语的解释也不尽相同，在此引用《外国人のための基本語用例辞典》的解释。

这4个词的解释分别如下：

かぶせる[被せる]

1）上から覆う。

○ 子供に帽子をかぶせる。

○ ほこりが入りますから、箱にふたをかぶせてください。

○ 汚れないように、ふとんにカバーをかぶせる。

2) 上からかける。

○ たねをまいてから、土をかぶせる。（P214－P215）

ふさぐ[塞ぐ]

あいているところを何も通らないようにする。とじる。しめきる。

○ 人間は目を塞げば何も見えないし、口を塞げば何も話せない。

○ 壁にねずみが穴をあけていたので、板でふさいだら、出なくなった。

（P894）

かける

词典中的语义有10项，相当于汉语"盖"字句的义项是如下解释。

上にのせる。かぶせる。一方から他方へわたす。ある部分をほかのものの

上においてささえる。

○ ふとんを2枚かけないと寒いでしょう。（P188）

おおう[被う・覆う]

词典中的语义有2项，相当于汉语"盖"字句的义项是如下解释。

物の全体にわたって何かをかぶせる。

○ 両手で顔をおおってしばらく泣いていました。

○ 夜が明けて見ると、町中が雪におおわれていた。（P130）

对比词典的解释，可得出以下结论："被せる"的义项1中使用"覆う"作解释。"覆う"的义项中还使用"被せる"作解释。"被せる"的义项中还使用"かける"作解释。"かける"的义项中还使用"被せる"作解释。据此可以说，除了"塞ぐ"这个动词以外，其他3个动词的意义有相互交叉的部分。接下来我们将调查分析这4个动词在语料库中的具体搭配情况。

（二）《NLB》语料库中"被せる""塞ぐ""かける""覆う"的搭配情况

利用《NLB》语料库检索出的结果用如下几个表所示。前接名词的频数中，分别抽出排前10位的名词，通过MI值和LD係数探讨词语搭配特征。

表1 "名词+をかぶせる"（频数：486）共现频数排在前10位的搭配词的搭配信息

序号	名词	频数	MI	LD
1	帽子	29	11.87	8.77
2	袋	26	10.24	7.37
3	土	24	8.82	6.02
4	布	22	10.24	7.34
5	シート	21	10.51	7.57
6	網	13	9.67	6.75
7	ラップ	10	10.88	7.64
8	ハンカチ	10	11.52	8.06
9	新聞紙	8	11.86	8.10
10	風呂敷	8	12.45	8.36

表2 "名词+にかぶせる"（频数：325）共现频数排在前10位的搭配词的搭配信息

序号	名词	频数	MI	LD
1	上	55	8.00	4.68
2	頭	11	7.12	3.79
3	顔	9	6.42	3.10
4	部分	8	6.87	3.54
5	それ	4	2.96	-0.35
6	体	4	4.84	1.52
7	口	4	5.94	2.61
8	私	4	2.60	-0.72
9	箱	3	7.39	4.00
10	内側	3	8.74	5.23

表3 "名词+を塞ぐ"（频数：616）共现频数排在前10位的搭配词的搭配信息

序号	名词	频数	MI	LD
1	口	99	9.65	7.22
2	穴	42	10.13	7.61
3	唇	25	10.11	7.51
4	目	11	4.95	2.54
5	窓	9	7.70	5.20
6	ホール	7	8.51	5.87
7	隙間	7	9.60	6.73
8	鼻	5	7.63	5.05
9	傷	3	7.31	4.67
10	天井	2	7.18	4.46

表4 "名词+で塞ぐ"（频数：150）共现频数排在前10位的搭配词的搭配信息

序号	名词	频数	MI	LD
1	手	19	8.15	3.72
2	指	7	9.66	5.19
3	板	7	10.14	5.66
4	キス	6	11.22	6.68
5	両手	6	10.17	5.68
6	テープ	5	10.59	6.07
7	片手	4	10.93	6.36
8	左手	3	9.85	5.33
9	唇	3	9.09	4.61
10	バテ	3	11.31	6.64

表5 相当于汉语"盖"动作的"名词+をかける"共现频数

排在前10位的搭配词只有4个搭配信息如下

序号	名词	频数	MI	LD
1	ラップ	48	8.06	6.49
2	土	27	3.91	4.98
3	カバー	23	6.52	5.39
4	毛布	23	7.83	5.47

表6 "名词+を覆う"（频数：1521）共现频数排在前10位的搭配词的搭配信息

序号	名词	频数	MI	LD
1	顔	148	8.23	7.09
2	体	85	7.02	5.89
3	目	65	6.20	5.08
4	表面	37	9.23	7.71
5	帽子	31	10.31	8.30
6	空	31	8.01	6.69
7	全身	24	9.11	7.44
8	地域	24	0.90	-0.18
9	上	16	3.99	2.87
10	頭	14	5.24	4.08

表7 "名词+に覆う／覆われる"（频数：949）共现频数
排在前10位的搭配词的搭配信息

序号	名词	频数	MI	LD
1	雪	55	9.76	7.81
2	雲	53	10.61	8.52
3	緑	26	9.41	7.36
4	氷	24	10.34	8.03
5	草	20	9.16	7.08
6	高気圧	19	13.73	9.14
7	毛	16	9.28	7.10
8	霧	14	9.96	7.51
9	木々	12	10.62	7.77
10	森	11	8.28	6.20

（三）共同搭配情况

综合上述表里的信息可见，1）"塞ぐ"和"覆う"的前接共同搭配名词有"目"即"目を塞ぐ""目を覆う"。2）"覆う"和"かぶせる"的前接共同搭配名词有"顔""帽子"即"顔を覆う""顔にかぶせる""帽子を覆う""帽子をかぶせる"。3）"かぶせる"和"かける"的前接共同搭配名词有"土""ラップ"即"土をかぶせる""土をかける""ラップをかぶせる""ラップをかける"。通过以上语料库的调查，按照其共同搭配的情况，把这4个动词可以分为这3组。

（四）不同搭配名词特征

通过表1，表2可见，"かぶせる"与"を"格名词搭配强度较高，它们是"帽子、袋、土、布、シート、網、ラップ、ハンカチ、新的物品。聞紙、風呂敷"。这些名词都是为了与外部不直接接触，能够把整体盖住或套用

通过表3，表4可见，"塞ぐ"与"を"格、"で"格名词搭配强度较高，"を"格名词有"口、穴、唇、窓、ホール、隙間、鼻"；"で"格名词有"手、指、板、キス、テープ、バテ"。"を"格名词特征是表示"口或洞穴、缝隙、毛孔、鼻孔"等张开的小口部分，用某物盖上那一小部分，使其不能张开或开口"。"で"格名词都是盖住某个小口用的表示手段的物品。

通过表5可见，相当于汉语"盖"动作的"名词+をかける"的搭配词不多，搭配强度高的有"ラップ、カバー、毛布"。这三个名词都有能够把某物"全部能盖上、包住"这一特征。

通过表6，表7可见，"覆う"与"を"格、"に"格名词搭配强度较高，"を"格名词有"顔、体、目、表面、帽子、空、全身"，这些名词与"覆う"搭配，表示把某个表面"全部遮盖"。"に"格名词有"雪、雲、緑、氷、草、高気圧、毛、霧、木々、森"，大部分与自然有关的名词，与"覆う"搭配，表达被这些名词"覆盖、笼罩"。

五、结语

通过"NLB"语料库主要调查了相当于汉语"盖"动作的"被せる""塞ぐ""かける""覆う"动词的前接名词搭配情况。主要通过搭配词的共现频数、MI 值、LD 系数的数据分析，概括它们与前接名词的典型搭配特点如下：

1) 这4个动词按照共同搭配名词可以分3组(1)"塞ぐ"和"覆う"(2)"覆う"和"かぶせる"(3)"かぶせる"和"かける"。每组都有相同搭配词。

2)"かぶせる"与"を"格名词搭配强度较高，搭配强度较高的有"帽子、袋、土、布、シート、綱、ラップ、ハンカチ、新聞紙、風呂敷"。这些名词都是为了与外部不直接接触，能够把整体盖住或套用的物品。

3)"塞ぐ"与"を"格、"で"格名词搭配强度较高，与"を"格搭配强度较高的名词有"口、穴、唇、窓、ホール、隙間、鼻"；与"で"格搭配强度较高的名词有"手、指、板、キス、テープ、バテ"。"を"格名词特征是表示"口或洞穴、缝隙、毛孔、鼻孔"等张开的小口部分，用某物盖上那一小部分，使其不能张开或开口"。"で"格名词都是盖住某个小口用的表示手段的物品。

4) 相当于汉语"盖"动作的"名词+をかける"的搭配词不多，共现较高的有"ラップ、カバー、毛布"。这三个名词都有能够把某物"全部能盖上、包住"这一特征。

5)"覆う"与"を"格、"に"格名词搭配强度较高,与"を"格搭配强度较高的有"顔、体、目、表面、帽子、空、全身",与"に"格共现较高的有"雪、雲、緑、氷、草、高気圧、毛、霧、木々、森"。大部分与自然有关的名词,与"覆う"搭配,表达被这些名词"覆盖、笼罩"。

第四节　日语自他动词的规律及其相关辨析

一、引言

　　母语为汉语的日语学习者受母语的干扰，导致自他动词的误用偏高。为避免日语自他动词的误用，首先需要掌握一些日语自他动词的规律，其次需要了解日语的表达特点。汉语为意志性表达，使用他动词，而日语为状态性表达，使用自动词。

　　关于自他动词的概念赵圣花（2009：66）的解释如下。

　　自动词是不带宾语的动词，表示行为、动作是自发的（只说明主体自身的行为或状态），即不能直接涉及于其他事物的动词。通常自动词前需要加助词「が」、但是表示动作通过的场所或离开的场所时，助词用「を」。

　　他动词是带宾语的动词，表示行为、动作直接涉及于某一事物的动词。通常他动词前需要加助词「を」表示宾格。

　　自他动词的区别在于，一般认为自动词用于表示因自然力的影响引起某事的发生，不包括人的意志（意图），而他动词表示由人的意志（意图）引起某事的发生。

　　自动词和他动词是日语学习的一个难点和重点。本节主要通过介绍一些成对儿的自动词和他动词的使用方法，使日语学习者能够正确区别和使用自他动词。所选动词均为实际生活中常用的自他动词。通过会话形式的例句，提高自他动词的实际应用能力。

二、既是自动词又是他动词的动词
（一）吹く

　　(1) 風が吹く。/刮风。
　　(2) 人が笛を吹く。/人在吹笛子。

（二）開く

(3) ドアが開く。/门开了。

(4) 人がドアを開く。/人把门打开。

（三）積む

(5) 雪が積む。/积雪。

(6) 経験を積む。/积累经验。

（四）寄せる

(7) 波が岸に寄せる。/海浪拍岸。

(8) 船を岸に寄せる。/将船靠岸。

（五）閉じる

(9) 窓が閉じる。/窗关闭。

(10) 窓を閉じる。/关窗。

三、下一段动词大多数是他动词，其相应的同根词是自动词

（一）［付ける(他) 付く(自)］

(11) A:テレビをつけてもいい？ /可以打开电视机吗?

B:どうぞ。/请便。

A:あれっ、つかない。/哎呀，打不开。

B:あっ、それビデオのリモコンよ。/啊!(你用的)那是录像机的遥控

102

器啊。

(二) [見付ける(他) 見付かる(自)]

(12) 田中:チョウさん、かぎは見付かりましたか。/小张，钥匙找到了吗?
　　　張:はい、リーさんが見付けてくれました。/是的，小李帮我找到的。

(三) [変える(他) 変わる(自)]

(13) A:あ、変わったね。/啊，你变样了。
　　　B: えっ、何が? /啊，什么?
　　　A:ヘアスタイルを変えたね。/换头型了。

(四) [掛ける(他) 掛かる(自)]

(14) (在电话亭)
　　　電話:リーン、リーン、リーン…/铃铃……
　　　A:留守かな、何回掛けても掛からない。/没人，打几次了都没人接。

(五) [貯める(他) 貯まる(自)]

(15) A: 車がほしいなあ。やっぱり便利だからね。/想有个车啊。的确方便啊。
　　　B:お金ためてる？/攒钱了吗?
　　　A:ううん。ためようと思ったんだけど、ぜんぜんたまらない。/没有，虽然我想攒钱，但怎么也攒不下来。

103

（六）［止める(他)　止まる(自)］

(16) A:このオートバイ，朝から止まっているけど，だれのだろう。/
　　　这辆摩托车，从早晨开始一直在这儿停着，谁的呢?

　　　B:さあ…。ここは駐車禁止だから止めてはいけないんだけどね。/
　　　是啊……这里禁止停车，所以停车是不允许的。

（七）［決める(他)　決まる(自)］

(17) A:出発の日は決まりましたか。/出发日子定下来了没有?

　　　B:なるべく早く決めたいと思っているんですけど。/虽然也想尽早决
　　　定……。

（八）［集める(他)　集まる(自)］

(18) A:きれいな切手ですね。/真漂亮的邮票啊。

　　　B:ええ、子供の時から集めているんです。/嗯，从孩提时代开始就集邮了。

　　　A:そうですか。

　　　B:でも、いいのはなかなか集まりませんね。/但是，好的(邮票)怎么
　　　也收集不到啊。

（九）［下げる(他)　下がる(自)］

(19) 母親:うちの子の熱、まだ下がらないんですけど…。/我们家孩子的烧,
　　　还没退下来……。

　　　医者:じゃ、この薬を飲ませてみてください。30分ほどで下げますか
　　　ら。/那么，给他吃这个药试试，30分钟左右就能降下来。

（十）［開ける(他) 開く(自)］

(20) A: ここが僕のアパートです。さあ、どうぞ、…あれ、<u>開かない</u>。/
这儿就是我的公寓。请，奇怪，怎么打不开。
B: 慌てないでください。あれ、車のキーじゃないですか。/
别着急。啊!那不是车钥匙吗?

（十一）［受ける(他) 受かる(自)］

(21) A: 車の免許試験、<u>受けました</u>か。/车辆驾驶证考试，(你)参加了吗?
B: ええ、でも<u>受からなかった</u>んです。/嗯，但是没考上。
C: 都合が悪くて、<u>受けなかった</u>んです。/(有事)不方便，没参加考试。

例外:［焼ける(自) 焼く(他)］

(22) (夫妻间的对话)
夫.おいしそうな魚だね。/看起来很好吃的鱼啊。
妻:きれいに<u>焼けてる</u>でしょ。/烤得不错吧。
夫:だれが<u>焼いた</u>の。/谁烤的?
妻:わ・た・し。/我。
夫:魚屋さんが<u>焼いた</u>と思ったよ。/我还以为是鱼店的人烤的呢。
妻:え?/啊?

四、他动词+可能助动词→约音而成的下一段可能动词都是自动词
（一）［切る(他)→切られる→切れる(自)］

(23) A:おかしいな…。エンジンが掛からない。/奇怪…，发动机启动不了。

B:当然だよ。ほら、ガソリンが<u>切れている</u>よ。/那是当然了，看，没有油了。

(24) A:このはさみ、<u>切れない</u>ですね。/这把剪子，剪不断啊。
　　　B:じゃ、この新しいので<u>切って</u>みてください。/那么，用这把新的试试。

（二）［取る(他)→取られる→取れる(自)］

(25) A:この地方では米は何トンくらい<u>取れる</u>んですか。/这个地方能产多少吨大米呢。
　　　B:2500 トンくらいです。/大约 2500 吨。

（三）［釣る(他)→釣られる→釣れる(自)］

(26) A:このあたりの川はよく<u>釣れる</u>んですよ。/这一带的河里，鱼很容易钓的。
　　　B:だから、いつも大勢の人がこの辺で<u>釣って</u>いるんですね。/所以，总是有很多人在这一带钓鱼。

（四）［売る(他)→売られる→売れる(自)］

(27) A:この本は一日 15 冊<u>売れる</u>そうです。/听说这本书一天能卖15本。
　　　B:へえ、そんなにたくさん？/啊，那么多呀？

五、大多数以「す」结尾的五段动词是他动词，其同根词是自动词
（一）［直す(他)　直る(自)］

(28) A:このドアの鍵、壊れていたのに<u>直って</u>いる。誰が<u>直した</u>の。/ 这个

106

門的锁，原来是坏的，现在却好了。是谁修的呢?

B:昨日、僕が<u>直した</u>んだ。/是我昨天修好的。

（二）［済ます(他) 済む(自)］

(29) A:夕方までにこれ、全部できるかな。/傍晚之前，这些都能完成吗?

B:頑張って、早く<u>済まして</u>帰りましょう。/加把劲儿，早点做完回去吧。

（三）［増やす(他) 増える(自)］

(30) A:ピザ、Lサイズを2枚注文しておきました。/比萨饼已经定了L号的2张。

B:足りるかしら。もう1枚<u>増やした</u>ほうがいいですよ。/能够吗?再加一张为好吧。

（四）［残す(他) 残る(自)］

(31) （姐弟的对话）

姉:あっ、私のケーキがない。/啊，我的蛋糕没了。

弟:僕が食べちゃった。ひとつ<u>残っていた</u>から。/我吃掉了。剩了一块儿，所以……。

姉:えー?あとで食べようと思って、<u>残して</u>おいたのに。/啊，寻思过一会儿吃，放在那儿的。你却……。

弟:名前、書いてなかったよ。/没写名字啊。

(五) [治す(他) 治る(自)]

(32)（在公司）

山田：ゴホン、ゴホン/咳……，咳

田中：山田さん、風邪ですか。/山田，你感冒了吗?

山田：ええ、なかなか治らなくて。/嗯，怎么也不好。

田中：早く治さなきゃ。/得赶快治啊。

山田：ええ。早く治したいんですが…。/嗯，我也想早点治好……。

田中：お大事に。/保重。

山田：ありがとうございます。/谢谢。

(六) [壊す(他) 壊れる(自)]

(33) A：これ、だれが壊したんですか。/这个是谁弄坏的?

B：私たちじゃありません。来たとき、もう壊れていたんです。/不是
我们，来的时候，已经坏了。

(七) [起こす(他) 起こる(自)]

(34) A：ああ、ここでオートバイの事故があったんですね。/啊，这里发生
过摩托车事故吧。

B：ええ、事故を起こした車は逃げてしまったらしいですよ。/嗯，好
像肇事的车辆逃逸了。

六、部分以「す」结尾的五段使役性他动词，其相应的同根词是自动词

(一) ［起こす(他) 起きる(自)］

(35) 娘　：ママ、明日6時に起こしてくれる？/妈妈，明早6点叫醒我，
　　　　　好吗？

　　ママ：何かあるの？/有什么事吗？

　　娘　：うん、遠足。/嗯，徒步旅行。

(二) ［乾かす(他) 乾く(自)］

(36) 娘　：このセーター、明日までに乾くかしら。/这件毛衣，明天之前能
　　　　　干吗？

　　ママ：天気がいいから乾くと思う。/天气很好，所以我想能干。

(三) ［動かす(他) 動く(自)］

(37) A：すみません。この机をもう少し右に動かしてくださいませんか。/
　　　　对不起，能不能把这张桌子稍微往右挪一下？

　　B：ええ、いいですよ。/ 嗯，没问题。

(四) ［泣かす(他) 泣く(自)］

(38) 母：弟を泣かさないで、仲良くしてよ。/别把弟弟弄哭了，好好相处
　　　　啊。

　　姉：うん。

　　弟：(まだ泣いてる)ウーウー…/(还在哭)呜——呜——

　　姉：お菓子をやるから、もう泣くなよ。/给你点心，不要再哭了。

例外：

(39)　知らす(他)　　　知る(他)

　　　聞かす(他)　　　聞く(他)

　　　飲ます(他)　　　飲む(他)

七、「見える/見られる」「聞こえる/聞ける」的用法辨析

(一) 見える

1. 表示不是行为主体刻意去看，而是对象物自然而然地映入眼帘

(1)　A:あ、あれ、富士山じゃない。/啊，那不是富士山吗!

　　　B:本当。頂上まできれいに<u>見える</u>ね。/真的，一直能看到山顶啊!

2. 表示的是行为主体本身所具有的视觉功能

(2)　黒板の字がよく<u>見えない</u>。/黑板的字看不清楚。

(3)　この子は生まれつき目が<u>見えない</u>。/这个孩子天生眼睛看不见东西。

3. 表示说话者所得到的具体的视觉印象和心理感受。中文意思为"看上去好像"

(4)　彼女は年齢より若く<u>見える</u>。/她比实际年龄显得年轻。

(5)あれだけ叱られても弟には反省の色がぜんぜん<u>見えない</u>。/那么被批评，
　　弟弟还是根本没有反省的意思。

(6)　金持ちに<u>見える</u>。/看上去很有钱。

4. 作为「来る」的尊敬语，相当于「いらっしゃる・おいでになる」之意

(7)　今日、店長が<u>見えました</u>よ。/今天，店长来了。

(8) まだどなたも見えません。/哪位都还没来。

5. 表示估计与推断

(9) 先が見えない。/看不到未来。

(二) 見られる
1. 表示得到视觉满足的可能性。以行为主体的主观愿望和一定条件为前提

(10) 屋上に上がれば富士山が見られる。/上房顶的话，能看见富士山。

(11) 窓を開ければ庭が見られる。/开窗户的话，能看见院子。

(12) 天気がよければ富士山が見られる。/天气好的话，能看见富士山。

(13) 日本へ行けば富士山が見られる。/去日本的话，能看见富士山。

(14) A:ねえ、「映画の日」って知ってる? /你知道"电影日"吗?

　　B:ううん、なに、それ。/不知道，那是什么?

　　A:毎月、一日は入場料が千円になるんだよ。/每月有一天是入场费 1
　　　千日元。

　　B:へえ、ずいぶん安く見られるんだね。/哎呀，能够很便宜地看(电影)
　　　啊!

(15) 昨日帰りが遅くなって9 時からの番組が見られませんでした。/
　　昨天回来晚了，9 点开始演的节目没能够看到。

2. 表示自然现象，客观状态的发生与出现

(16) 大地震の時は、…現象が見られる。/发生大地震的时候，能看到……
　　现象。

111

3. 以「～と見られる」的形式，表示说话者的分析，估计与推断

(17) 事故の原因は、運転手の居眠り運転と<u>見られる</u>。/事故的原因，估计是司机酒后驾驶。

4. 表示能够忍着看下去，相当于「見ていられる」之意

(18) そんな恐怖のシーンは<u>見られる</u>ものか。/怎能目睹那样恐怖的场面呢。

（三）聞こえる
表示不是行为主体刻意去听什么，而是自然而然地听到什么

(19) A：ピアノの音が<u>聞こえ</u>ますね。/能听见钢琴声啊。

B：ああ、隣 のお子さんが弾いているんですよ。/啊，是隔壁的孩子在弹。

（四）聞ける
表示得到听觉满足的可能性。以行为主体的主观愿望和一定条件为前提。

(20) A：いいレストランを見つけたよ。メキシコの料理屋で、ラテン音楽が<u>聞ける</u>んです。/发现好的西餐馆。是个墨西哥料理店，能听拉丁音乐呢。

B：いいですね。今度連れて行ってください。/好哇！下次带我去吧。

(21) A：明日の天気を知りたいんですが…。/想知道明天的天气……。

B：じゃ、117 に電話すれば、天気予報が<u>聞け</u>ますよ。/那么，电话打117 的话，能听天气预报的。

八、结语

综上所述，可见日语自他动词是有规律可循，但不是绝对的，也有例外的情况。首先，简单概括其规律如下。一是下一段动词大多数是他动词，其相应的同根词是自动词。这类例外的自动词有，如［焼ける(自) 焼く(他)］。二是他动词+可能助动词→约音而成的下一段可能动词都是自动词。三是大多数以「す」结尾的五段动词是他动词，其同根词是自动词。这类例外的他动词有，如［知らす(他) 知る(他)］；［聞かす(他) 聞く(他)］；［飲ます(他) 飲む(他)］。

其次，通过上述的两组近义词「見える/見られる」「聞こえる/聞ける」的辨析对日语学习者在理解和使用上期待有所帮助。辨析词典对日语学习者指导的力不从心，充分说明对近义词语差异性特征的研究还需要进一步的完善和补充。今后的课题为通过语料库考察近义词的搭配特征，提高学习近义词的效率，使日语学习者的语言输出更加地道、自然。

第三章 谓语句相关研究

【本章导读】

本章主要介绍表示推定表达的「ようだ・らしい・そうだ」的用法，从日语教育的角度对其典型用法进行归纳与辨析。尤其对「ようだ・らしい」的语义及用法区别，进行周详的分析。并且对「ようだ・らしい」和"好像/似乎"进行了日汉对比研究。

根据「～ている」的前接动词的语义用法把动词分类为六类，对「～ている」的使用实态进行了详细分析。

关于表示"结果存续态"的「ている」和「てある」的用法进行了辨析。如：「窓があいている」「窓をあけてある」「窓があけてある」「眼鏡をかた人」「眼鏡をかけている人」等的类似表达用法进行了辨析。

第一节　表示推定表达的「ようだ・らしい・そうだ」的用法

推定表达「ようだ・らしい・そうだ」的用法，对日语学习者来说，依然是难以掌握的语法项目。而且在以往的研究中，对于推定表达「ようだ・らしい・そうだ」用法的阐述，仍存在着不够全面的地方，所以本节将从日语教育的角度对其典型用法进行归纳总结。

一、比况助动词「ようだ」

（一）直接信息，用于比较有把握的推测。判断的依据在于五官感觉和感受

(1)（バックを触って）これは皮のようです。（触覚）/（摸摸包）这个好像是皮的。

(2)（問題を少しやってみて）私にはちょっと難しいようです。（感覚）/（做了一下题）对我来说好像有点难。

(3)（彼の顔を見て）前にどこかで会ったようだ。（視覚）/（看着他的脸）好像以前在哪儿见过。

(4)（箱をふってみて）中に何か入っているようだね。（視覚，聴覚）/（晃晃箱子）好像里面有东西。

(5)（舐めて）少し味が辛いようです。（味覚）/（尝了尝）味道好像有点咸了（辣了）。

(6)（嗅いで）これ、腐っているようです。（嗅覚）/（闻了闻）这个好像坏了。

(7) 大きい石ですね。あの人、持とうとしています。動きませんね。/好大的石头啊。那个人，想要把它搬起来。没搬动啊。（×重そうですね。○重いようですね。×重いらしいですね。）

(8)（医者が患者の額を触って）熱が（×ありそうですね。○あるようで

115

<u>す</u>ね。×あるらしいですね。)/（医生摸了摸患者的额头）好像有点发烧啊。

(9) 店の前に長い行列ができています。この店の料理はおいしい<u>ようです</u>。（×おいしそうです）/店门口排了很长的队伍。这家店的菜好像味道很不错。

（二）间接信息，表示拉近的态度

(10) 現地から帰った人の話によると、アフリカでまた暴動があった<u>ようだ</u>。/据从当地回来的人说，非洲又发生了骚动。

(11) 現地から帰った人の話によると、アフリカでまた暴動があったらしい。/据从当地回来的人说，非洲又发生了骚动。

也就是说，使用「ようだ」时要比使用「らしい」更能感觉到对非洲的关注或者有关联。因为使用「らしい」时，给人的感觉是说话人站在旁观者的立场，"说话人与事态的心理距离较远"（国広 1982：88-89）。

（三）感知自己身体状况时，「ようだ」「らしい」都可以使用

当描述"自己身体内发的感觉"时，不使用「らしい」。（「自身内発的な肉体感覚」の場合、「らしい」は使えない。森田 1988：213）。

(12) 頭がずきずきする。風邪を引いた<u>ようだ</u>（らしい）。/头一跳一跳地疼。好像感冒了。

(13) 見合いをするつもりはない。…言おうとしたが口に出なかった。のどがこわばる<u>ようだ</u>。/不打算相亲。……想说但是最终还是没说出口。喉咙好像发硬了。

(14) 最近胃が痛い。私は（〇胃が悪い<u>ようだ</u>。×胃が悪そうだ。〇胃が悪

いらしい。) /最近胃痛。胃好像不好了。

(15) (病院で)

　　医者：どうしましたか。/怎么了?

　　患者：せきがで出て、風邪を（○<u>ひいたようなんですが</u>。×ひきそう
　　　　　なんですが。○ひいたらしいんですが。) /咳嗽，好像感冒了。

　　(http://www014.upp.so-net.ne.jp/nbunka/10ga98.htm)

(四) 委婉断定

1. 消极评价

作不理想的评论或消极评价时，"ようだ"常常起到人际关系润滑剂的作用
(寇芙蓉2003)。

(16) A：どうですか。向こうの代理店さんは、ちゃんとやってくれてるの
　　　　かな。/怎么样? 那边代理店的人能干好吗?

　　B：担当の方は真面目なんですけど、基本的な知識がない<u>ようで</u>…/
　　　　负责人倒是很认真，但是对这方面好像不太懂……。

2. 表示理解对方心情

当站在对方的立场上，了解对方的感受，理解对方的心情时，可以用「よう
だ」来表达。

(17) 今日は疲れている<u>ようです</u>ね。/今天好像挺累啊。

(五) 敷衍功能

不希望被打扰，又不想冷落别人时，常使用「ようだ」。

(18) A：今日も電車の事故がありましたね。/今天电车又出事故了。

117

B：ええ、<u>そのようですね</u>。/嗯，好像是啊。

二、推量助动词「らしい」
（一）根据传闻作出的推测

（19）うわさでは彼は会社をやめる<u>らしい</u>よ。/听说他要辞职呢。

（20）ニュースでは台風が近づいている<u>らしい</u>です。/据新闻说台风要来了。

（21）よく知らないけど、みんなの話ではあの会社、倒産する<u>らしい</u>よ。/
具体情况不太清楚，大家都说那家公司要倒闭了。

（22）A：あそこにおおぜいの人が並んでいますね。/那边很多人在排队啊。

B：うわさでは、あの店の宝くじはよく当たる<u>らしい</u>ですよ。/听说
那家店的彩票中奖率很高呢。

（23）A：最近、地震が多いですね。/ 最近总发生地震啊。

B：ええ、きのうも日本海側のどこかであった<u>らしい</u>ですよ。/ 是
啊，说是昨天日本海一带还发生地震了呢。

（二）根据一定客观事实的基础上作出的客观推测
1. 根据说话人的观察，作出不太有把握的推测

（24）（濡れた道を見て）昨日雨が<u>降った</u>らしいですね。（○ようだ）。/
（看到路面湿了）昨天好像下雨了啊。

（25）（店の様子を見て）この店は<u>流行っているらしい</u>です。（○ようだ）。
/（看到商店的情况）这家店好像很受欢迎。

（26）（家の外で何か音がします。）誰か<u>来た</u>らしいです。（○ようだ）。
/（门外好像有声音）好像来人了。

（27）何か<u>いるらしい</u>です。（○ようだ）。/好像有什么东西。

118

上述 3 个例子，也可用「ようだ」，表示说话人很有把握的推测。

2. 客观评价自己的状态

（28）背中がかゆい（×蚊にさされそうだ。×蚊にさされたようだ。○蚊にさされたらしい。）/后背痒，好像被蚊子叮了。

（29）みんなが私の顔を見て笑っている。顔に何かついたらしい。（×ようだ）。/大家都在看着我的脸笑。好像脸上粘什么东西了。

三、样态助动词「そうだ」

主要表示说话者根据眼前的具体情况，即对事物的外观的观察作出主观推测。

（一）对眼前看到的人或事物表面或外部特征作出的视觉上的判断

（30）このケーキはおいしそうですね。/这个蛋糕看上去很好吃。

（31）おいしくなさそうです。/好像不好吃。

（32）雨が降りそうもないです。（○降りそうにないです。×降らなさそうです。）/不像是要下雨的样子。

（33）この映画はつまらなそうです。（×つまらなさそうです。）/这部电影好像没意思。

（34）早く帰りたそうな顔をしています。/一副想要早点回去的样子。

（35）元気そうで、なによりです。/看起来很健康，比什么都重要。

（36）あの人はお金がありそうですね。/那个人看上去很有钱。

（37）大きい石ですね。（○重そうですね 。×重いようですね。×重いらしいですね。）/好大的石头啊。好像很沉啊。

（二）对即将或不久的将来发生的事态，对于可视的客观事实作出判断

（38）木が倒れそうです。/眼看树要倒了。

119

（39）雨が<u>降りそうです</u>。/眼看就要下雨了。

（40）ガソリンが<u>切れそうだ</u>。/汽油快用光了。

（三）对于看不到的情形，作出主观上的推测、估计、展望和直觉的判断

（41）契約はうまく<u>いきそうです</u>。/合同好像能进展得很顺利。

（42）ここなら、落ち着いて小説が<u>書けそうです</u>。/这里的话，好像可以静
下心来能写小说。

（43）A：いい論文が<u>書けそうですか</u>。（×書けるようですか。）/你觉得
能写出好论文来么？

B：ええ、書けると思います。たくさんの資料を集めましたから。/
嗯，我认为能。因为搜集了很多资料。

（44）わたしにも<u>できそうな</u>仕事がありますか。/有没有我能做的事情？

（45）合格<u>できそうですか</u>。/觉得能合格吗？

（46）おしっこが<u>漏れそうです</u>。/差点要尿裤子了。

（四）夸张用法

（47）疲れて<u>死にそうです</u>。/快要累死了。

（48）頭が<u>パンクしそうです</u>。/脑袋要炸了。

第二节 「ようだ・らしい」语义及用法区别

一、「ようだ」的语义特征

「ようだ」和「らしい」的相似之处一直以来有很多讨论,本节主要着眼于考察二者的不同之处。首先来看「ようだ」的基本意思,「ようだ」一般是用来表示"样态"和"推量",而很少用于表示"传闻"。

(一) "样态"的「ようだ」的语义特征

1. 可以表示"否定"和"疑问"

"样态"是把眼前看到的情形加以转述,其与"推量判断"不同,后面可以使用否定形式「ようでない」或疑问形式「ようですか」。

(1)家の中は静かで誰も居た<u>よう</u>ではありませんでした。
家中十分安静,好像谁都没在家。
(2)わたし幸福じゃない<u>よう</u>ですか。
你是不是觉得我看起来并不幸福?

2. 在句子结构上后句可以否定前句「ようだ」的判断。

「ようだ」的后句可以否定前句「ようだ」的判断。这样的后句否定型句子经常与「一見、見た目には、見たところ」等表示加注意义的"副词"共同使用。也就是说通过与以上词语的呼应使用,使之成为一种"样态"的标志性使用形式,在后句中可以否定前句的判断。

(3)彼は見た目にはとても真面目な人である<u>よう</u>だが、実はそうではない。
他外表看上去是个认真仔细的人,实际上并非那样。
(4)この作業は<u>一見簡単なよう</u>だが実はとても難しい作業である。

这个工作看起来似乎十分简单，实际上却是非常难的工作。

　　但是，有的时候也可以单独使用。即便单独使用也在句中插入「一見、見た目には」等词语，句子大意也不会发生变化。

　　（5）そうめんとひやむぎは同じものである<u>ようだ</u>が厳密には違うものである。
　　　　挂面和凉面看似同一东西，但严格说起来却是不同的。
　　　　cf.そうめんとひやむぎは<u>見た目</u>には同じものである<u>ようだ</u>が厳密には違うものである。

3. 并列表达
　　「ようだ」可以用于并列表达多个不同（或矛盾）的事态或印象。

　　（6）あなたの帰りを待っていたこの三日間は長かった<u>ようでもあり</u>、あっという間の<u>ようでもあった</u>。
　　　　等你归来的这三天，既像似很漫长，又好似一瞬间。

　　以上这些"样态"的「ようだ」都是说话人通过自己的感觉而形成的一种对事物的认识，将其换成「ように見える」「ような気がする」「ように感じる」等表达，意思也大致相同。

（二）表示推测的「ようだ」的语义特征
　　「ようだ」有的时候表示"样态"，有的时候表示"推量"，这往往通过观察其与什么副词相呼应就可以知晓。与刚才谈到的表示"样态"的副词「一見」「見たところ」等相呼应时表示"样态"的意思；与表示"证据，凭据"的副词「どうやら」「どうも」等相呼应时则"推量"的意思更强。例如：

(7) <u>どうやら</u>、おれの仮病作戦には、またまた思わぬ付録がつけ加えられ
<u>たようである</u>。

看起来，我的假病作战，像是又一次要添上意想不到的附录了。

(8) 夫婦というものへの期待が、克平にしろ、八千代にしろ、<u>どうも</u>大きす
ぎる<u>ようである</u>。

对夫妇这种东西抱有的期待，无论克平还是八千代，都好像有些过分。

「ようだ」经常用于表示说话人的身体诸感觉器官（包括视觉）可以推测的感
觉。也就是说感觉（样态）和推量常常和为一体（「観察との密着性」），有时很难
判断究竟是"样态"还是"推量"。

(9) 男の背広生地に似た荒い棒じまのスーツで細い肢体を包んで、詰った
襟もとから、えんじのマフラーをのぞかしている。ちょっと見ると、毛
糸の束を首にまきつけている<u>ようだ</u>。

苗条的肢体，裹着一件类似男西服般质地粗糙的条纹套裙，开得很小
的领口处，探出鲜红的围巾。乍一看去，宛似围了个毛线脖套。

(10) 喜助は看病につかれた寝不足の眼をしばたたいて顔をよせた。する
と玉枝は、口の中でかすかな声をたてている。人の名をよんでいる
<u>ようだった</u>。

喜助眨眨因陪夜而睡眠不足的两眼，向玉枝的脸边靠近。这时，玉枝
口中发出细微的声音，好像是在叫一个人的名字。

例句9和10就是很难区分"样态"还是"推量"的例子，如果与副词「どう
やら、どうも」相呼应则表达"推量"（7，8）；如果与副词「一见、见た目に
は」相呼应则表示"样态"（如3，4的前句），或在后句中否定前句「ようだ」
的判断则表示"样态"（如3，4的后句）。

另外，「ようだ」与「らしい」有所不同，很容易与表示确定性程度很高的词

「間違いなく」共同使用。

(11) 間違いなく、隣の部屋に誰かいるようだ。/毫无疑问, 隔壁房间一定是有什么人。

（三）传闻的 「ようだ」的语义特征 （说话人的判断）

进而, 人们经常认为只有「らしい」有"传闻"的用法, 而「ようだ」没有。事实上「ようだ」表示传闻的例子并不是完全没有, 只是例子很少。

(12) さっき見た天気予報によれば、九州では大雨が降っているようだ。/据刚刚的天气预报报道, 九州地区正普降大雨。

(13) 話によると、ガソリンがまた値上がりするようだ。/据说汽油好像又要涨价了。

这些「ようだ」的例子并不是说话人基于证据所做出的推测, 而是描述所把握信息的状态的一种表达方式。 （14）。

(14) 天気予報によると、九州では大雨が降っているようだ。/据天气预报报道, 九州地区正普降大雨。

也就是说表示"传闻"的「ようだ」是"说话人的主观性转述", 本文中将其称为"传闻式用法"。

综上所述, 本文从与副词的呼应关系、疑问句、否定句、后句中可否表达对前文的否定等诸方面探讨了「ようだ」的意义和用法。归纳起来, 如下图所示：

	分类	用法及意义特征	呼应关系	取消前句判断
ようだ1	样态	疑问, 否定, 并列	「一見、見た目には」等	○
ようだ2	推量	紧密性、高确定性	「どうやら、どうも」等	X
ようだ3	传闻	说话人的主观性 转述	「によると、によれば」等	○

二、「らしい」的语义特征

推量助动词「らしい」主要用于表示 "推量" 和 "传闻"，与「ようだ」不同，不表示 "样态"。本文就其 "推量" 和 "传闻" 两种用法做一详细分析。

（一）表示推量的「らしい」

首先，「ようだ」描述的主要是说话人的自我感觉，是通过视觉看到的事物或感知的状态。与之不同的是，「らしい」描述的即使是现场亲眼所见的事物，也要在此基础上进行逻辑上的推断，这一语义非常强。

(15) あの秘書は愚鈍なヨウニ見えるが、あのやり手の社長が手放さないのだから、あれはなかなか有能[?なコウダ／ラシイ]。/那位秘书看起来似乎愚钝，但那么能干的总经理始终不放她走，这说明她其实是挺有能力的。

(16) その八千代の言葉から判断すると、克平にくれた先きが、それを取り返す態度に出ていることになっているらしい。『あした来る人』/从八千代话里听来，似乎是说给克平狗的那户人家翻脸不认帐了。《情系明天》

其次，表示 "推量" 的「らしい」与「ようだ」相同，可以与「どうやら」「どうも」等副词搭配使用。

（17）臭い山の芋を煮て何にするかは不明であるが、<u>どうやら</u>彼は専らこの作業のため、ここへ来ている<u>らしい</u>。芋はこのあたりで採れるのであろう。『野火』/我不明白他为什么煮这些臭山芋，但是他似乎为了这件工作特意来到了这里。也许可能在这一带采到山芋吧。《野火》

（18）それからこの売春クラブには警察関係だけじゃなくて、<u>どうも</u>政治家筋がからんでいる<u>らしい</u>。『ダンス・ダンス・ダンス』/另外，这家色情俱乐部不仅同警方眉来眼去，同政治家也藕断丝连。《舞！舞！舞！》

（二）表示传闻的「らしい」

首先，「らしい」所表示的传闻内容并非基于某种根据的推测，而是信息来源人对事物的认识，其中不包含说话人自身的判断。

（19）そこは村の東南へ突き出た岬の根方の、石だらけの小さな浜である。そこで焼く煙は村のほうへひろがらないので、昔からそこが焼場に使われて来たもの<u>らしい</u>。『金閣寺』/这里是村东南山岬下濒海的一块乱石滩。据说在这儿火葬，冒的烟不会刮向村里，所以自古便被选作火葬场了。《金阁寺》

其次，表示传闻的「らしい」常与「〜によると／〜によれば」等句型搭配使用，表示信息来源人对事物的认识。

（20）保さんの話<u>によると</u>、それでも奥さんや娘さんは、二階に寝るのを憚ってか夜は台所で寝ている<u>らしい</u>。主人だけ二階に寝るのかも分らない。『黒い雨』/听保君说，即使这样，夫人和她的女儿也不到楼上去睡觉，夜里就睡在厨房里，可能只有房东一个人睡在楼上。

（21）十九世紀のイギリスで発明されて一時流行ったものの、あまりに複雑すぎていつのまにかすたれてしまったゲームだ。ある数学者の計

算によれば二十五万回に一回だけ成功する確率であるらしい。『羊をめぐる冒険』/这游戏十九世纪由英国发明以来一时广为流行，但由于过于复杂，不知不觉便销声匿迹了。据某位数学家计算，成功概率大概为二十五万分之一。《寻羊冒险记》

再次，「らしい」所表示的传闻内容是他人的判断，因此，在后句中可以否定前句的判断。

（22）話によると太郎はもう死んだらしいが、私はそう思わない。/听说太郎已经死了，但我不那样认为。

最后，「らしい」可用于多个传闻内容的并列，但与「ようだ」不同，并列的事物之间并非互相矛盾。

（23）「いや、怪我したんです。ピトンが抜けて落っこちたらしいが、幸い骨折ですんだらしい。ここからすぐ大町の病院へ運ばれましてな」『明日来る人』/"不，受伤。是因钢锥拔出摔下山的。幸好只是骨折，从这里马上就送到大町医院去了。"《情系明天》

(三)「らしい」用法归纳

上述用法可以归纳如下：

1. 表示推量的「らしい」

① 即使是现场亲眼所见的事物，也要在此基础上进行逻辑上的推断，这一语义非常强。

② 与「ようだ」相同，可以与「どうやら」「どうも」等副词搭配使用。

2. 表示传闻的「らしい」

① 表示信息来源人对事物的认识，其中不包含说话人自身的判断。

② 与「～によると/～によれば」等句型搭配使用。

③ 表示的传闻内容不是说话人的判断，因此，在后句中可以否定前句的判断。

④ 可用于多个传闻内容的并列，但与「ようだ」不同，并列的事物之间并非互相矛盾。

三、「ようだ」「らしい」的区别
（一）表示说话人主观判断的「ようだ」

表示"与现场情况紧密相关"、"较高的确定性"、"较高的关注度"等说话人主观上的判断时使用「ようだ」，而不用「らしい」。

1. 与现场情况紧密相关

（24）（店頭で服を見て）この服は僕には少し小さい（ようだ/*らしい）。

（在商店前看着衣服）这件衣服我穿稍微有点小。

（25）（自分の胸のあたりを指さして）どうもこのへんが痛い（ようだ/*らしい）。（菊地康人 2000）

（指着自己的胸口）这儿有点痛。

这些例子描述的都是说话人依据自己的视觉、听觉所直接观察到的对象物的样子。直观地觉得"我穿好像稍微有点小"或者"身体疼痛"，没有进一步进行推论的余地。这样的场合不使用「らしい」。

2. 较高的确定性

「ようだ」因为表示主观上的判断，确定性较高，故而经常与「間違いなく」等词搭配使用。「らしい」则不这样使用。

（26）間違いなく、隣の部屋に誰かいる（ようだ/*らしい）。（菊地康人 2000）

隔壁房间里一定有什么人。

3. 较高的关注度

与说话人利害直接相关，或者说话人高度关注的事情均用「ようだ」来表示。这时如果使用「らしい」则变成了"不太关心"、"与自己无关"等意思。

(27) 外は雨が降っている<u>ようだ</u>。（どうしよう？今日傘を持って来なかったのに。）

外面好像在下雨。（怎么办？今天没有带伞）

(28) 外は雨が降っている<u>らしい</u>。（今日傘持ってきたから私とあんまり関係ないけど。）

外面似乎在下雨。（今天带伞来了，与我没什么关系）

(二) 基于推论和传闻的判断用「らしい」

表示"伴随推论的判断"或"基于传闻的判断"时使用「らしい」，而不用「ようだ」。

1. 传闻

(29) 我々には想像もつかないが，人間の身体は 60 兆個もの細胞からできている（＊ようだ／らしい）。（菊地康人，2000）

我们无法想象，人体由大约 60 兆个细胞组成。

即便是从别人那里听到的信息，当断定该信息是可信的时候不能用「ようだ」，而使用「らしい」。例句（29）与表示"传闻"的「そうだ」非常接近，其语义中包含着"认为该信息是可信的并予以采纳"这一过程，而表示"传闻"的「そうだ」本身是"原封不动地转达该信息。"因此当信息是确凿无疑的，即对是否应当相信该信息不必作出判断的时候，不能使用「らしい」，而要用「そうだ」。

(30) 今，田中さんから電話があった．たった今，成田に着いた（そうだ／＊らしい）．

刚才田中先生打来电话，说他刚刚抵达成田机场。

2. 很强的推论性

(31) 普段はすいているのに，今日は月末だからこんなに込んでいる（＊よ
うだ／らしい）。（菊地康人 2000）
平时车很少，可今天是月底，所以好像很拥堵。

平时车并不多，然而"今天却如此拥堵"，以此事实作为根据，推断其原因，
此时不能使用「ようだ」。

3.「ようだ」和「らしい」都可以使用的场合

(32) おや，隣の部屋に誰かいる（ようだ／らしい）。
咦，隔壁房间好像有人。

例句 (32)，如果是从"轻微的响动"这一观察出发，直观地感觉到"有什么
人"，则用「ようだ」；如果是"轻微的响动"这一观察外加推论，判断出"有什么
人"则用「らしい」。因此，例句 (33) A 中才会出现听者 B 用「ほんとう？」这
种带有疑问的形式对说者 A 的直觉进行回答。而例句 (34) 的「らしい」是一种推
断的结果，所以听者 B 才会说「どうしてそう判断するの？」来询问对方做出这样
判断的依据。

(33) A「隣の部屋に誰かいるようだ」　B「ほんとう？」（菊地康人 2000）
A：隔壁房间好像有人。B：真的吗？
(34) A「隣の部屋に誰かいるらしい」　B「どうして？（どうしてそう判断す
るの？）」
A：隔壁房间似乎有人。B：为什么？（为什么这么认为？）

第三节 「ようだ・らしい」和 "好像/似乎" 的对比

一、表示 "样态" 的 "好像(像)" 的语法特征

汉语 "好像(像)" 跟日语「ようだ」的意思和用法相似，都表示不十分肯定的判断或感觉。"好像(像)" 与「ようだ」一样，表示 "推量" 和 "样态"，此外还有表示 "传闻" 的用法。

"样态" 指说话人叙述所观察到的样子或印象，与说话人的判断不同。而表示 "推量" 的 "好像" 表示说话人根据观察到的样子或印象做出的判断。可以说 "推量" 是一种判断，换句话说 "推量" 是 "不确切的判断"。因此，"样态" 和 "推量" 在本质上是不同的，"样态" 是做出判断（"推量"）之前的阶段。

"好像" 所表示的 "样态性" 和 "推量性" 彼此颇颇抗衡，根据与其搭配的副词才能判断其含义。与 "看起来"、"看上去" 等词语搭配时，一般表示 "样态"，而与 "看来"、"看样子" 等词语搭配时，表示 "推量" 的含义比较强。

下面首先对比表示样态的 "好像(像)" 和「ようだ」。

（一）与 "看起来、看上去" 等词搭配表示外表样子

当 "好像" 表示 "样态" 的时候，常与 "看起来、看上去(見た目には、見たところ)" 等词搭配，表示外表的样子。

(1) 她那合上的浓密睫毛，<u>看起来好像</u>是半睁着的黑眸子。《雪国》

闭じ合わした濃い睫毛がまた、黒い目を半ば開いている<u>ように見え</u><u>た</u>。『雪国』

(2) 也许是什么节日，盛装的菲律宾男女，笑容满面地穿梭来往。<u>看上去，</u>他们对我这么个危险人物，<u>好像</u>一点也不在意，我认为这是因为我没有带枪。《野火》

祭でもあるのであろうか、着飾った比島の男女がにこやかに往来していた。彼等は危険人物たる私に少しも気がつかない<u>ように見えた</u>。

131

私はそれは私が銃を持っていないからだ、と判断した。『野火』

(二) 后句可以做出与前句相反的判断

"样态"是指说话人观察到的样子或印象，因此后句可以否定该内容。也就是说，前句叙述"样子或印象"，后句可以做出与其相反的判断。这一点"好像"和「ようだ」的用法相同。

(3) 看起来这孩子<u>好像</u>挺老实的，其实闹起来比谁都厉害。
    この子は一見大人しいようだが、実はそうではない。

(4) 看上去<u>好像</u>下雨，其实不下雨。
    見た目には雨が降るようだが、実はそうではない。

(三) 表示多个不同(甚至是相互矛盾的)情形与印象的并列

表示"样态"的"好像"与「ようだ」相同，可以用于表示多个不同(甚是至互相矛盾的)情形与印象的并列。"样态"指说话人观察到的样子或印象，因此可以并列叙述不能明确断定的"样子或印象"。

(5) 我喟叹一声："好像明白，又好像不明白。"《挪威的森林》
    僕はため息をついた。「わかるような気もするし、わからないような気もする」『ノルウェイの森』

(6) 好像放心似地，又好像失望似地自语了一声，这才缓缓地举步走进去。《三色猫探案》
    ほっとしたような、がっかりしたような様子で呟くと、空っぽの食堂の中へゆっくりと足を運ぶ。『三毛猫ホームズの推理』

汉语中副词"像"与表示"样态"的"好像"意思基本一样，而且与"好像"相同，也可以表示多个不同情形或印象的并列（例7）。

（7）船头和船尾的两个船夫时时交换着几声呼喝，像是歌谣，又像行舟的术语，似乎要借此驱走了疲倦。《霜叶红似二月花》

へさきとともとで船頭たちが交わす掛け声は、歌のようでもあり、船頭仲間の隠語のようでもあり、それで疲れを吹きとばそうとでもしているかのようでもあった。『霜葉は二月の花に似て紅なり』

　　当然，此时的例 7 是把 "像" 换成 "好像"，句子大意也不会发生变化，仍表示 "样态"。

（四）"不像/好像不" 来表示否定

　　表示 "样态" 的 "好像" 没有否定形式，即没有 "不好像" 的句式。表示否定意义的时候，使用 "不像" 或 "好像不……"（例8）。

（8）今天不像要下雨。（今天好像不下雨。）

今日は雨が降るようではない。（今日は雨が降らないようだ。）

（五）"好像" 的疑问形式

　　虽然 "好像" 没有类似 "好像……吗？" 的疑问形式，但表示 "样态" 时可出现在疑问句内部。这一点与表示 "样态" 的「ようだ」相似。"样态" 指说话人观察到的样子、印象，因此无法断定其真实性。

（9）太后没有忽略小燕子的表情，提高了声音问："还珠格格好像有点不服气，是吗？"。琼瑶《还珠格格续集》

皇太后は小燕子の表情を見逃さなかった。すぐ声を高めて「還珠格格は少し信服してないようだが、そうなのか」と聞いた。（自译）

（10）"中国的文明史好像有两千年呢，是吗？" 泰国姑娘问。《人民日报1995 年 10 月份》

133

「中国の文明史は二千年であるようだが、本当ですか」とタイ娘は
聞いた。(自译)

(11) "对了，听说你好像又换了女人，是吗？"《银河英雄传说6》

「そうだ、話によると君はまた女を換えたようだが、そうなの?」(自
译)

二、"好像" 表示 "推量" 和 "传闻" 时的语法特征

(一) 表示 "推量" 的 "好像"

表示 "推量" 的 "好像" 是指说话人根据观察到的样子或印象做出 "不确切的
判断"。表示 "不确切的判断" 的 "好像" 有如下语法特征。

1. "好像不……" 来表示否定

表示 "推量" 的 "好像" 前不能出现否定词 "不"，即没有否定形式(例12)。
表示否定时使用 "好像不……"(例13)，而不用 "不像"。一般情况下，"不像"
偏重于跟 "样态" 相联系(例14)。

(12) ＊看来明天不好像要下雨。

＊明日はどうやら雨が降るようではない。

(13) 看来明天好像不下雨。

明日はどうやら雨が降らないようだ。

(14) 柳原笑道："别又误会了，我的意思是：你看上去不像这世界上的人。
……"《倾城之恋》

柳原は笑いながら、「誤解しないでください。僕が言いたいのは、
あなたがこの世の人とは思えないということです。…」『倾城の恋』

2. 跟疑问句不相容

"推量" 是一种主观性判断，表示 "推量" 的 "好像" 不能出现在疑问句内
部或不能跟疑问词同时出现在一个句子中。疑问句是指说话人为了做出判断而向听

者(对方)征求必要信息的句子。疑问句与表示"样态"的句子相同，是做出判断之前的阶段。因此，处于不同阶段的疑问句与"推量"不能同时出现在一个句子中。

    （15）＊明天看来<u>好像</u>是下雨<u>吗</u>?
        ＊明日は<u>どうやら</u>雨がふる<u>ようですか</u>?
    （16）＊他看来<u>好像</u>是很高兴<u>吗</u>?
        ＊彼は<u>どうやら</u>嬉しい<u>ようですか</u>?
    （17）＊谁看来<u>好像</u>是很高兴?
        ＊<u>誰</u>が嬉しい<u>ようですか</u>?

3. 后句不能做出与前句相反的判断

    "推量"是一种主观性判断，在句子结构上后句不能否定前句"好像"所表示的判断内容。"推量"是一种判断，是"不确切的判断"，因此一个句子中不可能出现相互矛盾的两种判断。

    （18）＊明天<u>好像</u>要下雨，其实不下雨。
        ＊明日は<u>どうやら</u>雨が降る<u>ようだ</u>が、実は降らない。
    （19）＊他<u>好像</u>很高兴，其实不高兴。
        ＊彼は<u>どうやら</u>とても嬉しい<u>ようだ</u>が、実はそうではない。

    在语法结构上汉语里没有类似日语"助动词"的用法，表示"推量"的"好像"与「どうやら…ようだ」相近，而表示"样态"的"好像"与「一見(見た目には)…ようだ」相近。

(二) 表示"传闻"的"好像"

    副词"好像"与表示"传闻"的插入语"听说"、"据说"等搭配，表示"传闻内容的不确定性"。

(20) 听说[她好像结婚了]。

聞くところによると、[彼女は結婚したようだ]。 (自译)

(21) 我回到家，已是深夜 12 点钟了。后来听说[好像有人还遭到父母的训斥了呢]。不过，那一晚上给我留下了美好的回忆。《五体不满足》

家に帰ると、12 時を回っていた。[さすがに、親に叱られた子もいたようだ]が、今となってはいい思い出だ。『五体不满足』

(22) "外人？正确的称呼据说[好像是外子]。" 他微笑。《心慌的周末》

＊「外人？正確な呼び方は[義理の息子であるようだ]。」彼は微笑んでいる。 (自译)

(23)他孑身一人住在自己建造的雕刻室里，是个言行古怪的单身汉。据说[好像没有什么朋友]。《地狱的滑稽大师》

……話によれば[親しい友人らしきものもないようだ]。

例(20)～(23)分别是 "听说[好像……]"、"据说[好像……]" 的例句，此时，"好像" 在 "听说"、"据说" 的范围之内，表示传闻内容是不确切的。

相反，当表示传闻的 "听说"、"据说" 置于 "好像" 的范围之内时，使用句式 "好像[据说……]"、"好像[听说……]"。此时，"好像" 表示说话人对传闻内容的不确切判断，因此可以说与前文表示 "传闻" 的 "好像" 在本质上是不同的。此时的 "好像" 表示说话人对传闻内容的判断，与表示 "推量" 的 "好像" 意思相近。

(24) "蒋云台在微县一带收容部队，好像[听说又生了病]，身体不大……"『鏖兵西北』

「……，[話によるとまた病気である]ようだ。体の調子が……」 (自译)

(25) "我好像 [听说蔡崇已经完全控制了雄狮堂]，怎么会忽然就死了？"《英雄无泪》

「[話によると蔡崇が完全に雄狮堂を制圧した]ようだが、どうして

突然死んだの?」（自译）

(26) 我们的公司比较早从 2000 年就开始引进项目管理的培训，现在社会上
是比较热门的，所谓的 PMP，现在<u>好像</u>[据说又比 MBA 更热门的一个
趋势]。

……，所謂 PMP とは現在[<u>話によれば</u>MBA よりも人気の傾向がある]
<u>ようだ</u>。

(27) 这个作品在 09 年成都科幻大会上前去展映，<u>好像</u>[据说导演在筹划
着拍续集]。

この作品は 09 年成都 SF 大会で放映したことがあった。[<u>話によれ
ば</u>現在監督が続編を企画している]<u>ようだ</u>。

三、"似乎" 的语法特征
(一) "似乎" 的含义和用法
1. 表示 "推量" 的 "似乎"

"似乎" 表示 "对某种推测或判断不十分肯定（《现代汉语虚词例释》)"。即
使是观察到的样子，也表示以此为依据进行推测，这一点与「らしい」类似。

(28) 穿的虽然是长衫，可是又脏又破，<u>似乎</u>十多年没有补，也没有洗。《鲁
迅全集》

着ているのは長衣には違いなかったが、汚れてボロボロになってい
て、まるで十年以上も繕ったり洗ったりしたことがない<u>ふうだった</u>。
『魯迅全集』

(28) 表示说话人依据观察到的样子 "穿的虽然是长衫，可是又脏又破"，推测
出 "似乎十多年没有补，也没有洗"。

"似乎" 表示不确切的判断，与表示 "推量" 的 "好像" 相同，前面不能出现
否定词(29)，后句也不能否定前句的判断(30)，也不能置于疑问句当中(31)。

(29) ＊他不似乎很高兴。/＊彼はとても嬉しいらしくない。

(30) ＊他似乎很高兴，其实不高兴。

  ＊彼はとても嬉しいらしいが、実は嬉しくない。

(31) a. ＊明天似乎下雨吗？/ a. ＊明日は雨が降るらしいですか？

  b. ＊谁似乎很高兴？/b. ＊誰がとても嬉しいらしいですか？

2. 表示 "他人判断" 的 "似乎"

  "似乎" 表示 "某一件事，有些人看来是如此，但说话人觉得并非如此（《现代汉语虚词例释》）"，即 "他人判断"。「らしい」表示源于传闻的 "他人判断"，而 "似乎" 表示说话人推测 "他人是如此判断的"，因此后句可以否定前句的内容。

(32) 看他那龙钟老态的样子，似乎已过花甲之年，可实际上他才不过五十

  出头。《现代汉语虚词例释》

  彼のあのよぼよぼに老いぼれている様子から、還暦を越えた年であると思われているが、実は彼は50を超えたばかりである。（自译）

  例(32)中，通常人们依据 "看他那龙钟老态的样子" 很容易推测出 "似乎已过花甲之年"，但实际上并非如此。也就是说，"似乎已过花甲之年" 不是说话人推测的内容，而是他人的判断。（说话人的判断内容是 "可实际上他才不过五十出头"）这时后句可以否定前句的判断，因为前句是他人判断，后句是说话人的判断。然而如(33)的句子中前句的判断不能在后句中被否定，因为前句是说话人的判断。说话人否定他人判断是合乎常理的，而说话人随即否定自己之前的判断通常是不合乎常理的。（详细内容请参照表示 "推量" 的「ようだ」・「らしい」・"好像"）

(33) ＊看来明天好像要下雨，其实不下雨。

  明日はどうやら雨が降るようだが、実は降らないのだ。

(二)"似乎"与"好像"的不同点

1. "好像"的语义特征

表示"样态"的动词本意仍然残留,"好像"所表示的"样态性"比较强。因此,表示"与现场情况紧密相关"、"较高的确定性"、"较高的关注度"等说话人主观判断时,使用"好像",而不能使用"似乎"。"好像"与表示"推量"的「ようだ」相同,或者表示"基于观察的判断",或者表示"推断",但不管是哪种"判断",说话人的判断内容很容易与听者达成共识,此时通常使用"好像"(34)。

(34)"怪不得云飞会被她们迷住!带劲!真带劲!那个扮男装的是不是那天抢我马鞭的?""不错,<u>好像就是她</u>!"琼瑶《苍天有泪》
「…あの男装をしている人は前日私の馬鞭を奪った人なの?」「間違いない。絶対に彼女である<u>ようだ</u>。」)

(34)中的"好像"不能换成"似乎"。"不错,<u>似乎就是她</u>!"这种说法不太自然,因为具有较高的确定性时通常使用"好像"(35)。

(35)"丁医生,你一定能够证明我这消息不是随便说说的罢?法国医院里的柏医生好像就是你的同学。你不会不知道。"茅盾《子夜》
「丁先生、私の言っていることがいい加減なことでないことを貴方は絶対証明できるでしょう?フランス病院の栢先生は間違いなくあなたの同級生である。その点あなたが分らないはずがないでしょう。」(自译)
cf. ??"……法国医院里的柏医生<u>似乎就是</u>你的同学。你不会不知道。"

2. "好像"的语义特征

上述语境中很难使用"似乎",而表示具有"较强的推测性"、"较低的确定性"的比较客观的判断时使用"似乎"。

(36) 尼泊尔王室的喋血悲剧震惊了世界，在东南亚反响尤其强烈。 人们<u>似乎</u>从这一幕悲剧中看到了南亚古代王室内的明争暗斗和家族情仇。《知音（日本留学生报）》2001/6/15 第 26 期 第 22 面

ネパール王室の悲劇は世界を驚かせた。特に東南アジアでの反響は強い。人々はその悲劇から南アジア古代王室内の争いと家族内恨みを見た<u>らしい</u>。（自訳）

3. "似乎"的语义特征

"似乎"可与表示"传闻"的"据说/听说"搭配，但很难认为它本身就表示"传闻"。例(37) [据说[似乎……]] 中的"似乎"表示传闻内容本身是不确定的，例(38) [似乎[听说……]] 中的"似乎"表示说话人对传闻内容真实性持有较低的确信度。

(37) 为 "正在于他被流血吓破了胆，又没有卡尔诺那份道德力量。于是，<u>据说似乎</u>是为了科学的缘故（我们知道这套科学！），……报刊《读书》vol-031

…それで、話によると科学的原因によるものだ<u>らしい</u>、…（自訳）

(38) 俞济民说："我也说不清楚。<u>似乎听说</u>《宁波晨报》上公开刊登斯大林照片，煽动青年奔向共产党。……　报刊《作家文摘》1995A

俞济民は「私もよく分からない。<u>話によると</u>『寧波晨報』でスターリンの写真を載せて、青年達に共産党に加入するように煽っている<u>らしい</u>。」と言った。（自訳）

四、「ようだ・らしい」和 "好像/似乎" 总结
（一）「ようだ」与 "好像"

「ようだ」和 "好像" 都可以表示 "样态" "推量" "传闻"。

1. 样态

(A) 表示 "样态" 的「ようだ」具有三个特征：①有否定形式「ようでない」

和疑问形式「ようですか」；②可与「一見」「見た目には」等词搭配；③后句可以否定前句的内容。

(B) 表示"样态"的"好像"与「ようだ」相同也具有三个特征：①有否定形式"不像"和疑问形式"好像……吗"；②可与"看起来""看上去"等词搭配；③后句可以否定前句的内容。

2. 推量

(C) 表示"推量"的「ようだ」具有三个特征：①与现场情况紧密相关，有较高的确定性和关注度；②多与「どうやら」「どうも」等词搭配；③后句不能否定前句的内容。

(D) 表示"推量"的"好像"也具有三个特征：①与现场情况紧密相关，有较高的确定性；②多与"看来""看样子"等词搭配；③后句不能否定前句的内容。

3. 传闻式用法

(E) 表示"传闻"的「ようだ」具有三个特征：①描述传闻信息的样子、样态、状态，接近于样态表达方式；②多与「によると」「によれば」等词搭配；③因为与"样态"相似，所以后句可以否定前句的内容。

(F) "传闻式用法"的"好像"也具有三个特征：①描述传闻信息的样子、样态、状态，接近于样态表达方式；②多与"听说""据说"等词搭配；③与表示"传闻"的「ようだ」相同，后句可以否定前句的内容。

(二)「らしい」与"似乎"

「らしい」和"似乎"都没有表示"样态"的用法，但二者都可以表示"推量""传闻"。

1. 推量

(G) 表示"推量"的「らしい」具有三个特征：①推测性较强，确定性较低；②与表示"推量"的「ようだ」相同，多与「どうやら」「どうも」等词搭配；③后句不能否定前句的内容。

(H) 表示"推量"的"似乎"也具有三个特征：①推测性强，确定性、关注度

低；②与表示"推量"的"好像"相同，多与"看来""看样子"等词搭配；③后句不能否定前句的内容。

2. 传闻

(I)表示"传闻"的「らしい」具有三个特征：①表示听说的他人判断；②与"传闻式用法"的「ようだ」相同，多与「によると」「によれば」等词搭配；③后句可以否定前句的内容。

(J)"传闻式用法"的"似乎"具有两个特征：①表示听说的他人判断；②能与"听说""据说"等词搭配。

(K)表示"他人判断"的"似乎"具有三个特征：①与"看起来""看上去"等词搭配；②表示"他人判断"，判断是他人做出的，而非说话人，即"他人看来是如此，但说话人觉得并非如此"；③「らしい」表示源于传闻的"他人判断"，而"似乎"表示说话人推测"他人是如此判断的"，因此后句可以否定前句的内容。

上述内容可以概括为下表：

	分类	用法、含义特征	搭配关系	否定前句判断
ようだ	(A)样态	有否定形式和疑问形式	「一見」「見た目には」等	〇
	(C)推量	现场紧密性、确定性、关注度高	「どうやら」「どうも」等	X
	(E)传闻式用法	说话人的判断(与样态相似)	「によると」「によれば」等	〇
好像	(B)样态	有疑问形式和否定形式	"看起来，看上去"等	〇
	(D)推量	现场紧密性、确定性、关注度高	"看来，看样子"等	X
	(F)传闻式用法	说话人的判断	"听说，据说"等	〇
らしい	(G)推量	推测性强，确定性较低	「どうやら」「どうも」等	X
	(I)传闻	(听说的)他人判断	「によると」「によれば」等	〇
似乎	(H)推量	推测性强，确定性、关注度低	"看来，看样子"等	X
	(J)传闻式用法	据说[似乎……]、似乎[听说……]	"听说，据说"等	——
	(K)他人判断	他人判断内容(看起来似乎……)等	"看起来""看上去"等	〇

（三）结论

　　「ようだ」的本意是"样态"，即「様子だ」的意思，也可以用句式「まるで〜ようだ」表示"比喻"。"好像"的含义与「ようだ」非常接近，动词本意是"非常相似"（「とても似ている」），也就是说与表示比喻的「ようだ」相似。

　　「らしい」的本意是"有一定依据的推测"，当依据源于说话人自身的时候，「らしい」表示"推量"，当依据源于他人即是听说的时候，「らしい」表示"传闻（他人判断)"。"似乎"与「らしい」相同，是"有一定依据的推测"，既可以与表示"传闻"的"听说""据说"搭配，也可以与表示"样态"的"看起来""看上去"搭配，虽然用法较多，但很难认为它本身就表示"传闻"。

第四节 「～ている」的使用实态研究

有关「～ている」的先行研究很多，但尚未发现相关的使用实态研究。本节参考平井胜利(2002) 和寺村秀夫(1984)，庵功雄等（2000，2003）的相关观点，对前接动词进行了表义上的分类，并对「～ている」的使用实态进行了详细分析，希望有助于母语为汉语的日语学习者正确地运用日语「～ている」的用法。

一、动词分类

首先，把「～ている」前面的动词分为如下6类:

A 类动词:浴びる、待つ、眺める、泣く、降る、探す、走る…

B 类动词: 読む、書く、登る、話す、言う、飲む、立ち寄る、勉強する…

C 类动词: 来る、入る、帰る、戻る、届く、落ちる、始まる、結婚する、過ぎる、出かける、行く…

D 类动词:死ぬ、壊れる、破れる、遅れる、割れる、冷える、止まる、切れる、残る…

E 类动词:太る、尖る、離れる、縮む、すぐれる、曲がる、輝く、痩せる、のんびりする…

F 类动词:覗く、弾む、立つ、座る…

二、「～ている」的使用实态
（一） A 类动词句

(1)田中さんは今，シャワーを<u>浴びている</u>。

(2)早く来て，皆<u>待っている</u>よ。

(3)彼はバスの中から，街の風景を<u>眺めている</u>。

(4)子供が<u>泣いている</u>。

(5)雨が降っている。

(6)財布を探している。

　　上述的例子都表示动作行为的继续状态，母语为汉语的日语学习者，在这一类动词谓语句的表达上，一般不出现误用问题。此系理论基于寺村秀夫 (1984)「継続的動作行為の現存」的用法。

(二)　B 类动词句

(7)彼は夏目漱石の作品をたくさん読んでいる。/他读了很多夏目漱石的作品。

　　汉语为母语的日语学习者常说成：

　　＊彼は夏目激石の作品をたくさん読んだ。

(8)あの作家はたくさんの人気小説を書いている。/那位作家写了很多畅销的小说。

　　＊あの作家はたくさんの人気小説を書いた。

(9)事件当日、犯人は取引先に立ち寄っています。　/事发当天犯人中途去过客户那边。

　　＊事件当日，犯人は取引先に立ち寄った。

(10)死因はガス中毒です。二酸化炭素を大量に飲んでいます。/死因是煤气中毒，吸了大量的二氧化碳。

　　＊死因はガス中毒です。二酸化炭素を大量に飲んだ。

(11)証言によると犯人は 3 日前にここで食事をしている。/据证人说犯人 3 天前在这里吃了饭。

　　＊証言によると犯人は 3 日前にここで食事をした。

「出来事が起こったのは過去ですが、その記録は発話時に存在するため、『タ形』や『テイタ形』ではなく『テイル形』が使われるのです。」(庵功雄等 2003 : 85)

(12)この本は 10 年前に絶版になっています。/这本书 10 年前就绝版了。

  ＊この本は 10 年前に絶版になった。

(13)田中さんはおとといその映画を<u>見ている</u>。/田中前天看过那部电影。

  ＊田中さんはおとといその映画を見たことがある。

　　叙述不久以前主体经历的事情，用「～ている」而不用「～たことがある」，「～たことがある」只能用于叙述很久以前主体经历的事情。（庵功雄等 2003：86-87）

　　B 类动词句理论基于寺村秀夫(1984)、庵功雄等（2000）的「現在に意義をもっ過去の事実」的用法。即表示经验、经历的用法。某些继续动作动词+「～ている」有时表示进行某种动作的经验、记录，有时表示动作正在进行。所以说，这类动词具有双重意义。

（三）　C 类动词句

(14)財布が<u>落ちている</u>。/钱包掉了。

  ＊財布が落ちた。

(15)花屋から花が<u>届いている</u>よ。/从花店送来花了。

  ＊花屋から花が届いたよ。

(16)田中さん：王さんも食事に一緒に行きませんか。/小王也一块儿去吃饭好吗?

  王さん：あ、今、国から両親が<u>来ている</u>んです。/啊，现在父母从老家那边来了。

  田中さん：じゃ、また今度。

  ＊あ、今、国から両親が来た。

(17)お姉さんはもう<u>結婚している</u>。/姐姐已经结婚了。

  ＊お姉さんはもう結婚した。

(18)A：あのう、田中さん<u>いますか</u>。/请问田中在吗?

B: いいえ、北海道へ行っています。/不在，去了北海道。

*いいえ、北海道へ行きました。

(19) 遅いね。もう 10 時過ぎていますよ。/你来得真晚啊，已经过了 10 点了呀。

＊ 遅いね。もう 10 時過ぎたよ。

(20) 王さん、郵便物が戻っているよ。住所を間違ったんだろう。/
小王，邮件(被)退回来了，你把地址写错了吧。

＊ 王さん、郵便物が戻ったよ。住所を間違ったんだろう 。

上述的 C 类动词句的理论基于寺村秀夫 (1984) 的「瞬間的動作行為の現存」用法。换句话说，瞬间动作动词+「～ている」表示动作、作用后的结果的持续状态。

(四) D 类动词句

(21) 毎年交通事故でたくさんの人が死んでいる。/每年因交通事故死了很多人。

＊ 毎年交通事故でたくさんの人が死んだ。

(22) ぼつぼつ田植えが始まっている。/陆续开始了插秧。

＊ ぼつぼつ田植えが始まった。

例 (21) 和 (22) 的理论基于寺村秀夫 (1984) 的「集団としての現象の継続」用法。

(23) あら、この時計、修理したばかりなのに、また遅れている。 /啊，这个表刚修过，怎么又慢了。

＊ あら、この時計、修理したばかりなのに、また遅れた。

(24) 冷蔵庫、壊れたね。ビール、ぜんぜん冷えていないよ。/冰箱坏了呀。啤酒根本不凉啊。

＊ 冷蔵庫、壊れたね。ビール、ぜんぜん冷えていないよ。

(25) A：あれっ、カップが割れている。/哎呀，杯子坏了。

B: ほんと。誰が割ったんだろう。/真的，谁打碎的呢?

　　＊ あれっ、カッが割れた。

(26) 娘:あ、西瓜が<u>冷えている</u>。食べてもいい?/啊，西瓜凉了。可以吃吗?

　　母:だめ、お客きんが来るから冷やしてあるの。/不行，客人要来所以

　　冰着呢。

　　＊ あ、西瓜が冷えた。食べてもいい?

(27) 昨日作ったカレーが<u>残っている</u>から、今日はそれにしよう。/做的咖喱

剩了，今天就吃那个吧。

　　＊ 昨日作ったカレーが残ったから、今日はそれにしよう。

(28) このジャムは賞味期限が<u>切れている</u>。/这个果酱保质期过了。

　　＊ このジャムは賞味期限が切れた。

(29) A:あっ、時計が止まっている。　/啊，表停了。

　　B:電池が<u>切れている</u>るんじゃない?/电池没电了吧。

　　＊ A: あっ、時計が止まった。

　　　B: 電池が切れたんじゃない?

　　例(23)～(29) (自動詞+ている)句,用寺村秀夫(1984) 的理论,很难把它归类。根据庵功雄等(2000 年)的观点,例 (23) ～(29) 可以判断为表示变化结果的状态的持续用法。

（五） E 类动词句

(30) あの人はずいぶん<u>太っている</u>。/那个人挺胖。

(31) このナイフは先が<u>尖っている</u>。/这个刀尖，尖尖的。

(32) 彼の髪の毛は<u>縮んでいる</u>。　/他头发卷着。

(33) 目が<u>輝いている</u>。/眼睛闪亮着。

(34) 彼女のものの言い方は<u>のんびりしている</u>。/她说话方式不紧不慢的。

148

这类例子都表示状态，母语为汉语的日语学习者，这一类动词句（準状態動詞+ている）表达，一般不出现误用问题，此系理论基于寺村秀夫(1984) 的(形容詞的動詞+ている)用法。

（六） F 类动词句

(35)覗いている。

a ポケットからハンカチが覗いている。/手绢从口袋露出来了。

b 変な人が中を覗いている。/(有个)可疑的人正在往里窥视。

(36)弾んでいる。

a 気持ちが弾んでいる。/心情激动。

b ピンポンが弾んでいる。/乒乓球弹起来了。

(37)立っている。

a 台風で倒れた電信柱がいつのまにか立っている。/被台风刮倒的电线杆不知什么时候立起来了。

b ここに立っていると邪魔になるんですよ。/在这儿站着的话，碍手碍脚的。

(38)すわっている。

a あの人は目がすわっていて恐い感じがする。/那个人眼睛发直，感到很恐怖。

b あの子は先からおとなしくじっとすわっている。/那个小孩一直老老实实地一动不动地坐着。

上述的例句中，a 句是比喻句，表示 "单纯状态"，b 句表示动作行为的 "继续状态"，属于寺村秀夫(1984)(継続的動作行為の現存)的用法，是具有双重意义的动词。母语为汉语的日语学习者，像 a 句这样的比喻用法掌握得差一些。

综上所述，对「～ている」的使用实态进行了详细分析，为母语为汉语的日语学习者正确地运用日语「～ている」用法提供了借鉴。

第五节　"结果存续态"的表达方式辨析

先行研究有关于"结果存续态"的「ている」和「てある」用法，但没有涉及像「窓があいている」「窓をあけてある」「窓があけてある」和「眼鏡をかた人」「眼鏡をかけている人」等的类似表达形式有何区别。本节对它们的用法与区别进行鉴别分析。

一、窓があいている

「あく」是自动词。自动词的结果存续用法为主体本身发生的现象。「窓があいている」不含意识性，如：由于风等原因窗户自己就开了或由于小偷曾进去，故窗户被打开的状态，或者自己忘关窗户了等。主体没有开窗户的行为，而被打开的状态，强调无意识性。就是「ひとりでにあいた。」

二、窓をあけてある

「～を他動詞てある」从行为主体角度来看，是属于事先有意识地去做某件事情，其状态或结果的存续的用法。「～てある」表示过去行为的结果，是个别的事实，而不是普遍的事实。

「窓をあけてある」表示行为者为某种目的特意开着窗户。

「～は～を～てある」是行为主体以处理现在的或是未来的某状况为目的，事先有意识地采取某种手段的行为结果的句型，是说明其理由的句型。例如：

(1) おおぜいのお客さんたちが来るというので，お母さんはいろんなものを買い込んである。/说是要来很多客人，妈妈买了各种东西。
(2) 私は地震に備えて非常食を用意してあるんです。/我为了防备地震，准备了食品。
(3) 台風が来るというので，私はちゃんと雨戸を押してあるんです。/说是

要来台风，我把窗板都上好了。

(4) 電車の中で私はいつも携帯電話のマナーのキーを押してあるんです。/
在电车里，我总是把手机设置为振动。

(5) 朝が弱いので私はいつも目覚まし時計をセットしてあります。/因早上
起不来，我经常都设好闹钟。

「～は～を+他動詞てある」里的「を」经常替换为「は」，构成「～は～て
ある」句型，例如:

(6) (私たちは)ちゃんとあなたの席は空けてあります。/我们把你的座位
勝出来了。

(7) 一応困らない程度の英会話は身につけてあるから，不意の海外出張に
も慌てることはないでしょう。/因为掌握了一般的英语会话，突然去海
外旅行也不会惊慌吧。

(8) お客きんが来るというので，ビールは冷やしてあります。/说要来客人，
把啤酒冰上了。

(9) 明日帰国するので，別れの挨拶はすでにしてあります。/明天回国，已
经做好告别了。

三、窓があけてある

是说话人把眼前看到的现状如实地加以陈述的现象句。「あける」是他动词。
「～が他動詞てある」，其行为主体一般是第三者。「～が他動詞てある」表示某人
从某种目的出发，有意识地开了窗户，其结果是窗户现在处于开着的状态。表示有
目的、有意识的行为结果的存续。是说话人看到开着的窗户之后认定的事实，是某
个人把窗户打开了。

俞贤淑2004 (5) 关于"也谈结果态「ている」与「てある」"中，有如下的
解释。

「～が他動詞てある」，其行为主体一般是第三者。但是有时说话人可以成为行为的主体。俞贤淑还举了如下两个例子。

a ここにちゃんともう親あてに手紙が書いてあるんだ。 /这里有封写好了给父母的信。

b 推せん状は準備してあるから，いつでも好きな時に取りに来てください。 /已经准备好了推荐书，什么时候方便就来取吧。

在「～が他動詞てある」的句型里，"说话人可以成为行为的主体"的说法是错误的。"说话人可以成为行为的主体"的句式，应该是「～(私は)～を+他動詞てある」或者「～は+他動詞てある」。笔者认为，例(a) 里，说话人不是行为主体，也就是说，不是写信的人。例(a)是说话人看到第三者写的信之后对其现存状态进行陈述。可能存在两种情况。其一，看到未封装的他人的家信；其二，叙述者通过信封知道收信人为某位相识者的父母。如果说话人是行为主体即写信的人，例(a)应改为「ここにちゃんともう親あてに手紙を書いてあるんだ」。例 (b) 不是「～が～てある」的用法，而是「(私は) ～は～てある」的用法。也就是说，「～は～を～てある」里的「を」经常替换为「は」的用法。

四、眼鏡をかけた人

「～た人」中的「～」部分是作为人物的属性，陈述其平时特征的用法。例如:

(10)ほら、覚えてるかなあ…髪が長くて眼鏡をかけた先生がいたでしょう。あの先生が担任の山本先生。

在这里头发长长的带着眼镜是指山本老师平时所持有的特征。

(11) 杖を持った人。

此句意思是拿着拐杖的人,在这里拐杖就是他的属性,可以说这个人是盲人。

(12) その車に乗った人は誰ですか。

问起图片里的乘车的人是谁的时候，可以使用此句。

五、眼鏡をかけている人

「〜ている人」是对某人暂时性的状态予以说明的一种用法。例如:

(13)ほら、あそこにいる黒のサングラスをかけている人、あれが犯人です。
    /看，那里那个戴黑太阳镜的人，他就是犯人。
(14)あの廊下に立っている、私のかばんを持っている人が秘書の中山です。
    /站在走廊里拿着我的包的人，是秘书中山。

(15) 杖を持っている人。

例 (15) 的意思是拿着拐杖的人，但未必是个盲人。在这里拐杖不是他的属性，而是暂时性的特征。

(16) あの車に乗っている人は誰ですか。

在现实情境下，问起乘车的人是谁的时候，可以使用此句。

综上所述，类似的表达形式是在实际教学中经常遇到的语言现象，几种表达形式用法不尽相同，使日语学习者感到困惑，如果能了解日本人独有的思维和行为模式的话，就可以把日语的复杂的表达方法掌握得更好。

第四章　修饰句类相关研究

【本章导读】

本章主要对修饰句类形容词，形容动词，副词等进行了相关研究。

基于日本NLB语料库考察了一组近义词「素敵」「立派」「素晴らしい」的词语搭配异同。主要通过搭配词的共现频数、MI值、LD系数的数据分析，概括了它们与名詞的典型搭配特点，考察了区别这三个近义词的方法。

从认知语言学的视角分析日语形容词的引申义。通过分析可以知道：词义转移包括基于相似性的隐喻、概念性隐喻、身体感觉的隐喻。另外，可以清楚地了解到，还存在基于同时性的转喻、生理性转喻以及建立在转喻基础上的隐喻。而且，即使是相同的表达，有时属于隐喻，有时却属于转喻。

对「いい」的几点惯用表达用法，进行了分类与分析。有讽刺、嘲笑的表达用法，有责备、不满的表达用法，有正面用法，有暧昧、委婉表达用法。

有关“ただちに”关联动词的意志性实证研究。本调查中，利用数据库从语法的角度对“ただちに”进行了实证研究。“ただちに”的主语有多为人物的倾向。其主语的分布构成也存在一定的差别。与“ただちに”相关联的动词的属性也存在差异，所有主语为人物的例句无一例外，与其相关联的动词及动词性句节都拥有意志性；与之相对，主语为事物的例句，其相关联的动词及动词性句节都拥有无意志性。

「とき」用于连接两个句子，表示由后续主句表现的状态、动作、现象成立的时间，使用范围较广。但是，由于初学者对「とき」的用法掌握得不够准确，导致在用这个词进行日语表达时出现很多错误。本章以经常出现的一些误用表达进行归纳、整理、分析，以便初学者今后能正确地理解和使用「とき」这个词进行日语表达。

第一节 「素敵/立派/素晴らしい」的词语搭配研究

一、引言

　　词语搭配研究是当今语料库语言学比较活跃的领域，在语言研究领域受到高度关注。词语搭配研究之父 Firth (1957:12) 曾说："You shall Know a word by the company it keeps." 即词的意义从与它结伴同现的词中体现。毛文伟（2013）介绍了日本语料库的应用方法，田野村（2009）、大曽（2003）、中沟（2011）、卫乃兴（2002）、邓耀臣（2003）等介绍了词语搭配研究的方法。卫乃兴(2002：101+110)提到语料库证据支持的词语搭配研究有两种基本方法：基于数据的方法（data-based ap - proach）和数据驱动的方法（data-driven approach）。数据驱动的方法适用于大型的语料库研究，有利于发现语言使用中的新事实，词语行为的新特点等。王华伟，曹亚辉（2012）介绍了基于语料库研究日语近义词的动词搭配研究。

　　词语搭配研究的重要目的之一就是发现和描述迄今尚未认真研究的半固定词组。词语搭配的研究又是一种语言学研究方法。由这种词项到语境、再由语境到词项的方法（Francis 1993）可以系统地研究语言使用中的词组和词块，对语言描述、自然语言处理、信息科学等相关领域都有重要意义。（卫乃兴 2002：113）词语搭配研究是进一步深入研究语言理论的综合性手段，跨语义和语法两个领域，其研究结果广泛地应用于（1）词语多义比较（2）词典的编撰（3）外语教学。特别是通过词语搭配研究可以将本族语使用者的隐性知识，转换为显性知识，体现在外语课堂，教材开发等方面，有助于提高外语学习的效率。

　　有关「素敵」「立派」「素晴らしい」近义词比较的先行研究尚不多见。各个词典主要围绕词义、语法解释，正确区分使用这三个近义词，学习者有一定难度。本研究提案分析近义词的方法除了词义、语法的解释之外，不可忽视的另一个重要因素是词配信息。即：根据搭配共现频数、MI 值、LD 系数，分析概括结伴词项的典型搭配情况和搭配强度。

二、辞典对「素敵」「立派」「素晴らしい」的解釈

(一)《大辞林》(第二版) 的解釈

(三省堂 http://www.sanseido.net/)

「すてき」的解釈

① 心を引き付けられるさま。すばらしいさま。/有吸引力，出色的样子。

② 程度のはなはだしいさま。並はずれたさま。/程度极高，非凡的样子。

「りっぱ」的解釈

① 非常に素晴らしいさま。非常にすぐれているさま。/非常出色的样子。

② 堂々としているさま。/宏伟、壮丽的样子。

③ 非難する点のないさま。十分であるさま。/完美，出色，充分。

「すばらしい」的解釈

① 思わず感嘆するようなさまを表す。/令人惊叹的样子。

　1) （客観的評価として）この上なくすぐれている。際立って立派だ。/（客観評价）出色的，优秀的。「ー・いアイデア」

　2) （主観的評価として）きわめて好ましい。心が満たされる。/（主观评价）极好的，了不起的。内心得到满足。「ー・い日曜日」「ー・いニュース」

② 程度がはなはだしいさまをいう。/程度极高的样子。

　1) 現代語では、多く好ましい状態について用いられる。驚くほどだ。/在现代语中，多用于良好的状态，让人惊叹的程度。「ー・く広い庭園」「ー・く青い空」

　2) 近世江戸語では、多く望ましくないさまをいうのに用いられる。ひどい。

156

/在近世江户语中，多用于不好的、恶劣的情况。

（二）『新明解国語辞典』（第二版）的解释

「すてき」的解释
　心をひきつけられるほどすぐれている様子。/吸引人的程度出色。（P587）

「りっぱ」的解释
　特に劣っている所が見つからないほど、出来上がりが見事な様子。/几乎找不到缺点的程度，完美的样子。
　　－[＝見事]にやってのける。/出色地完成。
　　－[＝十分]に生活している。/很好地生活。
　どこへ出しても－な[＝恥ずかしくない]青年だ。/不论到哪儿都不会让人丢脸的年轻人。
　　－な[＝すばらしい]贈物。/精美的礼物。
　これだけできれば－なものだ。[＝尊敬に値する]/这个做好了就很了不起。值得尊敬。
　　－[＝崇高]な人格。/崇高的人格。
　　－[＝偉大]な業績。/伟大的业绩。
　　－な[＝だれからも後ろ指を指されない]処置。/无可挑剔的处理。
　　－[＝公明正大]に戦う。/正大光明地战斗。
　すっかり－におなりだね。[＝人間的に成長し、また前と違って社会的地位を得るようになったことへの感嘆の言葉。]（P1164）/非常有出息[成长得与从前相比拥有不错的社会地位，对此表示感叹的词汇。]

「すばらしい」的解释
①　思わず感嘆するほどだ（いい）。/令人不由得惊叹的程度（好）。

157

② 程度がはなはなしく、驚くべきほどだ。ものすごい。（P589）/程度极高，惊人的程度。

（三）『外国人のための基本語用例辞典』的解释

「すてき」的解释

とてもよい。女の人が多く使う。/→すばらしい。（P495）/非常好。女性多用。

「りっぱ」的解释

① 美しく堂々としているようす。/漂亮，宏伟、壮丽的样子。

② すぐれている。みごとだ。/优秀，出色。

③ 十分な様子。（P1095）/充分，充足。

「すばらしい」的解释

① たいへんりっぱだ。非常によい。/非常出色，非常好。

② 「すばらしく」の形で副詞的に用い、「たいへん」をもっと強めた気持　ちで使う。びっくりするほど。/「すばらしく」也可用于副词形式，比「たいへん」具有更强列的语气，非常惊讶的程度。

「すばらしい・すばらしく」はよい場合とか、ほめる場合にしか使わない。（P497）/只用于称赞的情况。

　　查阅上述词典中的解释，「素敵」「立派」「素晴らしい」这三个词都有表示「すぐれている」或「すばらしい」「立派」「いい」的状态，也就是说这三个词的意义有相互交叉的部分，日语学习者很难区别使用。

（四）『現代形容詞用法辞典』的解释

「すてき」的解释

　　心がひきつけられる魅力のある様子を表す。プラスイメージの語。日常会話中心に用いられる。また会話では女性が好んで用いたり、女性に関する事柄について用いられたりする傾向にある。/表示具有激动人心的魅力的样子。褒义词。常用于日常会话，且在会话中女性喜欢使用，常用于有关女性的事物。

　　「すてき」は「すばらしい」に似ているが、「すばらしい」のような無条件の賞賛の暗示はなく、対象にやや距離を置いて外から眺める表現になっている点が異なる。まったく同じ文脈で「すてき」と「すばらしい」が用いられると、次のようなニュアンスの違いを生ずる。/「すてき」与「すばらしい」相似，但并不暗示「すばらしい」的无条件赞赏，而是暗示与对象保持一定的距离，是站在旁观者角度观察的表达，在这点上两者不同。在完全相同的语境中，用「すてき」和「すばらしい」，其语感有所不同。

　　○すてきな女性に出会った。/（服装・センスなどが魅力的だ）。/遇到了一位优秀的女生（服装、气质等都有魅力）。
　　○すばらしい女性に出会った。/（外面・内面が賞賛すべき様子だ）。/遇到了一位优秀的女生（外在，内在都值得称赞的样子）。

　　また、「すてき」の表す対象の魅力は、都会的なしゃれた雰囲気をもっている暗示があり、極端なもの、田舎じみたものについては用いられないことが多い。（P308－309）/另外，「すてき」所表示的对象的魅力，都具有城市的时髦氛围，不用于极端的、乡土气的对象。

「りっぱ」的解释

①　非常に優れている様子を表す。プラスイメージの語。

159

「りっぱ」は対象が非常に優れている様子を表す語であるが、その対象はある程度の大きさが必要で、威厳・貫禄・高価・豪壮などの暗示があり、小さいものについてはあまり用いられない。/表示非常优秀的样子。褒义词。「りっぱ」所形容的对象非常优秀，但所表示的对象在某种程度上要大一些，暗示威严、高价、壮丽等，一般不用于小的事物。

　　？立派なチワワ（犬）を飼っている。
　　○隣の家は立派な秋田犬を飼っている。
　　？彼女は立派な宝石を買った。

　「りっぱ」は対象が優れていることについて、かなり客観的なニュアンスがあり、対象についての感動などは原則として暗示しない。この点で「すばらしい」と異なる。/「りっぱ」所指的对象在优秀这一方面，具有非常客观的语感，原则上不暗示对对象的感动，在这一点与「すばらしい」不同。

　　×なんて立派な眺めなんだ。
　　○なんてすばらしい（見事な）眺めなんだ。

②　完全である様子を表す。プラスマイナスのイメージはない。（P595−596）/表示足以构成。中性词。（P595−596）

「すばらしい」的解释
　　非常に優れていて感嘆すべき様子を表す。プラスイメージの語。「すばらしい」は、対象が非常に優れているので無条件に感嘆している様子のうかがえる語であって、感動そのものを表す語といってもさしつかえなく、客観性はあまりない表現になっている。（P311）/表示非常出色而感叹的样子。褒义词。「すばらしい」对对象非常出色作无条件的感叹，说感叹词也无妨，不带有什么客观性。

《现代形容词用法辞典》中，举例说明其细微差别的解释是很有意义的。特别是对学习者来说是非常有益。但是，所举例子过少，要做到清楚地区别使用还是很难。

在本研究中，使用日本 NINJAL-LWP for BCCWJ 语料库，抽取关于近义词「素敵」「立派」「素晴らしい」的搭配信息，考察它们的异同。

三、基于语料库的调查

（一）使用的语料库

研究中使用的语料库 NLB 为 NINJAL-LWP for BCCWJ 的简称。NLB 是日本国立国语研究所和 Lago 语言研究所，为了方便检索日本国立国语研究所开发的『现代日语书面语均衡语料库』（BCCWJ）而共同开发的在线检索系统。通过利用 NLB 语料库能够抽取搭配和语法行为的信息，对 BCCWJ 语料库的数据使用了 MeCab 和 CaboCha 软件，抽取了搭配词。该语料库共收录 104,805,763 词。该系统于 2013 年 6 月 25 日公开使用，NLB 语料库最大功能之一是根据研究者的需要在系统中输入节点词，就能自动呈现各词汇与节点词之间的共现搭配信息。

（二）词语搭配研究中使用的统计方法

1. 搭配词共现频数

共现频数是指在抽取节点词的所有搭配词时，与节点词共现的搭配词的频数。（王华伟，曹亚辉 2012）

2. 统计测量

词语搭配的研究是词项的典型共现行为。典型性（typicality）不同于可能性；在一定程度上，词项的任何组合都是可能的，甚至像 colorless green ideas sleep furiously（无色的绿思想愤怒地入睡）和 This lemon is sweet（这柠檬是甜的）这样的组合，在一定的语境中不是不可能（McIntosh 1967:188）即搭配无所谓"不可能"，只是出现的频率不同。所以搭配提取后就要进行统计测量，检验各搭配词与节点词之间的相互预见和相互吸引程度，判断它们的共现在多大程度上体现了词

语组合的典型性。（卫乃兴 2002:106）

搭配词的共现频数高并不意味着就是显著搭配，还需要分析其他的统计测量方法。国内先行研究发现共现词显著性的测量方法通常用 MI 值和 T 值。这两种方法都是通过比较共现词的观察频数(observed frequency)和期望频数(expected frequency)的差异来确定搭配序列在语料库中出现概率的显著程度。（邓耀臣 2003；王华伟，曹亚辉 2012）

本研究参考日本中条·内山（2004）、石川慎一郎（2008）的研究，用 MI 值和 LD 系数，分析共现词搭配强度。中条·内山（2004）比较了检索特定语的 9 种统计方法之后，指出运用 LD 系数方法判断词语组合的典型性比较理想（石川慎一郎 2008）。

1) MI 值

MI 值(Mutual Information Score, 相互信息值)表示的是互相共现的两个词中，一个词对另一个词的影响程度或者说一个词在语料库中出现的频数所能提供的关于另一个词出现的概率信息。MI 值越大，说明节点词对其词汇环境影响越大，对其共现词吸引力越强。因此，MI 值表示的是词语间的搭配强度。基于语料库的词语搭配研究中通常把 MI 值≥3 的词作为显著搭配词。（邓耀臣 2003：75—76）

MI 值计算公式如下：

I=log2（共现的实际频数×语料库总词数/节点词频数×搭配词频数）（石川慎一郎 2008：40-50）

2) LD 系数

根据中条·内山（2004）对 9 种统计值准确度的比较得知，运用 D 值方法判断词语组合的典型性是最理想，最精确。（石川慎一郎，2008：40-50）。D 值常用来统计处理词语搭配。它的计算不需要语料库的总词数。

D 值计算公式如下：

D= 2×（共现的实际频数／节点词频数＋搭配词频数）（石川慎一郎，2008：40-50）

LDはLogDice係数でコロケーションの統計処理でよく利用されるダイス係数を対数化したものです。共起頻度、中心語頻度（見出し語の頻度）、共起語頻度の3つの変数から導いた統計値で、降順に並べるとMIスコアよりは単純頻度に近い結果が出ます。（日本国立国語研究所，Lago言語研究所. NLB　ユーザマニュアル1.20　2014：22）

（三）　与后续名词的搭配信息

利用《NLB》语料库检索出的结果用表1、表2、表3所示。后续名词的频数中，分别抽出排前25位的名词，通过MI值和LD系数探讨词语搭配特征。

表1　"素敵な＋名词"共现频数排在前25位的搭配词的搭配信息

素敵な＋名词（653种）								
序号	名词	频数	MI	LD	序号	名词	频数	MI	LD
1	人	107	4.38	3.56	14	思い出	17	8.45	6.91
2	こと	76	2.70	1.89	15	［の］	16	0.49	-0.33
3	［数字］	64	0.69	-0.13	16	名前	15	5.89	4.91
4	女性	57	6.78	5.88	17	時間	15	3.80	2.94
5	［ん］	42	3.62	2.79	18	曲	15	6.46	5.40
6	もの	34	3.11	2.29	19	恋	14	7.90	6.46
7	方（かた）	33	4.28	3.44	20	夜	14	5.57	4.61
8	男性	31	7.21	6.19	21	場所	14	5.15	4.22
9	出会い	27	9.42	7.75	22	クリスマス	11	8.02	6.40
10	プレゼント	27	9.40	7.75	23	作品	11	5.48	4.49
11	笑顔	23	8.54	7.12	24	音楽	11	6.07	5.00
12	ところ	22	4.14	3.29	25	ドレス	10	8.95	6.77
13	言葉	18	4.87	3.98					

表2　"立派な＋名词"共现频数排在前25位的搭配词的搭配信息

立派な＋名词（1086种）								
序号	名词	频数	MI	LD	序号	名词	频数	MI	LD
1	もの	139	4.88	4.32	14	人物	11	6.19	5.26
2	人	78	3.66	3.10	15	体格	11	10.21	7.09
3	こと	55	1.97	1.42	16	ん	10	1.28	0.72
4	方（かた）	32	3.97	3.39	17	先生	10	4.29	3.62
5	人間	32	5.35	4.72	18	態度	10	6.33	5.33
6	建物	30	7.63	6.70	19	ところ	9	2.59	2.00
7	家	26	4.24	3.64	20	教育	9	4.10	3.43

8	仕事	22	4.98	4.34	21	犯罪	9	6.18	5.18
9	大人	19	6.91	5.99	22	紳士	9	8.93	6.58
10	[数字]	16	-1.58	-2.13	23	人格	8	7.70	6.02
11	の	14	0.03	-0.52	24	女性	8	3.69	3.03
12	もん	14	6.23	5.36	25	施設	8	4.21	3.51
13	男	14	4.20	3.57					

表3 "素晴らしい＋名词"共现频数排在前25位的搭配词的搭配信息

素晴らしい＋名词（1201 种）									
序号	名词	频数	MI	LD	序号	名词	频数	MI	LD
1	こと	262	3.59	3.67	14	仕事	24	4.47	4.41
2	もの	212	4.85	4.92	15	女性	24	4.63	4.56
3	の	67	1.65	1.74	16	才能	24	8.63	7.21
4	人	62	2.69	2.76	17	眺め	24	10.31	7.61
5	作品	52	6.82	6.60	18	方（かた）	22	2.79	2.83
6	ところ	40	4.10	4.13	19	景色	21	8.73	7.12
7	[地域]	34	0.23	0.32	20	アイデア	20	8.15	6.87
8	[一般]	28	0.35	0.44	21	音楽	18	5.88	5.52
9	ん	28	2.13	2.19	22	効果	17	4.90	4.74
10	人生	28	6.46	6.12	23	演技	17	8.63	6.87
11	世界	27	4.53	4.49	24	自然	17	4.69	4.55
12	[数字]	26	-1.52	-1.43	25	場所	16	4.43	4.32
13	選手	26	6.40	6.05					

「素敵な＋数字」中的「数字」指「一日」「一時間」「一年」「一週間」等名词。

「素敵な＋ん」中的「ん」指「素敵なんだ」「素敵なんだけど」「素敵なんじゃない？」「素敵なんだろう」等例句中的「ん」。

「素敵な＋の」中的「の」指「素敵なのがいっぱいあります。」「素敵なのは…」「素敵なのかな…」「素敵なのではないだろうか。」等例句中的「の」。

「立派な＋数字」中的「数字」指「一品」「4 代目」「一国」「10 年選手」「四合院」「一人前」等名词。

「素晴らしい＋の」中的「の」指「素晴らしいのです」「素晴らしいのは…」等例句中的「の」。

「素晴らしい＋地域」中的「地域」指「素晴らしい釜石の朝でした。」「素

晴らしい日本の文化」「素晴らしいフランス料理」「素晴らしい中国」等例句中的地方性名词。

「素晴らしい＋一般」中的「一般」指「港町」「里山」「高原」「丘」「マリア」等例句中的名词。

（四）后续名词的特征

1. 相同点

通过上述表1、表2、表3得知，「素敵」「立派」「素晴らしい」之后都可以与「人」「こと」「もの」「数字」「方（かた）」「の」共现。其中6个共起的名词中，频数较高的名词分别是「人」「こと」「もの」。其特征如表4所示。

表4　后续相同名词（数字指共现频数）

名词 ＼ 频数	素敵な＋名词	立派な＋名词	素晴らしい＋名词
人	107	78	62
こと	76	55	262
もの	34	139	212
［数字］	64	16	26
方（かた）	33	32	22
の	16	14	67

2. 不同点

「表1 素敵な＋名词」的搭配信息MI值和LD系数可以得知，与「出会い」「プレゼント」「ドレス」「笑顔」「思い出」「クリスマス」「恋」「男性」搭配强度较高。这些名词基本上都是女性所向往的、吸引女性注意的、富有魅力的事物。这一特征与《现代形容词用法辞典》中的意义记述基本吻合。

「表2 立派な＋名词」的搭配信息MI值和LD系数可以得出，与「体格」「紳士」「人格」「建物」「大人」「態度」「犯罪」搭配的强度较高。这些名词除了「犯罪」一词，主要表示「大きい」「豪壮」「威厳」「完全」「崇高」的特征。尽管《现代形容词辞典》的意义解释尚不充分，但是也提起过「立派な犯罪」的用法，并解释为「好ましくない事柄について用いられた例で、その範囲内に完全に収まっていると

165

いう意味である」(『現代形容詞用法辞典』P596)。『JV Finder』劉(2013)的视频语料库中「立派」也出现以下后接不好事例的用法:「立派な犯罪じゃん」「立派な家宅侵入じゃないですか」「立派な殺人事件です」等。关于这种用法除《现代形容词辞典》有类似用法的解释,其它日语辞典没有任何解释说明。尽管笔者多年从事日语教学,但是像「立派な犯罪」这样的例子还是在『JV Finder』初次邂逅。

「表3 素晴らしい+名词」的搭配信息MI值和LD系数可以得知,与「眺め」「景色」「才能」「演技」「アイデア」「作品」「人生」「選手」搭配强度较高。这些名词多被使用于表扬或者感叹心情难以抑制的场合。这一特征与《现代形容词辞典》的意义记述相吻合。

四、结语

本研究试提出了以词配信息为视阈的近义词分析提案。并以「素敵」「立派」「素晴らしい」三个近义词为例得到了以下分析结果。

1) 「素敵」「立派」「素晴らしい」都可以后面与「人」「こと」「もの」「数字」「方(かた)」「の」引起共现。在这6个词语中,频数最高的名词是「人」「こと」「もの」。

2) 「素敵な」最容易和名词「出会い」「プレゼント」「ドレス」「笑顔」「思い出」「クリスマス」「恋」「男性」引起共现。多数是女性所向往的、吸引女性注意力的、有魅力的事物。

3) 「立派な」最容易和名词「体格」「紳士」「人格」「建物」「大人」「態度」「犯罪」引起共现。除去「犯罪」一词,主要表示「大きい」「豪壮」「威厳」「完全」「崇高」的特征。「立派な犯罪」是"用于表示不好的事情的例子中,表示完全符合某范围内的情况。"

4) 「素晴らしい」最容易和名词「眺め」「景色」「才能」「演技」「アイデア」「作品」「人生」「選手」引起共现。多被使用在表示表扬或禁不住感叹的场合。

第二节　从认知视角分析日语形容词的引申义

一、引言

　　人类认识世界是离不开对万物世界的感知。主要通过五官感觉来实现对万物的认识或改造。人的五官虽然在通常情况下各司其职，但在特殊情况下，视觉、味觉、触觉等可以彼此互相沟通和转化。正如，钱钟书先生所云："五官的感觉，简直是有无相通，彼此相生。颜色似乎会有温度，声音似乎会有形象，冷暖似乎会有重量，气味似乎会有锋芒。"（钱钟书 1994：321）这就是通感的修辞手法。词义从一种感官经验向另一感官经验的迁移，被称为"通感式词义引申"。

　　日语形容词存在很多"通感式词义引申"用法。通感比喻与人的五感有关，所以很多惯用语是由形容词和身体词汇构成。比如，「腹が黒い」「青い顔」「口がかたい」「渋いのど」等。并且，多数通感比喻是基于隐喻和转喻而成立。籾山洋介（2002）对隐喻和转喻的解释如下。

　　隐喻：基于两个事物或概念之间存在的某种相似性，用一种事物或概念的表现形式来表示另一种事物或概念。（笔者译）（籾山洋介 2002：65）

　　转喻：基于两种事物在外部世界的邻接性，以及两种事物在思维或概念上的关联性，用一种事物或概念来表示另一种事物或概念的比喻。（笔者译）（籾山洋介 2002：76）

　　虽然与基于隐喻而成立的通感比喻相比，基于转喻而成立的通感比喻较少，但转喻仍是通感比喻成立的必要条件之一。在认知心理学中，比喻以人的联想关系为基础，作为这种联想关系内因的相关性一般分为两类：一类为相似性，即在形状、色彩、材质、机能、组成、性质等方面的共通性；另一类为邻近性，即在空间、时间、因果、生理等方面的邻近关系。

　　本节围绕"感觉间的词义转移"问题，立足于武藤彩加和瀬戸賢一的分析方法，从认知语言学的视角对一直以来未得以充分研究的日语形容词的比喻表达方式进行了系统的分析、分类。另外，即使是相同的表达，有时属于隐喻，有时却属于转喻。因此，通过文章的前后关系来进行具体的分析是非常必要的。

二、先行研究及问题之所在

关于人类五官感觉（视觉、听觉、嗅觉、味觉、触觉）的感觉形容词中的"通感比喻"，我们可以从先行研究中找到几处。例如：西尾（1972）、山田（1993）、国广（1967）、武藤（2000a）（2000b）（2000）、（2001）、赖锦雀（2005）、濑户贤一（2005）等。关于"通感比喻"，一般认为是由"人类感觉器官的相互连通"或者"心理现象的产生基础"而得以成立并被理解的。

西尾（1972）关于形容词的词义转移，做出了如下叙述。

形容词中，例如「あまい砂糖—あまい匂い」「きいろい花—きいろい声」这些表达根据一种感觉上的、印象上的相似，产生了很多语义上的派生关系。（中略）说起「あまい」「きいろい」的引申义，在感觉相似的基础上进行具体的说明（如果对对象没有深入的了解、或者即使有所了解）也相当困难。（笔者译）。（西尾1972：7）

山田（1993）关于理解"甜美的声音""温暖的色调"这类"通感比喻"的表达方式时，作出如下解释。

"通感比喻并不仅仅是作为一种惯用的表达方式而存在，而是产生于我们人类所具备的感觉系统之上。也就是说人们可以把耳朵听到的声音像用舌头品味一样来感受，所以会有'甜美的声音'这样的表达。眼睛看到某种颜色，感觉好像接触到暖和的东西，所以就产生了'温暖的色调'这种表达方式。"（笔者译）。（山田1993：31—32）

国广（1967）指出，"形容词存在通感比喻的用法，这种通感用法让我们预感到控制各个感觉器官的脑细胞群之间是相互联系的。"（笔者译）。（国广1967：98）

从"神经生理学"的观点来进行的说明中可以看出，这与山田的主张是一致的。也就是说词义沿着味觉→听觉、触觉→视觉等领域转移时，是由人类脑细胞之间的联系支配的。

赖锦雀（2005）举出视觉→嗅觉进行词义转移的例子，如，「烈風とその鋭い匂いとに、彼は奇妙に興奮し、胸をおどらせながら何か楽しいことを待つときのように落着かなかった」。具体解释如下：

168

「鋭い匂い」这种表现形式，用视觉上的概念 "尖尖的、尖锐的" 来描述嗅觉上 "刺鼻的、浓烈的味道"。这是因为，鼻子闻到浓烈气味的一瞬间，感觉好象看到了尖锐形状的东西，二者之间具有同时性。表示气味的嗅觉与表示形状的知觉同时发生作用便产生了转喻的表达方式。（笔者译）。（赖锦雀 2005：99－100）

赖锦雀还举出了味觉→视觉进行词义转移的例子，如，「引き締った顔に渋い地色の上等の着物を着たところはいかにも落ちついた名門の夫人に見えた」。具体解释如下：

「渋い」是指吃没熟透的涩柿子时那种刺激舌头的感觉，同时也是一种多义表现形式。因为味觉感受不滑润，便派生出不是日本人喜欢的那种华美的感觉，即朴素的、稳重的、深沉的韵味。这可以理解为人们基于某一参照对象而进行的转喻。（笔者译）。（赖锦雀 2005：102－103）

武藤（2000）提出了与赖锦雀不同的观点。「渋い」的本意中有 "令人不快的味儿"，也就是说表达 "负面评价" 的意思。可是，当它被转用表达其他的感觉时，则带有积极的、正面的属性。下面列举的是感觉之间没有直接连带关系的「渋い」由味觉→视觉进行词义转移的例子。「渋い歌声で会場を湧かせました。」对此，武藤指出 "感觉之间词义转移的动机，一直以来都很难解释。仅仅着眼于 "感觉间" 这个范畴是无法说明的，只有从整体上对该表达方式的多义认知结构进行分析、记述，才可能进行说明"。（笔者译）。（武藤 2000：111－112）

这一观点比之前的研究又向前迈进了一步。遗憾的是，武藤研究的主要是味觉形容词。

酒井（2003）指出表示 "正面评价" 的「渋い」在由味觉→视觉进行词义转移的过程中采取的是隐喻手法。即「渋い」的 "引申义3"（涩柿子的红褐色）向 "引申义6"（朴素而稳重）（富于魅力与雅趣）转用的隐喻。（笔者译）。（酒井 2003：71－75）

瀬戸賢一（2005）指出 "感觉形容词的语义构造具有愉快→不愉快、强→弱的变化趋势。（中略）对建立在习惯上不经常用的通感比喻的理解是以主观情绪、感觉为媒介的。（笔者译）。（瀬戸賢一 2005：117）

169

这个观点被认为对理解与感觉间的词义转移没有直接联系的通感比喻很有帮助。但是，瀬戸賢一主要论述的是与味觉表达有关的认知结构。

综上所诉，关于"通感比喻"的分析每个研究者都提出了自己的看法，但其观点零乱，并未形成统一的认识。即使是相同的表达，有时属于隐喻，有时却属于转喻。因此，本节研究主张通过文章的前后关系来进行具体的分析是非常必要的。

三、通感比喻表达方式的分析及分类

（一）基于隐喻的词义转移

1. 味觉形容词的词义转移

(1) 彼女のそんな声を聞くたびにとても心が癒される。そんな<u>甘い声</u>。
（http://www.google.com）

(2) 気をつけよう。暗い夜道と<u>甘い声</u>。　(標語)

(3) 独占したい。35にもなって、愚かなほど彼女が好きだ。いい匂いがする。化粧の取れた彼女からは、彼女本来の心地良い<u>甘い匂いがしていた</u>。　(pepper.holy.jp/arabiki/no/bun-sora/rxk002-3.html)

以上举的例子是从味觉的基本义发生的词义转移，（1）和（2）转移到听觉，例（3）转移到嗅觉，这样分别发生了不同的词义转移。另外，例（1）和例（3）属于味觉的基本义向"令人满意的""愉快的"这种"正面评价"发生词义转移，例（2）则是向具有"负面评价"的"甜言蜜语"发生词义转移。这些感官间的词义转移，是由"令人满意的""愉快的"这种共同的语义特征而形成的隐喻。

赖锦雀（2005）指出，「甘い声」「甘い匂い」是建立在转喻基础上的词义转移。

本节研究与武藤（2000）持相同的见解，即「甘い声」是建立在隐喻基础上的词义转移。而「甘い匂い」不仅有隐喻用法，也有转喻的用法。（详见下文）

(4) あのおやじ、あんなしょっぱい声で怒鳴っている。（『現代形容詞用
法辞典』）

　　这是由味觉→听觉发生的词义转移。此类感官间的词义转移，是由"令人不悦
的""不高兴的"这种相似的语义特征而形成的隐喻。这里「しょっぱい声」指的
是嘶哑的嗓音。

(5) 芸者が渋いのどを聞かせた。（『現代形容詞用法辞典』）
(6) カフェのお兄さん、なかなか渋い顔をして、ちょっと日本の俳優の誰
　　かを思わせる。
　　（http://sawakon.habiby.info/2-01people/1handsoms.htm）

　　例句（5）是味觉→听觉，例句（6）是味觉→视觉发生的词义转移。这是「渋
い」这个词的"引申义 3"涩柿子的红褐色（多用于正面评价）的这个语义特征
向"引申义 6"朴素而稳重、富于魅力与雅趣（多用于正面评价）演变而来的，
是建立在隐喻基础上的词义转移。(赵圣花 2006 : 88)
　　「渋い顔」不仅是隐喻，也有转喻的用法。（详见下文）

(7) ぼくはこういうくどい色は好きじゃない。（『現代形容詞用法辞典』）

　　这是味觉→视觉发生的词义转移。这时感官间的词义转移，是由"浓重、不痛
快"这种相似的语义特征而形成的隐喻。

(8) まずい歌でも伴奏がいいとよく聞こえるもんだ。（『現代形容詞用法
　　辞典』）

　　这是味觉→听觉发生的词义转移。吃了不好吃的东西时的"不舒服的感觉"

171

和听到难听的歌曲时的"刺耳的、不痛快的感觉"非常相似，由这种相似性而形成隐喻。

(9) 資産運用の世界においしい話はありません。 (http://www.google.com)
(10) 『おいしいプロポーズ』（ドラマのテーマ）

例句（9）中的「おいしい話」指的是"不费力气、报酬高的事"，也就是"白赚钱的事"。例句（9）（10）都是味觉→听觉发生的词义转移。这时感官间的词义转移，是由"轻松的""愉快的"这种相似的语义特征而形成的隐喻。

2. 视觉形容词的词义转移

(11) 彼には黒いうわさがつきまとっている。（『現代形容詞用法辞典』）

这句话的意思是"关于他有一些不太好的传言"。这是视觉→听觉发生的词义转移。这种感官间的词义转移，是由"肮脏的、不正当的"这种相似的语义关系而形成的隐喻。

(12) みずみずしい声をしている。（『現代形容詞用法辞典』）

「みずみずしい」表示"水灵、新鲜而富有光泽"。这句话是视觉→听觉发生的词义转移。基本义"水灵、新鲜"与派生意义"圆润、年轻"具有相似性，由这种相似的语义关系而形成隐喻。

(13) 暗い音楽は好きじゃない。（『現代形容詞用法辞典』）

这是视觉方面"光线暗""模糊不清"向听觉方面"不明确""不明朗"发生的词义转移，也属于基于相似性而形成的隐喻。

3. 听觉形容词的词义转移

(14) 彼のピアノの音は大変<u>きらびやかで美しい</u>。（『現代形容詞用法辞典』）

这是听觉→视觉发生的词义转移。这时感官间的词义转移，是由 "令人高兴的" "愉快的" 这种相似的语义特征而形成的隐喻。

(15) 死亡宣伝をする<u>医者の声は暗く沈んでいた</u>。（『現代形容詞用法辞典』）

这是听觉→视觉发生的词义转移。这时感官间的词义转移，是由 "软弱无力" "忧郁、不开朗" 这种相似的语义特征而形成的隐喻。

(16) <u>うるさい色</u>でいやだ。　(http://piapro.jp/t/mhbI)

(17) 安いが、<u>うるさい味がするから</u>、期待しないでください。
　　　(http://www.google.com)

「うるさい色」和「うるさい味」这两种表达方式在网上搜索后出现不足100处，属于不太常用的通感比喻。这种表达根据瀬戸賢一（2005）的解释很容易理解，即 "从强弱度角度考虑属于较强的，从人的愉悦程度角度考虑属于不愉快的"，这样理解起来就容易多了。这两句话分别是听觉→视觉、听觉→味觉发生的词义转移。这时感官间的词义转移，是由 "不愉快、不舒服" 这种相似性的语义特征而形成的隐喻。

赖锦雀（2005：100—101）把这种表达称之为转喻，本节研究主张把它归为隐喻范畴。

(18) その芸者の<u>声は実につやっぽい</u>。　（『現代形容詞用法辞典』）

这是把听觉上受到的刺激比做视觉上给人带来的震撼，「つやっぽい」视觉上指有性的魅力，听觉上指声音有磁性。这种表达方式属于身体感觉的隐喻。此系理论参考濑户贤一，山本隆等（2005：118）。

4. 嗅觉形容词的词义转移

(19) 今時、そんなことを言うのは70過ぎのご老体だけでしょう。<u>かび臭い話</u>です。 (http://www.google.com)

「かび臭い話」指的是"过时的、没有用的话"。「かび臭い」指"发霉的气味"。这是由嗅觉→听觉发生的词义转移，是由"不愉快、不舒服"这种相似的语义特征而形成的隐喻。

(20) ぼくはそんな<u>血なまぐさい話</u>は聞きたくない。（『現代形容詞用法辞典』）

「血なまぐさい話」是"充满血腥味儿的、令人不快的事情"，也就是说"发生争执、几乎要流血的事件"。这是由嗅觉→听觉发生的词义转移，也是由"令人不愉快"这种相似的语义特征而形成的隐喻。

5. 触觉形容词的词义转移

(21) 指を立ててピアノを弾くと、<u>固い音が出る</u>ような気がします！でも、指を寝かせて弾くと、<u>柔らかい音が出る</u>ような気がします。
(http://www.happypianist.net/music/soho-lesson4.htm)

(22) <u>軽い音楽</u>を聞いてリラックスする。（『現代形容詞用法辞典』）

例句（21）中的「固い音」指的是从强度方面而言"较强"、从是否令人愉

174

悦方面而言"令人不悦"的声音。「柔らかい音」是指从强度方面而言"较弱"、从是否令人愉悦方面而言"令人愉悦"的声音。例句 (22) 中的「軽い音楽」指的是"令人心情轻松愉快"的音乐,这句话从强度方面而言"较弱"、从是否令人愉悦方面而言"令人感到愉悦"。这两句话都是触觉→听觉发生的词义转移,都是由"令人愉悦"或者"令人不悦"这种相似的语义特征而形成的隐喻。

(23) 彼は人が困っているのに涼しい顔をしている。(『現代形容詞用法辞典』)

(24) 暖かい目で見守る。 (http://www.bing.com/search?q)

(25) 冷たい顔をされてしまった。 (http://www.bing.com/search?q)

这些都是触觉→视觉发生的词义转移,同时也都是基于相似性而形成的隐喻。(详细内容参考 赵圣花 2006:85—86)

(26) コクのある重い味がする泡盛。ぽってりとした琉球グラスで飲む泡盛は、沖縄気分を一層盛り上げてくれますよ。

(http://www.google.ne.jp) (泡盛:沖縄のお酒)

「重い味」这种表达从强度方面而言指"较强"的味道。这是由触觉→味觉发生词义转移后形成的隐喻。

瀬戸賢一 (2005) 把「重い味」解释为"根据身体经验所带来的情绪、感官方面的感受而形成的身体感觉的隐喻"。笔者认为,根据上下文内容「重い味」有时也有转喻的用法。(详见后文)

(27) 列車の鋭い汽笛が聞こえた。 (http://www.google.ne.jp)

(28) 精油の鋭い香りは心を平静にし、頭の働きを明晰にし、集中力を高めてくれます。 (http://www.google.ne.jp)

175

「鋭い」这个词既属于视觉范畴又属于触觉范畴。「刃物などが尖っている」这个表达方式既可以理解为看起来很尖锐，也可以理解为摸起来感觉很尖锐。例（27）是触觉→听觉、例（28）是触觉→嗅觉发生的词义转移。这些感官间的词义转移，都是由"像要刺进去的样子""厉害的"这种相似的语义特征而形成的隐喻。

　　赖锦雀（2005：99-100）认为「鋭いにおい」属于转喻的范畴，笔者把它归为隐喻的用法。

（二）基于转喻的词义转移
1. 味觉形容词的词义转移

(29) バラの<u>甘い香り</u>が会場いっぱいに漂っていた。（『現代形容詞用法辞典』）

(30) 焼きたてのパン、その香ばしくて<u>甘い匂い</u>は何ともいえない ...
　　　（www. sapporo-open. com/sweets-bakery/赤ずきんベーカリー/）

　　例（29）和（30）都是味觉→嗅觉发生的词义转移。甜味和花香味，烤面包的味是基于同时性的转喻。

(31) レモンに<u>渋い顔</u>。（http：// www. geocities. co. jp）

(32) 梅干を食べて<u>すっぱい顔</u>をした。
　　　（http：//sapporo-onlne. cool. ne. jp）

(33) この子は自分の気に入らないと<u>まずい顔をする</u>。（『現代形容詞用法辞典』）

(34) お金を借りに行ったら<u>渋い顔</u>をした。（http：//www. aozora. gr. jp）

(35) 話を聞いて彼は<u>苦い顔</u>になった。（『現代形容詞用法辞典』）

(36) つい怒ったらその子は<u>しょっぱい顔をした</u>。（『現代形容詞用法辞典』）

　　例（31）和（32）都是味觉→视觉发生的词义转移。当人吃到味道不好的东西

时就会面露苦相，这是基于动作发生的"时间上的连续性"而形成的转喻。

例（33）～（36）都是味觉→视觉发生的词义转移。除了吃到味道不好的东西以外，其他令人感到心情不舒畅的场合，人都会面露苦相，所以这些都是基于动作发生的"时间上的先后关系"而形成的转喻。

2. 视觉形容词的词义转移

(37) 激辛ラーメン、赤ピーマンって、<u>赤い味がする。</u>

（http://minkara.carview.co.jp/userid/372866/blog/d20110118/）

由于食物的材料是红色的，所以感觉食物的味道也是红红的、辣辣的。这是视觉→味觉发生的词义转移，属于基于同时性的转喻。

3. 嗅觉形容词的词义转移

(38) きんぴらを何回作ってもうまくいきません。味は納得できるレベルなのですが、ごぼうの食感がイマイチです。硬くて<u>土くさい味</u>が抜けません。（http://www.bing.com/search?q）

(39) 入れたての<u>コーヒーがこうばしい。</u>（『現代形容詞用法辞典』）

上面的句子把通过口腔联系起来的嗅觉、味觉、触觉综合起来进行理解，因此属于基于感觉器官的邻接而形成的转喻。

4. 触觉形容词的词义转移

(40) 酢酸は酸味としてかなり<u>するどい味</u>であり、鼻につんときます。

（http://www.google.com.hk/）

冲鼻子的「鋭い味」，这句话把刺激舌头的触觉与味觉、嗅觉综合起来理解"味道"的具体含义，属于基于感觉器官的邻接而形成的转喻。

(41) アイスクリームのように口の中でとろける<u>柔らかい味</u>が自慢です。
（http://www.google.com.hk/）

　　这句话中「やわらかい味」是综合舌头、口、喉咙的触觉所体会出的味道，也就是说因为从触觉和味觉两方面来理解，属于基于感觉器官的邻接而形成的转喻。

(42) 離婚話が出てから子供の存在は地球より<u>重い</u>感じがしたし、何を食べても<u>重い味がした。</u>　（http://www.google.com.hk/）

　　心情沉重的时候，即使吃味道不是很强烈的东西也是觉得味道不好。这是因为把情绪所带来的心理感受和触觉、味觉综合起来理解"味道"这个词，属于基于同时性的转喻。

5. 基于生理性转喻的词义转移

(43) 離婚会見でなんであんなに<u>青白い顔をして</u>ぷるぷる震えながら涙を流して話していたんでしょうか？　（http://www.google.com.hk/）

　　这里的「青白い顔」是指由于感情的原因引起的生理性变化（体温上升、下降、脸红脖子粗、面无血色等），属于生理性转喻。

(44) 考えただけで<u>背筋が寒くなる</u>。　（『現代形容詞用法辞典』）

　　「背筋が寒くなる」是指由于感到恐惧而毛骨悚然的意思。因为恐惧的原因导致体温下降等生理现象，这属于同时性的生理性转喻。

(45) 彼は<u>硬い表情</u>で立ち尽くしていた。　（『現代形容詞用法辞典』）
(46) 初めての<u>発表でつい硬くなった。</u>　（『現代形容詞用法辞典』）

178

例句（45）（46）由于紧张的原因，引起身体僵硬这种生理性变化，属于生理性转喻。简单地说，"紧张"这种感情与生理性变化的发生具有"同时性"，是基于同时性的转喻。

(47) 駆けつけたとき、あの人はすでに冷たくなっていた。（『現代形容詞
　　　用法辞典』）

「あの人はすでに冷たくなっていた」是那个人已经死亡的意思。死亡的同时体温会下降，伴随着这种生理性的变化故称之为生理性转喻。

四、其他形容词的词义转移
（一）基于隐喻的词义转移

(48) イギリスのビールは普通に飲みやすくて薄い味がするような気がする。
　　　(http://www.bing.com/search?q)

这是由表示「厚度不够」的"次元形容词"向表示「浓度不够」的味觉进行的词义转移。从强度方面而言"较弱"是它们的共通之处，正是这种相似性形成了隐喻。
　　"次元形容词"包括「厚い、太い、大きい、小さい、細い、高い、低い、濃い、薄い」。（笔者译）（此系理论参考瀬戸賢一，山本隆等　2005：99）

(49) 何度練習しても高い声が出ない。（『現代形容詞用法辞典』）

这是由"次元形容词"→听觉进行的词义转移。「高い」的基本义是"空间上处于较高的位置，距离下面很远"，它和引申义"音域较高"具有语义上的相似性，属于隐喻。

(50) あの人にはさんざん苦い水を飲まされてきたんです。（『現代形容詞
用法辞典』）

　这句话中「苦い水を飲まされる」是惯用表达方式，表示"痛苦的经历，受
损失"。"喝了味道不好的水"和"经历了不好的事情"具有语义上的相似性，属
于隐喻。

(51) あの先生は採点が辛い。（『現代形容詞用法辞典』）

　「採点が辛い」是"评分严格的意思"。这是由「辛い」的基本义"刺激舌头
的感觉"向其他领域发生的词义转移。从感情上暗示不宽容，结果给对方的心理带
来了某种"刺激"，因此属于基于相似性的隐喻。

(52) 久しぶりに会ったせいか、今日は君がまぶしい。（『現代形容詞用
法辞典』）

　「きみがまぶしい」是指"对方看起来光彩夺目，自己自惭形秽以致不敢正视"
的意思。"不敢正视"与「まぶしい」的基本义"光线强烈睁不开眼睛"具有语义
上的相似性，因此构成隐喻。

(53) 彼は臭い飯を食ったことがある。（『現代形容詞用法辞典』）

　「くさい飯を食う」是"坐牢、蹲监狱"的意思。二者是由"令人不愉快的"
"不舒服"这种相似的语义特征而形成的隐喻。

(54) おいしい生活をたのしみましょう。（http://www.google.com.hk/）

「おいしい生活」指的是"物质文化生活丰富多彩，时尚的生活"。这是基于"愉快"这个相似的语义特征而形成的隐喻。

(55) あの人は口先だけで、腹が黒いから気をつけたほうがよい。
　　（http://www.google.com.hk/）

「腹が黒い」是指"心地肮脏、性情恶劣、阴谋诡计多端、心术不好"的意思。这是通过人身体的某一部分来指代人的品质这一完全不同的方面，属于概念性隐喻。"概念性隐喻"是从一个概念领域投射到另一个领域（人的性格）来认知的隐喻。此系理论参考瀬戸賢一，山本隆等（2005：118）。

（二）基于转喻的词义转移

(56) 彼女は難しい顔で考え込んでいた。（『現代形容詞用法辞典』）

「難しい顔」是指感到困难、棘手，面露难色。这是因为遇到了困难，所以心情郁闷，表现出一副愁眉苦脸的样子。这种表达是基于时间上的先后关系而建立起来的转喻。

(57) 少年時代の思い出は甘酸っぱい。（『現代形容詞用法辞典』）

「思い出は甘酸っぱい」是指"快乐与感伤夹杂在一起的记忆"。这句话中快乐与感伤交织，具有时间上的先后关系，属于转喻。

（三）基于转喻的隐喻

(58) 口がかたい・口が軽い・口が重い・口がうまい・口が悪い・口が汚い・口数が多い。

这些词组都属于由身体的某一物理性的概念领域投射到语言行为这一完全不同的领域的隐喻用法。另外这些隐喻用法都是基于"嘴的开合"的转喻用法。也就是说，基于时间上的同时性的转喻。此系理论参考田中聪子（2002：9-14）

五、结语

综上所述，日语形容词的词义转移包括基于相似性的隐喻、概念性隐喻、身体感觉的隐喻，还有基于同时性的转喻、生理性转喻、基于转喻的隐喻。另外，即使是相同的表达，有时属于隐喻，有时却属于转喻。因此，本文主张通过文章的前后关系来进行具体的分析是非常必要的。

第三节 「いい」的几点惯用表达用法

「いい」除了 "好" 的正面用法以外，还有讽刺，嘲笑等负面用法。比如，「いい加減」这句话原来的意思是 "适当、恰当、适度"。但是 「あいつはいい加減なやつだ」的意思为：那个家伙靠不住，是责备的一种表达方式。下面主要介绍「いい」的几点惯用表达用法。

一、讽刺、嘲笑的表达用法

(1) 100 円のお菓子を万引きするなんて、いい大人が情けない。/年纪这么大的人也去偷 100 日元的点心，太没出息啦。

いい大人：(用于嘲笑) 指言行举止不符合年龄大的人。

(2) 彼女はテレビが取り上げて煽てるから、いい気になって、ルール違反のパフォーマンスをやってしまったのだ。/因为电视上也进行了报道吹捧，她有些得意忘形，就做了违规的表演。

いい気になる：(用于讽刺) 不体面。丢脸。

(3) いい年をして、そんな女子高校生のような格好をするのはやめなさい。/都那么大年纪了，千万别打扮成女高中生的样子啦。

いい年をして：(用于嘲笑) 指言行举止不符合年龄大的人。

(4) ぼくをいじめたやつが先生に叱られている。いい気味だ。/欺负我的那

个家伙正被老师训斥呢。活该!

いい気味：（用于嘲笑）蔑视他人的失败窃喜的样子。痛快、开心、活该。

(5) あんなに親切にしてあげたのに、<u>よくも裏切ったな</u>。/我对他（她）那
么热情竟能背叛我。

よくも：（表示讥讽对方、做反语用）竟敢，竟然，竟能。

(6) 自分たちは電車の中で大声で話しているのに、若い連中はマナーが悪い
なんて<u>よくも言えたものだ</u>。/他们自己在电车上大声说话，还好意思说
年轻人不懂礼节。

「よくも+動詞の可能形+たものだ」：表示吃惊。汉语意思为竟敢，竟然，竟
能。

よくも言えたものだ：亏你说得出口。

(7) 新税制は不平等で、高所得者だけが<u>いい目が出る</u>仕組みになっている。
/新税收制度不平等，只是对那些高收入者来说可以说是撞大运的规定。

いい目が出る：（对自己）顺当，顺利。在这里讽刺新税制度。

(8) 上司の失敗の後始末ばかりで、全く<u>いい面の皮だ</u>。/每次领导失误都要
做善后事宜，真是有些丢人现眼。

いい面の皮だ：表示丢人现眼的事情用自嘲的方式来反省的样子。

(9) 名家の御曹子が落第したんじゃ、<u>いい恥さらしだな</u>。/名门贵族的公子
哥留级可是丢丑啦。

いい恥さらしだ：丢人透了。表达嘲笑丢丑的情形的样子。一般不用在自己
身上。含有侮辱性的语气。在这里「いい」（作反语用）不好、糟糕的意思。

二、责备、不满的表达用法

(10) バーゲンセールの<u>いい鴨にならないように</u>、消費者も賢くならなくて
はならない。/消费者也要变得聪明一些，不要上大甩卖的当。

いい鴨：这里指容易上当受骗的人。

(11)隣の人はいつも夜遅くまで大きい音で音楽を聞いている。<u>いい迷惑だ</u>。
/邻居家的人每天深更半夜都放大音量听音乐，真讨厌。

いい迷惑だ：真麻烦。真打搅人。在这里「いい」相当于「たい〜んだ」。

(12) <u>いい加減な返事をする</u>のはやめなさい。/请不要马马虎虎地回复。

いい加減：在这里指敷衍了事，马马虎虎，不认真的意思。

(13) <u>虫がいい考え</u>。/自私的想法。

虫がいい：光考虑自己不顾及他人。自私任性。

三、正面用法

(14) また、お金を借りに来たけど、そうそういい顔ばかりしていられない。
／又来借钱了，也不能总装出一副和颜悦色的样子啊。

いい顔していられない：表示不能装出一副和颜悦色的样子。

(15) 君にだけ奢るなんて、不公平もいい所だ。／就请你吃，也太不公平了。

「○○もいい所だ」：起强调○○的作用，表示「完全是○○。」的意思。

(16) この商品はコンセプトはいい線行ってるけど、価格が問題だ。／这个商品的理念还是到位的，只是价格问题。

いい線行ってる：（状态或业绩）达到一定程度的条件或要求。

四、暧昧、委婉表达用法

(17) いい意味で要領悪いね。／褒义上讲，没掌握窍门。
(18) いい意味で空気読めないね。／褒义上讲，不会察言观色。

「いい意味で○○だ」的表达方式，强制性很强，它具有一种神奇力量，不管○○处是多么不好的坏话，都会让聆听一方往好处想。即便是不懂含义，所有的坏话都会被中和。如果没加上「いい意味で」这句话，会是一句纯粹的坏话，而只是加了「いい意味で」这一句，马上就变成优点了。

其实没有「いい意味の悪人」或「いい意味のニセモノ」这一说，但是迫于眼前，即便是勉强，也会显现出「いろんな意味で（从各种含义上讲的）」这种褒义。

而且双方面对面时，即便对方说这样的话，你想发火也发不起来。即使对方说：「あなたはいい意味で凡人ですね！」，你也会不经意地去期盼这句话的背后有着极深的内涵来衬托着，因此这个关头你也不能生气地反问：「你什么意思啊？」。你也只能正襟危坐，猜测着也许下面他会说有关「いい意味（褒义上的）」什么，让自己心情好起来。但是不管你怎么带有好意去继续聆听对方的话，你所期待的那种表扬还是没有随之而来，不过这个时候你已经错过了一次发火的时机，想发火也发不出来了。即便你要发火，人家都说了是「いい意味」，如你对此发火就显得小气了，还是会有些难为情。

　　「いい意味で○○だ」的表达方式，正是日本人喜欢用的暧昧的表达方式。这与日本文化有关。

　　综上所述，可以知道「いい」的惯用表达有很多反语表达。反语是指故意使用与本来意思相反的词语或句子去表达本意，也叫"反话"。运用反语能使讽刺效果更为辛辣，也使语言更加幽默，富于美感。在跨文化交际中，了解和掌握日语的这种反语或暧昧的表达方式，并且能够正确应用是十分重要。只有这样才能够获得最佳交际效果。

第四节　有关「ただちに」的意志性实证研究

一、引言

　　在外语教学实践的过程中，经常会遇到一些意思和用法感觉比较模糊的词。这类词如果简单地按照词典里给出的意思来理解，总是容易出现母语的负迁移或者是其他性质的一些误用。这样一种现象，在模糊语言学中，称之为"灰箱"，即在我们的认识中，对于某个系统已经有了局部的知识，而对于其他方面是不知的。日语中的"ただちに"一词，翻译成汉语的意思为"立刻，马上"等的意思。在 2011 年日本福岛核泄漏后，东京都健康安全研究中心发表公开说明表示"ただちに健康に影響を及ぼすことはありません"（不会马上对健康产生影响）。对此，市民提出强烈质疑，这个"ただちに"（立刻）到底是多长时间？几天？几年？还是几十年？一时之间，"ただちに"成为一个热门词。有的网友提出「放射線問題で「健康にただちに影響はない」と表現していますが、非常に曖昧で責任回避の表現となっていますので、「ただちに」という表現をやめてください。表現方法は難しいと思いますが、再考を願います」（在放射线问题上采用了"不会马上对健康产生影响"这种表达方式。这是一种非常含糊的，回避责任的一种表达方式，所以请不要使用"马上"这个词。好的表达方式或许会很难，但是请再好好考虑一下）。可见，"ただちに"是一个模糊的概念，就连日语母语者都无法把握其时间上的"连贯性"还是"延后性"。

　　2010年的"新しい日本語能力試験N2対応模擬試験"里出现了这样一道问题。

　　次の言葉の使い方として最もよいものを一つ選びなさい。（请选出下列用法中最好的一项。

　　ただちに

　　1、彼はおなかがすいていたのか、ただちにすべての皿の料理を食べ終えた。

　　2、そんなばかなことは、ただちにやめなさい。

　　3、その子供は驚いて、ただちに泣き出した。

4、妹は、とても<u>ただちに</u>メールを返してくれる。

　　正确答案是第二个选项。但是，为什么第一个选项和第三个选项是不正确的呢？在互联网上的众多详解中，几乎都是强调其意思上的误用，但是由于其意思的模糊性，这些解释都给人难以信服，或者强加于人之感。有解释认为"就是不花任何时间，没有任何空隙。只有宇宙人能够不用花任何时间就把饭吃完和哭出来"。至于正确的选项，有的解释认为"就是想表达不能容忍这样的事情再多持续一秒的感觉"。这些种解释看似有理，但是还是不能令人信服。

　　就以上四个选项来看，四个句子的主语都是人。在这个前提下，个人认为，与"直ちに"呼应的动词是有一定限制的。换言之，"直ちに"一般与意志动词呼应使用，而难以和非意志动词呼应使用。第一个选项的"食べ終える"，虽然也是意志动词，但是就其前后语境来看，与其说是以自己的意志吃完饭，倒不如认为是因为肚子饿了而自然地吃完，所以其意志性比较弱。如果把句子改写成"食事を5分で終えるように言ったら彼は直ちに食べ終えた"的话，就显得很自然通顺了。而第三个选项的"泣き出す"为非意志性动词，故为错误选项。第四个选项的"とてもただちに"的说法日语里不存在，因而是错误的。如果没有"とても"，则因为"返す"是意志动词，这样句子就通顺多了。

　　以上说法，始终是个人的一种假说，是不是真的符合语言现实，还有待下结论。为此，笔者关于"直ちに"从实证的角度加以调查研究。

二、先行研究以及本研究的调查方法

　　在讨论副词的用法的时候，因为其不存在活用形式，所以往往流于对其意思的调查及分析。实际上对于许多副词的研究，这也是十分实用的一种调查研究方法。但是，它却并不是万能的研究方法。有的时候还需要从语法的层面上对它们进行调查和分析。

　　张林（2008）提出了"じきに"与"ただちに"在时间性上和空间性上的区别。指出了"じきに"具有的时间上的"延后性"和在空间上的"间隔性"。同时指出"ただちに"具有一种"时间的连贯性"，在空间上不允许有"间隔"的存在。从意思上阐

述了这两个词的区别应用。这些说法都有一定的道理。但是，无论是时间的"延后性"还是空间的"间隔性"，其判定方式因人而异，是一种比较模糊的概念。另外，有的句子利用上述观点还不能做令人信服的解释。比如：

　　大型動物の死体は寒冷地ではただちに凍る。（文藝春秋 2004）/大型动物
　　的尸体在寒冷地区马上就会冻结起来。

　　无论在怎样寒冷的地区，都不可能在"刻不容缓"的情况下把尸体冰冻。因而这种解释是行不通的。这种单纯从意义上去理解"ただちに"的方法，无疑是比较困难的。先行研究没有涉及从语法的角度来调查分析"ただちに"的前后词语搭配状况。

　　本研究基于数据库"少納言"开展调查。"少納言"是日本国立国语研究所的网页上的一个链接，是现代日语书面语均衡数据库之一。为了全面把握现代日语的全貌而收录了大约一亿词的样本。国立国语研究所对此数据库做了如下介绍。"本数据库收录的样本绝大部分都是以各种公开出版的数据以及东京都下公共图书馆的藏书为数据母本，非选择性的进行抽取的样本。特定的书和杂志等的特定部分作为样本选择出来，这也只是非选择性抽取的结果，是被偶然抽取出来的结果。没有进行任何从语言学以及文学立场进行的价值判断。本数据库之所以能被看作是现代日语书面语的代表，是因为它与报社等所实施的基于非选择性抽取而得出的舆论调查能代表日本国民一样"。数据库分为十一类数据。因为每类数据收录有年代差别，所以本研究只把杂志，报纸，白皮书，法律，国会会议录这五类的 2001-2005 年的数据作为调查对象。

三、调查结果与分析

　　通过"少納言"进行检索，合计共得到 148 个例句。其中，以人物为主语的例句为 134 个，以事物为主语的例句为 14 个。按照得到例句数量排列，分别为国会会议录（55），杂志（37），法律（20），报纸（18），白皮书（18）。

(一)"ただちに"的主语多为人物

从调查结果来看,"ただちに"的主语多为单个的人或者人的群体。换句话说,"ただちに"的主语有多为人物的倾向。按照百分比来看,以人物为主语的例句占全部例句的90%,与此相对,以事物为主语的例句仅占全部例句的10%。"ただちに"在分析使用过程中,不能忽视其主语多为人物的这一倾向。另外,从收集到的例句的五大类别来看,其主语的分布构成也有一定的差别。根据图1可以看出,在法律相关的例句中,其主语百分之百为人物。国会会议录和杂志次之,各约为百分之九十左右。而白皮书和报纸则分别为百分之八十和百分之七十五左右。可见,越是正式的文章,其主语为人物的比率越大。

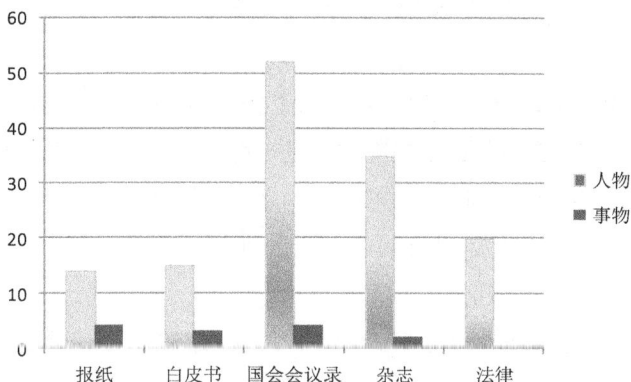

图1 "ただちに"按类别的主语分布

(二)"ただちに"的关联动词的性质

森山卓郎(2002)指出"在日语中,有关意志的表达方式有各种各样的用法区别。""通常,他动词为意志动词的情况居多,表示变化的自动词为无意志动词的情况居多。但是,即便是他动词(如:財布を落とす),如果不是主语所期望的事情的话,也可以认为是无意志动作。"另外,所谓的意志性,并不单单表现在动词,有的时候也表现为一些句节(如:ことにする)。

在得到的有关"ただちに"的全部例句中,所有主语为人物的例句无一例外,

191

其相关联的动词及动词性句节都拥有意志性。与之相对，主语为事物的例句，其相关联的动词及动词性句节都拥有非意志性。以下按照五大类别，列举分析各自有代表性的相关例句。

主语为人的例句：

(1) 訪朝が発表されて以来、首相自身、平壌に行ってもただちに拉致された日本人を連れ帰るのは難しいと、プレイダウンするのに懸命だった。(雑誌「ＳＡＰＩＯ」)／自从公布访问朝鲜以来，首相自己也努力地低调表示，即使去到平壤也很难马上把被绑架的日本人带回来。

(2) 曽我さんは家族そろっての日本永住を望んでおり、ジェンキンスさんが直ちに応じなければ、説得できるまで現地に長期滞在することも視野に入れている。(新聞「神戸新聞」)／曽我女士希望全家都能在日本永久居住，如果杰金斯没有马上答应，那么到劝服他为止将一直长期居住在当地。

(3) 標準労働者とは、学校卒業後直ちに企業に就職し、同一企業に継続勤務している労働者をいう。(白書「厚生労働白書」)／所谓标准工人，是指在学校毕业后马上就职于企业，并且在同一企业持续工作的工人。

(4) この場合において、両議院の事後の承認を得られないときは、内閣総理大臣は、直ちにその議員を罷免しなければならない。(法律「内閣府設置法」)／在这种情况下，如果不能得到两议院的事后承认，内阁总理大臣必须马上罢免有关议员。

(5) 私も驚きまして、この報道に関しまして直ちに調査に入るように申し渡しました。(「国会会議録」)／我也很吃惊，宣判关于这个报道要马上进行调查。

在上述例句中，（1）的主语为"首相"；（2）的主语为"杰金斯"；（3）的主语为"标准工人"；（4）的主语为"内阁总理大臣"；（5）的主语为我。在这五个例句中，除了（3）的主语有所争议，也可以理解为所有标准工人全体之外，无一例外都是个人作为句子的主语出现的。

从这些主语对应的动作来看，（1）为"带回来"；（2）为"答应"；（3）为"就职"；（4）为"罢免"；（5）为"进行"。均为意志性动词。

主语为人群的例句：

(6) このため西欧の大企業はベルリンの壁崩壊後、直ちに中・東欧へ積極的に投資を開始した。（雑誌「エコノミスト」）/为此，西欧的大企业在柏林墙倒塌后，马上开始积极地向中，东欧投资。

(7) わが軍は、イラン軍と国境地帯で交戦状態に入った。わが連隊もただちに戦闘配置につく。（新聞「読売新聞」）/我军与伊朗军队在国境地带进入交战状态。我们连队也马上开始战斗配置。

(8) 乙は、災害の状況により応急対策が緊急性を要すると判断した場合は、甲と密接な連絡をとりながら、直ちに出動し、その業務に従事することができる。（白書「防災白書」）/在判定根据灾害情况需要作出紧急性应急措施的情况下，乙方可以一边同甲方取得密切联系，一边马上出动从事其业务。

(9) 組合は、直ちに、その請求の要旨を公表し、これを組合員の投票に付さなければならない。（法律「マンションの建替えの円滑化等に関する法律」）/团体必须马上把要求的主要内容公开，委托团体成员进行投票。

（10）この際、自民党のためにもあえて申し上げますが、野党が要求する関係者の証人喚問を直ちに行うことを強調しておきたいと思います。（「国会会議録」）/眼下，为了自民党也勉强要说。我想要强调的是，自民党要马上进行在野党所要求的相关证人的传唤。

在上述例句中，(6) 的主语为 "大企业"；(7) 的主语为 "我们连队"；(8) 的主语为 "乙方"；(9) 的主语为 "团体"；(10) 的主语为 "自民党"。在这些例句中，尽管有的主语不是直接表现为人的群体，但是通过分析句子的语境，可以看出它仍然是人的群体在进行具体的动作。比如 (6)，"大企业" 本来只是对于企业规模的一种概括。但是在 (6) 句中，是指大企业积极向中、东欧投资。事实上，并不是企业向中、东欧投资，而是企业的决策者，或者说掌握企业权力的人群在积极向中、东欧投资。这里的 "大企业"，实质上就是指的一个人群。其它的诸如 "连队"，"乙方"，"团体"，"自民党" 等所代表的意义跟 "大企业" 大致雷同，都是代表着一个人群。

从这些主语对应的动作来看，(6) 为 "开始"；(8) 为 "出动"；(9) 为 "公开"；(10) 为 "进行"。以上都为比较典型的意志性动词。但是，(7) 的 "ただちに戦闘配置につく" 中的 "つく" 是一个比较容易引起争议的动词。一般来说，"つく" 的词性为自动词，表示非意志性的用法居多。但是，它也有表示意志性的用法。《广辞苑》里就有关于 "つく" 的他动词的用法。"任につく"，就是开始工作的意思。而在 (7) 的 "ただちに戦闘配置につく" 中，正是这个用法。所以 (7) 里的 "つく" 也是意志性动词。

主语为事物的例句：

（11）大型動物の死体は寒冷地ではただちに凍る。（「雑誌」）/大型动物的尸体在寒冷地区马上就会冻结起来。

（12）税金のムダ遣いがその分ただちに減る。（「新聞」）/税款的浪费部分立刻就会减少。

(13) ただし、これらの変化はいずれも直ちに人の健康並びに流域の植物及び水生生物等の生態に何らかの影響を及ぼすレベルにはない。(「白書」)/但是，这些变化并没有达到马上给人体健康，流域的植物以及水生物等生态系统带来某些影响的程度。

(14) それに影響されて我が国が直ちにどうこうということにはならないと思いますが…(「国会会議録」)/我认为，受其影响我国并不会马上发生这样那样的变化，但是…。

在上述例句中，(11) 的主语为"尸体"；(12) 的主语为"浪费部分"；(13) 的主语为"变化"；(14) 的主语为"我国"。均为事物为主语。

从这些主语对应的动作来看，(11) 为"冻结"；(12) 为"减少"；(13) 为"带来"；(14) 为"发生"。均为非意志性动词。

(三) 表记的问题

在收集到的所有 148 个例句中，"ただちに"的表记也呈现两种方式。即：写汉字的"直ちに"和不写汉字的"ただちに"两种。根据调查结果显示，国会会议录的 55 个例句中，全部表记为"直ちに"；法律的 20 个例句中，全部表记为"直ちに"；白皮书的 18 个例句中，表记为"直ちに"的例句为 17 个，表记为"ただちに"的例句为 1 个；报纸的 18 个例句中，表记为"直ちに"的例句为 12 个，表记为"ただちに"的例句为 6 个；杂志的 37 个例句中，表记为"直ちに"的例句为 20 个，表记为"ただちに"的例句为 17 个。

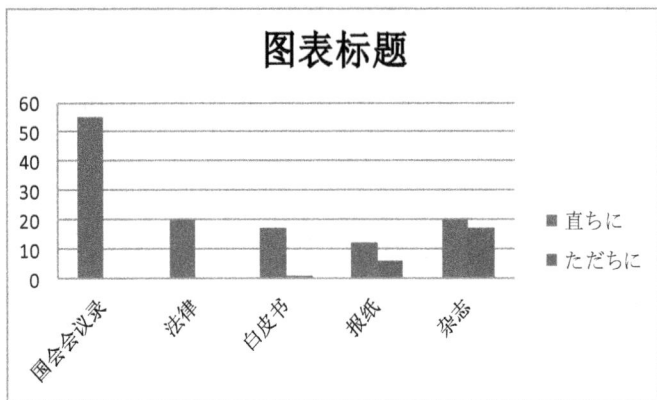

图2 汉字表记与假名表记的分布

从图表2可以看出，在五类例句中，表记为"直ちに"的例句，按照所占比率依次为国会会议录，法律，白皮书，报纸，杂志。可见，越是正式的文章，其表记为"直ちに"比率越大。这与"直ちに"为书面语的这一性质不谋而合。另外，从图表总体来看，"直ちに"在所有五类例句中，除了杂志以外，都占有绝对大的比率。因而，可以认为它有表记为写汉字的"直ちに"的倾向。

四、总结

通过以上分析，可以得到以下几个结论。①"ただちに"的主语多为单个的人或者人的群体。换句话说，"ただちに"的主语有多为人物的倾向。按照百分比来看，以人物为主语的例句占全部例句的90%，与此相对，以事物为主语的例句仅占全部例句的10%。②越是正式的文章，其主语为人物的比率越大。③在得到的有关"ただちに"的全部例句中，所有主语为人物的例句其相关联的动词及动词性句节都拥有意志性。与之相对，主语为事物的例句，其相关联的动词及动词性句节都拥有非意志性。④"ただちに"的表记有汉字表记的"直ちに"的倾向。

可见，在教学研究中，通过实证调查可以避免武断的模糊的判断，从而能够从更科学的视点来进行调查分析，得出更为准确的结论。

第五节　论「とき」的几种常见的错误表达

「とき」用于连接两个句子，表示由后续主句表现的状态、动作、现象成立的时间，使用范围较广。但是，由于初学者对「とき」的用法掌握得不够准确，导致在用这个词进行日语表达时出现很多错误。现将经常出现的一些问题进行归纳、整理、分析，以便初学者今后能正确地理解和使用这个词进行日语表达。

一、「とき」的接续方法

（1）休みとき（→休みのとき）、子供とサッカーをします。/休息时和孩子踢足球。

（2）夜静かとき（→静かなとき）、詩を書きます。/夜晚安静时写诗。

（3）大学に入ったばかりとき（→ばかりのとき）、日本語は全然できなかった。/刚上大学时，一点儿也不会讲日语。

（4）若かったとき（→若いとき）、あまり勉強しませんでした。/年轻时，没怎么学习。

在「とき」这个词的误用表现中，经常可以看到「とき」在与前面的词接续时出现错误。因为「とき」这个词的词性属于名词，所以在连接各种用言的时候应该连接用言的连体形。特别是形容动词，应该是「形容動詞語幹＋な」接续「とき」。另外，连接名词时，两个名词之间应该用助词「の」接续。修饰「とき」的形容词句的时态，不受主句时态的影响。

二、「～するとき」与「～したとき」的混用

（5）朝友達に会うとき（→会ったとき）、「おはよう」と言います。/早上见

到朋友时，说 "おはよう"。

(6) 北海道はとても寒いですから、困るとき（→困ったとき）教えてください。/北海道很冷，有困难时请告诉我。

(7) 疲れるとき（→疲れたとき）、ゆっくりお風呂に入ります。/疲劳时好好洗个澡。

(8) うちへ帰ったとき（→帰るとき）、課長に挨拶をして部屋を出た。/回家时，和课长打过招呼后走出房间。

(9) 汽車が通ったとき（→通るとき）、踏切がしまる。/火车通过时，铁路道口关闭。

「〜したとき」強調的是该句所表示的内容先于主句之前完成，而「〜するとき」強調的则是该句所表示的内容与主句同时、或者发生在主句之后。例如「朝友達に会ったとき、「おはよう」と言います」，问候 "早上好" 时，见到朋友的动作已经完成，所以要说成「友達に会ったとき」。再举一例「うちへ帰るとき、課長に挨拶をして部屋を出た」，说话者离开办公室前和课长打招呼时，"回家" 这个具体动作还没有开始进行，所以要说成「うちへ帰るとき」。

三、「ときは」应为「ときに」

(10) この間、友達が病気のときは（→病気のときに）、わたしが看病しました。/前些天朋友生病时我护理他了。

(11) ニューヨークで働いていたときは（→働いていたときに）、彼女と知り合った。/在纽约工作时和她相识了。

(12) 家を出たときは（→出たときに）、忘れ物に気が付いた。/离开家时，发现忘记东西了。

(13) アメリカへ行ったときは（→行ったときに）、昔の友人の家に泊めてもらった。/去美国时，住在老朋友家了。

「ときに」主要表现的是某一个时点上，进行了什么样的行为或者发生了什么样的事情。它所强调的内容是一次性的、个别的。例如「家を出たときに、忘れ物に気が付いた」，强调的是"出门的时候发现忘记东西了"。如果换成「家を出たときは」，则后面通常应为说话人的判断表现。

四、「とき」应为「てから」、「うちに」

(14) 手紙を書いたとき（→書いてから）、郵便局で出します。

(15) 小林さんが来たとき（→来てから）、食事を始めましょう。

(16) 今は昼休みですので、1時になったとき（→なってから）来て下さい。

(17) 熱いとき（→うちに）、食べてください。

(18) 体が丈夫なとき（→うちに）、一度富士山に登ってみたいです。

「とき」强调的是一个时间的概念，即"在……时候"。「てから」强调的是动作进行的先后顺序，想明确说明两个动作或两件事情在时间上的先后顺序时使用。例如「手紙を書いてから、郵便局で出します」这句话，「手紙を書く」与「郵便局で出す」这两个动作之间最典型的特点就是时间上的先后顺序，因此要用「てから」来连接。另外，「うちに」通常接在状态性的表现形式后面，强调其状态结束之前必须要实现主句的动作（否则将出现令人失望的结果）。例如「熱いうちに、食べてください」这句话，它强调的是"食物要赶在凉之前趁热吃才好吃"，而不是单纯指动作发生的时间。

五、「とき」应为「たら」、「と」

(19) 先生に会ったとき（→会ったら）、あいさつをする。/见到老师的话打招呼问好。

(20) 会議が終わったとき（→終わったら）、食事をしに行きましょう。/

会议结束了的话，我们去吃饭吧。

(21) 亡くなった息子の写真を見るとき（→見ると）、涙が出ます。／一看到逝去儿子的照片，就流眼泪。

(22) お金と暇があるとき（→あると）、よく外国へ旅行に行きます。／如果有钱和时间的话，我要经常去外国旅行。

「とき」和「たら」、「と」最大的区别在于「とき」仅仅把"……时候"作为一个时间的概念，而与此不同「たら」、「と」则把前项内容作为一个条件，出现了前句叙述的情况，就会引起后句叙述的内容。例如「会議が終わったら、食事をしに行きましょう」这句话中，「会議が終わる」就是一个条件，实现了这个条件才可以进行后面「食事をしに行く」的动作。

六、「ときは」与「とき」的区别

(23) ご用のときは（とき）、ベルをおしてください。／有事时，请按铃。

(24) 外国へ行くときは（とき）、パスポートが必要だ。／去外国时，需要护照。

(25) 祖父は体の調子がいいときは（とき）、外を散歩する。／祖父身体状况好时出去散步。

上述句子用「ときは」与「とき」都可以，「ときは」有"某种情况成立"的语感，作为一种条件表达，表达"如果某种情况成立，就会如何如何……"，后句多为说话人的判断表现。另外「ときは」在很多场合下还有一种对比、对照的含义。例如「祖父は体の調子がいいときは、外を散歩する」，特别提出「体の調子がいいときは」，让人感觉到其他的时候祖父由于身体不好是不出去散步的。

以上对「とき」这个词在使用时常见的错误表达进行了简单的整理、分析。

另外，在日语表达中有时会看到这样的句子「明日遊びに行くとき食べ物は冷蔵庫に入れてある」。在这个句子中，「明日遊びに行くとき」是一个名词词组，做连体修饰语，因此应该说成「明日遊びに行くときの食べ物は冷蔵庫に入れてある」。另外，这个句子也可以说成「明日遊びに行くとき、食べ物は冷蔵庫に入れておきます」。在这里食物不是要带走的东西，而是出去的的时候，食物不放冰箱里怕坏了。

第五章 助词类相关研究

【本章导读】

本章主要对助词「に」「は」「が」的用法、多义动词「出る」的搭配及语义特征、「こ・そ・あ」类指示词的用法等语言现象进行了理论上和实证上的研究整理。

通过「に」格偏误例的调查数据来看，可以知道两点误用的原因：第一，母语为汉语的日语学习者受母语的干扰，导致自他动词的错误判断造成「に」格的误用偏高。第二，没有掌握好日语的表达特点。汉语为意志性表达，使用他动词，而日语为状态性表达，使用自动词。

助词「は」与「が」的用法，常常引起日语学习者的疑惑。为此，从教学角度考虑，分析了大量的例句，将助词「は」的常见用法归纳为十种，将助词「が」的常见用法归纳为十五种，并做以解释。

多义动词「出る」搭配的名词格主要有「に」格，「から」格，「を」格，「が」格。「出る」的语义有表示重视「着点」-位置变化；「出現」；「出席・出場」；「空間的一離脱・退去」；「起点的一位置変化」；「境界」・「出口」；「由来」；「離脱・脱出」；「卒業」；「発生・生まれる」；「慣用」等11大特征。

「こ・そ・あ」类指示词有两种语法功能：①说话者和听话者隔着一定空间距离的「眼前代名詞」的语法功能。②根据文脉情况的「文脈代名詞」的语法功能。关于「眼前代名詞」的用法初学者一般都能掌握得很好，所以仅对「文脈代名詞」的几点用法加以补充。

第一节　格助词「に」格的实证研究探讨母语的干扰

一、引言

日语格助词对于母语中没有格助词的日语学习者来说是很难正确掌握和灵活运用的一类词。一个格助词可以表达多种意义关系，同一种意义关系也可能会由多种格助词来表达。日语格助词中的补格助词虽然与汉语的介词存在着对应表达关系，但由于语义功能、语法功能的不同，日语的格助词与汉语的介词不能简单地一一对应。比如，汉语的介词"在"分别与日语的格助词"に"、"で"、"を"对应。因此，格助词的习得成为以汉语为母语的日语学习者比较难掌握的知识点，格助词的误用频率也是非常高。

误用研究对从事外语教学以及语法理论研究很有参考价值，它是对外语学习者在学习过程中所犯错误的类型、原因以及如何纠正这些错误而进行的研究。误用的众多原因中，由母语干扰导致的误用最为普遍。

本节关于格助词「に」格的误用分类与分析结果进行探讨。重点分析偏误率较高的前 15 个「に」格例子。希望通过日语格助词「に」格的误用实证研究阐明汉语母语干扰的具体内容，并探讨如何才能避免误用。

二、先行研究及问题点

目前，国内对部分格助词的研究有：王忻（2010）的"与格语义扩展机制下的非典型语义探究及其他-从中国学习者与格偏误说起"，许慈惠（2006）的"试析格助词"に"的点性本质意义"，高红（2008）的"格助词'に'与'で'的语义分析"。

国内对格助词的研究多是从语义构成的角度对某一特定格助词进行分析研究，而对于格助词的综合运用能力进行实证性的研究却比较少见。王文贤，魏晓艳（2006）"从两次口语测试看早期日语学习者的语言内化过程"，该文所考察的 5 个助词"を"、"から"、"まで"、"に"、"で"、"へ"方面的习得状况，很有参考价值，

但是由于是口试，格助词的误用例有局限性。

日本对格助词研究具有代表性的有：森山新（2010）的"格助詞ヲ、ニ、デの意味構造とその習得に関する認知言語学的研究―韓国語・中国語を母語とする日本語学習者を中心として"，岡智之（2007）的"日本語教育への認知言語学の応用～多義語、特に格助詞を中心に～"，菅井三実（2007）的"格助詞「に」の統一的分析に向けた認知言語学的アプローチ"，杉村泰（2010）的"コーパスから見た中国人日本語学習者の格助詞に関する問題点について"，八木公子（1996）的"初級学習者の作文にみられる日本語の助詞の正用順序―助詞別、助詞の機能別、機能グループ別に―"等。前三者主要以认知语言学的观点，考察了格助词的语义结构。杉村泰是基于鲁东大学会话预料库，调查了中国日语学习者的格助词误用问题，研究结果是母语为汉语的日语学习者受母语的干扰，导致自他动词的错误判断造成格助词的误用偏高。八木公子的研究成果发现零起点的日语学习者助词的正确使用率较高，是因为题目没有设定，而是自由写作，学生写作文自然使用有把握的助词，其调查的对象是身在日本的母语不是汉语的留学生，具有很大的局限性。

从以上的研究现状表明，对汉语为母语的日语学习者进行格助词误用分析的实证研究并不多见。本节研究对尚未被先行研究足够关注的「に」格偏误例，进行实证性探讨。

三、调查对象与资料

本研究以大连理工大学软件专业日语强化班两个班共 52 名为调查对象，日语学习时间是（250 学时左右）刚学完初级教材。

调查资料为采用日本编著的《みんなの日本語―标准习题集》，从助词填空题中选 100 道题，其中 36 道题是只有一个填空题，其余的每道题有两个填空题以上，目的是主要考察格助词的综合运用能力。本次考察范围是其中 80 个「に」格偏误例，重点分析偏误率最高的前 15 个例子。

四、分析误用的方法

对抽出的偏误例进行鉴别与分类，在先行研究的理论基础上，重点分析偏误率较高的前 15 个例子。

分析误用的原因时，首先从负向迁移的角度出发，即母语干扰的角度。母语干扰主要是由于母语和目的语的某些形式和规则系统不同而被（学习者）误以为相同所致。(唐承贤，1997:46-50) 母语干扰会导致错误出现，延长学习者犯错误的时间。

分析误用的原因时，其次从文化的角度出发。语言总是反映那个国家、民族的自然观、人生观及国民性格。文化原因造成的误用复杂，分辨起来困难。因为绝大多数用法在语法上无任何问题，也难以克服。这类误用典型的例子是自他动词的错误使用造成前面的格助词的误用。汉语为意志型表达，使用他动词，而日语为状态型表达，使用自动词。使用自动词作状态型表达，避免意志型表达是日语的特点之一。

五、有关「に」格的各种误用分类与分析的理论基础

分析「に」格的各种误用例之前，先探讨有关「に」格的先行研究。益冈隆志，田窪行则 (1987) 把「に」格的语义归纳为 11 项，日语教育学会编纂的《日本语教育事典》(1983) 里，也列有 11 个义项，王忻 (2010) 把「に」格的语义归纳为 14 个义项，森山新 (2010) 对「に」格的语义归纳为 20 个义项，文化厅编纂的《外国人のための基本語用例事典》(1971 年) 里，助词「に」列有 18 个义项，许慈惠 (2006) 提出"格助词「に」的点性本质意义就在于它的'点'性—事物得以成立的根基点。"笔者考察发现《外国人のための基本語用例事典》对「に」格的语义解释比较全面，在「に」格的误用例分析时作主要参考理论依据，个别无法解释的参考许慈惠 (2006) 的"点性本质意义"观点进行分析。

六、「に」格的考察结果与分析
(一) 表示抽象的存在点

(1)　　先週姉が→（に）男の子を→（が）生まれました。(偏误率 90%)

205

例（1）的「に」格偏误率（这里的偏误包括与其他词的混用，遗漏。阴影部分的助词是误用，括号里的是正用。）高达90%。究其原因可能是母语负迁移所致，学习者将「生まれる」误当成他动词使用，所以谓语动词前用了「を」格，把抽象的存在点的位置误认为是主语，用了「が」。在这里「に」格属于是表示动作作用点或是发生点。理论依据参考许慈惠（2006：9）。

（二）表示行为的目的或目的地

(2) 部長に食事を→（に）招待していただいてうれしかったです。（偏误率85%）

(3) わたしは王さん（を）結婚式で→（に）招待するつもりです。（偏误率71%）

(4) 小川さんはわたし（を）ディズニーランドを→（に）連れて行ってくださいました。（偏误率71%）

例（2）、（3）里的「に」格是表示行为目的。例（2）偏误率高达85%。究其原因可能是这种表达教材没出现过，且受汉语母语的影响，容易误用「を」格。例（4）是表示"目的地"的「に」格，偏误率高达71%。为了避免误用，把「人ガ人ヲ何か（目的地・目的の行为）ニ」＋動詞」的句式，应作为教学重点的知识点，强化练习。

（三）表示人或事物的存在点或状态所处的位置

(5) 手を→（に）やけどをしてしまいました。（偏误率79%）

(6) 彼はベッドで→（に）横になっている。（偏误率75%）

例（5）的「に」格属于"状态所处的位置"，谓语不是「ある/いる」时，偏误率高达79%。该用「に」的地方误用了「を」，究其原因可能是受母语思维的影响。汉译的话，例（5）为"把手给烫了"或者"手烫了"。所以学习者误用了「を」，

但是日语不能连续出现两个宾格。例（6）该用「に」的地方误用了「で」。动作进行的场所用「で」，而状态所处的位置用「に」，从本次考察的数据表明学习者在「に」（状态所处的场所）和「で」（动作进行的场所）的区别上出现了混乱。例（6）偏误率高达 75%。

「に」（状态所处的场所）这类有个规律，使用自动词作状态型表达，避免意志型表达是日语的特点之一。例（6）「に」格关联的动词是自动词。

（四）表示动作发生之后的结果存续的位置或方向

  （7）きれいな桜の花をビデオで→（に）撮って、国の家族（に）見せたいと思います。（偏误率 79%）

这里「に」格关联的动词是他动词「撮る」。这类用法偏误率高达 79%，可能是学习者把「ビデオ」误认为是工具，所以误用了「で」的相当多。在这里不是用摄像机摄樱花，而是"把樱花摄入到摄像机里"的意思。

（五）表示动作所涉及的对象（人或物）

  （8）スキーに行ったらけがを→（に）注意してください。（偏误率 77%）

  （9）私は彼女と→（に）結婚を申し込もうと思っています。（偏误率 77%）

  （10）危ないですから、これを→（に）触らないでください。（偏误率 75%）

  （11）ファックスの調子が悪いんですが、どこと→（に）連絡したらいいですか。（偏误率 73%）

  （12）質問を→（に）答えられなくて、恥ずかしかったです。（偏误率 71%）

例（9）里的「申し込む」是他动词，与「申し込む」关联的宾格是「結婚」，「結婚を申し込む」汉译的话，"提出结婚"，所涉及的对象是「彼女」，其后面用「に」，不能用「と」。因为不是我想跟她结婚，而是"我想向她提出结婚"的意思。其他例句的关联动词「注意する」「触る」「連絡する」「答える」都是自动词，其前面

207

表示涉及的对象用「に」，不能用「を」等其他助词。

此类「に」（动作所涉及的对象）格，数据表明偏误率相当高，为了避免误用，教学当中作为重点知识点，经常灌输这类知识点。

(六) 表示评价、比较的基准或用途

(13) 会議の準備で→（に）2時間は必要です。（偏误率77％）

(14) 子供の教育は→（に）とてもお金がかかります。（偏误率77％）

这类用法偏误率也相当高，高达77％。为了避免误用，请参考如下规律：表示评价、比较的基准或用途「(の) に」后面常常与「必要だ/要る/かかる/役に立つ/使う/いい/悪い/便利だ/不便だ/」搭配。

(七) 表示事物或状态变化的结果或改变某个事物、状态的结果

(15) 靴のひもが切れそうですから、新しいのを→（に）換えます。（偏误率75％）

这里的「に」格属于"改变某个事物、状态的结果"的用法。换句话说，把某个事物、状态的结果有意识地改变为某种结果的用法。其实就是「～を～にする」的句式。但整句里「を」格没出现，学习者就容易出现错误，偏误率高达75％。这个句子其实就是「靴のひもが切れそうですから、（ひもを）新しいのに換えます。」汉译为"鞋带要断了，所以换为新的。"

七、「に」格助词调查结果

「に」格偏误率较高的排前15位的偏误例的排序结果见如下表1。（注：括弧里的是正确答案，黑体字词为错误用法）

表1 偏误率排前15位的「に」格偏误例

序号	「に」格偏误例	偏误率
1	先週姉**が**→（に）男の子**を**→（が）生まれました。	90%
2	部長に食事**を**→（に）招待していただいてうれしかったです。	85%
3	手**を**→（に）やけどをしてしまいました。	79%
4	きれいな桜の花を<u>ビデオで</u>→（に）撮って、国の家族（に）見せたいと思います	79%
5	スキーに行ったらけが**を**→（に）注意してください。	77%
6	私は彼女**と**→（に）結婚を申し込もうと思っています。	77%
7	会議の準備**で**→（に）2時間は必要です。	77%
8	子供の教育**は**→（に）とてもお金がかかります。	77%
9	彼はベッド**で**→（に）横になっている。	75%
10	靴のひもが切れそうですから、新しいの**を**→（に）換えます。	75%
11	危ないですから、これ**を**→（に）触らないでください。	75%
12	ファックスの調子が悪いんですが、どこ**と**→（に）連絡したらいいですか。	73%
13	質問**を**→（に）答えられなくて、恥ずかしかったです。	71%
14	わたしは王さん（を）<u>結婚式で</u>→（に）招待するつもりです。	71%
15	小川さんはわたし（を）<u>ディズニーランドを</u>→（に）連れて行ってくださいました。	71%

八、结语

从以上「に」格偏误例的调查数据来看，可以知道两点误用的原因：第一，母语为汉语的日语学习者受母语的干扰，导致自他动词的错误判断造成「に」格的误用偏高。第二，没有掌握好日语的表达特点。汉语为意志性表达，使用他动词，而日语为状态性表达，使用自动词。这是日语的表达特点之一。

为了避免误用，把偏误率相当高的题，应作为教学重点的知识点，强化练习。建议编写教材或编写习题集时，把这些题作为考点、难点、重点都应纳入进去。要求学习者掌握一些句式。如，「人ガ人ヲ何か（目的地・目的の行為）ニ＋動詞」的句式。另外，要求掌握一些规律。如，表示评价、比较的基准或用途「（の）に」后面常常与「必要だ/要る/かかる/役に立つ/使う/いい/悪い/便利だ/不便だ/」搭配。

第二节　提示助词「は」的用法

　　助词「は」与「が」的用法，常常引起日语学习者的疑惑。为此，从教学角度考虑，分析了大量的例句，将助词「は」的常见用法归纳为十种，并做以解释。「が」的用法将在下一节归纳。

一、「は」前面的对象是旧信息

　　「は」是说话人对某事或某人、某物进行说明时使用。也就是说，特定话题的提起时，主题+「は」。一般情况下，话题是刚提过的，或者与前面的话题有关。听话人知道谈论的事情或某物是关于什么方面的，也就是说，「は」前面的对象是旧信息。

(1) A：ご紹介します。<u>こちらは</u>新入社員の川口さんです。/介绍一下。这位是新来的职员川口先生。（对「こちら」进行介绍。）

　　　B：初めまして、どうぞよろしくお願いします。/初次见面，请多关照。

(2) 先月、新しいマンションに引っ越ししました。/上个月搬到新公寓了。<u>マンションは</u>動物園の近くです。/公寓在动物园附近。

主题「マンション」指的是刚刚提起的上个月搬的新的高级公寓。

(3) A：来週引っ越しします。/下周搬家。

　　　B：引っ越しの<u>荷造りは</u>もうできましたか。/搬家的行李都打好包了吗?

　　　A：ええ、友達が手伝ってくれたおかげで、早くできました。/是，多亏了朋友帮忙，很快就打好了。

210

「荷造り」跟刚提起的「引っ越し」有关，所以用「は」。

(4) A：田中さんに手伝ってもらったらどうですか。/让田中帮忙怎么样?

　　B：田中さんは今日はお休みなんです。/田中今天休息。

关于「田中さん」，听话人也知道是谁，属于旧信息。

(5) A：この間、テレビでいい映画をやっていましたね。/最近电视播放(一部)好电影。

　　B：ああ、あれは本当にいい映画でしたね。/啊，那确实是一部好电影。

「あれ」是指「この間」电视演的「映画」，属于旧信息。

(6) 川上：来週のスケジュールを教えて下きい。/请你告诉我下周的日程安排。

　　田中：月曜日は一日会議です。/周一一天有会议。

　　　　　火曜日から木曜日は大阪へ出張します。/周二至周四去大阪出差。

　　　　　金曜日は展示会の準備をします。/周五做展览会的准备。

「は」的主题「月曜日」、「火曜日から木曜日」、「金曜日」，跟前面刚提起的「来週のスケジュール」有关。

(7) 司会：では、順番に自己紹介をお願いします。/那么，请大家按顺序自我介绍。

　　佐藤：佐藤と申します。北海道の出身です。/我叫佐藤。北海道人。

　　　　　北海道は梅雨がないので快適です。/北海道因为没有梅雨所以(很)舒适。

211

これは6月の北海道の写真です。/这是6月的北海道照片。

「は」的主题跟刚提起的「北海道」有关，是对「北海道」进行说明的用法。

(8) 金:私の国は韓国です。/我的国家是韩国。
　　　　韓国の有名な食べ物はキムチですが、キムチは作る人によって味が
　　　　違います。/韩国有名的食物是辣白菜，辣白菜因做的人不同而味道
　　　　各异。
　　　　これは私の家のキムチです。どうぞ食べてみてください。/这是我
　　　　家做的辣白菜，请品尝。

这个句子可以想象为，我站在大家面前，介绍自己的国家及文化的场面。后
三个「は」的主题都与刚提起过的「韓国」文化有关。

(9) 李:今度、奈良へ行くんです。/ 这次我们去奈良。
　　　田中:そうですか。奈良は何回か行ったことがありますが、とてもいい
　　　　　ところですよ。/是吗。奈良我去过几次，是个很好的地方呀。

前面刚提过「奈良」，所以属于旧信息。

(10) 王:お先に失礼します。/那我先失陪了。
　　　　加藤:あ、王さん、忘れ物ですよ。/啊，小王，你忘的东西。
　　　　王:あ、その傘は李さんのです。/啊，那把伞是小李的。

「傘」指前面提到的「忘れ物」。

(11) 李:明日の午後、林さんの家でパーティーがあるんですが、いっしょ

に行きませんか。/明天下午，在小林家有聚会，一起去好吗?

スミス:いいですね。<u>時間</u>は?/那好啊。时间(几点)呢?

李:夕方6時からです。/从傍晚 6 点开始。

スミス:<u>持って行くもの</u>は?/带什么东西去?

李:スーパーでもちょっと買いましょうか。/在超市买点什么吧。

スミス:じゃ、どこで待ち合わせしましょうか。/那么，(我们)在哪儿见面呢。

两个「は」都与「パーティー」有关。

(12) A: 土曜日の会議の後、みんなで食事に行きましょうか。/周六的会议
之后，大家一起去吃饭好吗?

　　B:いいですね。<u>会議</u>は5時に終わるから、ちょうどいい時間ですね。/
好哇。会议5 点结束，所以时间正好啊。

「は」的主题与刚提的话题有关。

(13) A:この間、ヤンさんが話していた店に行って見ましょうか。/前几天小
杨说的那家店，我们去看一下啊?

　　B:ああ、<u>あの店</u>はとても感じがいいですよ。/啊，那家店感觉很不错
呀。

「は」的主题「あの店」是指前面刚提到的「ヤンさんが話していた店」属于
旧信息。

(14) A:日曜日にバザをしますから、ぜひ来てください。/周日举行义卖，希
望你一定来。

　　B: 会場の<u>場所</u>はどこですか。/会场的地点在哪里?

213

A：大学の前です。/在大学前。

B：あ、そこは前に行ったことがありますから、大丈夫です。/啊，那里我以前去过，没问题。

两个「は」都与星期天举行的「バザ」有关。

二、两个对象对比时用「主题+は」来表示

(15) りんごはあるが、バナナはない。/有苹果，但是没有香蕉。

(16) 酒は飲まないが、タバコは吸う。/不喝酒，但是抽烟。

(17) 日本語はできるが、英語はできない。/会日语，但是不会英语。

(18) 男は度胸、女は愛嬌。/男人在于胆量，女人在于可爱。

三、对有规律的、习惯性动作进行说明及叙述时用「主题+は」来表示

(19) このドアは人が近づくと自然に開きます。/这个门，人一靠近就自动打开。

(20) 月は地球のまわりを回っています。/月亮绕着地球转。

(21) 祖父は毎日9時に寝て、5時に起きます。/祖父每天9点睡觉，5点起床。

四、部分否定或强调主题时用「主题+は」来表示

(22) A：テストは全部できましたか。/考试全都做出来了吗?

B：全部はできませんでしたが、だいたいできました。/没有全做出来，但是基本上做出来了。

(23) A：毎朝ジョギングなさるんですか。/每天早晨跑步吗?

B:毎朝はできませんね。疲れていると、さぼってしまうんです。/不是每天。要是累了的话，就偷懒。

(24) 知人からメロンを3個もらったけど、全部は食べられないから、友達にあげた。/朋友给了我 3 个网纹甜瓜，吃不完，所以给朋友了。

(25) A:英語を使ってもいいですか。/用英语可以吗？

B:いいえ、英語は使わないで下さい。/不，请不要用英语。

五、叙述已知对象的存在时用「对象 +は」来表示

(26) 本は机の上にあります。/书在桌子上。

(27) 劉先生は教室にいます。/刘老师在教室。

(28) 牛乳は冷蔵庫の中にあります。/牛奶在冰箱里。

六、「主題+は+疑问词+ですか」的句式

谓语部分有疑问词「だれ」「なん」「どこ」「いつ」「どれ」「いくら」等，疑问句(主题+は～か)，回答句(主题+「は」～)。

(29) A:あの人は誰ですか。/那个人是谁？

B:(あの人は)田中さんです。/(那人)是田中。

(30) A:誕生日はいつですか。/生日是什么时候？

B:誕生日は5月18日です。/生日是 5 月 18 日。

(31) 森:打ち合わせ、金曜日はどうですか/周五碰头怎么样啊？

田中:ええ，いいですよ。/可以啊。

(32) A: 山下さんと話している人はどなたですか。/和山下说话的人是谁啊？

B: ああ、あの人は加藤さんですよ。/啊，那个人是加藤呀。

七、「主題＋はＡかＢか」句式

谓语有两个，且二者选一的疑问句，主题+「は」。疑问句的回答句其主题也加「は」。但回答句，主题经常省略。

(33) A：これはソースですか、醤油ですか。/这是调味汁，还是酱油?

B：(それは)醤油です。/那是酱油。

(34) A：田中さんは海へ行きたいですか、山へ行きたいですか。/田中想去海边，还是想去登山。

B：(私は)海へ行きたいです。/我想去海边。

(35) A：特急券の売り場はここですか、あそこですか。/特快票的售票处在这里，还是在那里?

B：ここですよ。/在这里。

(36) A：昨日の試合、巨人は勝ったの、負けたの。/昨天的比赛，巨人赢了还是输了?

B：巨人は勝ったよ。/巨人赢了。

八、复句的条件之一

从句的谓语部分有「～が」「～から」「～けれども」「～し」等时，主题只能用「は」。

(37) 日本語は難しいから、勉強するのに大変です。/日语因为很难，学习起来很不容易。

(38) このジャムは手作りですから、防腐剤が入っていません。/这个果酱是(自家)产的，没有添加防腐剂。

(39) 私は行きたくないけれども、ほかの人のことは知らない。/我倒是不想去，但是不知道别人情况(去否)。

(40) お金はあるんですけど、暇がないんです。/钱倒是有，不过没有时间。

(41) あのバスは動物園行きですから、乗れませんよ。/那个公交车是去动物园的，不能坐。

九、复句的条件之二

从句有表示条件、目的、理由、程度的「～ば」「～と」「～なら」「～たら」「～ばあい」「～のに」「～ものの」「～ために」「～ように」「～おかげで」「～ばかりに」「～ほど」「～くらい」「～とおり」「～ても」「～かぎり」等时，且主句的主语和从句的主语是同一个时，主语用「は」。

(42) 私は家を建てるために、ボーナスを貯金している。/我为了盖房子，把奖金存了起来。

(43) 私は年をとってもゴルフを続けるつもりです。/我即使上了年纪，还打算继续打高尔夫球。

(44) 私は風邪を引いたら、すぐ病院に行くようにしている。/我要是感冒了的话，就马上去医院。

(45) 僕は銀座へ行ったら、友達とばったりと会った。/我去银座，偶然遇到了朋友。

(46) 私は家へ帰ると、すぐお風呂に入ります。/我一到家，就马上洗澡(泡澡)。

十、复句的条件之三

表示时间的从句，如：「～とき」「～てから」「～まえ (に)」「～まで (に)」「～うちに」「～あいだ (に)」等，且主句的主语和从句的主语是同一个时，主语用「は」。

(47) 私は日本にいるあいだに、論文を二つ書きたい。/我在日本期间，想写两篇论文。

(48) 僕は会社に入るまえ、小さな旅行会社で働いていた。/我进公司之前，在一家小旅行社上班来着。

第三节　格助词「が」的用法

　　助词「は」与「が」的用法，常常引起日语学习者的疑惑。为此，从教学角度考虑，笔者分析了大量的例句，将助词「が」的常见用法归纳为十五种，并做以解释。

一、两个主语的选择疑问句，主语+「が」，回答句里同样是主语 +「が」

　　(1) A: 昨日の試合、<u>巨人が</u>勝ったの、<u>阪神が</u>勝ったの。/昨天的比赛，巨人队赢了还是阪神队赢了?

　　　 B: <u>巨人が</u>勝ったよ。/巨人队赢了。

　　(2) A: 今の社長がやめたら、木村さんが社長になるんですか、佐藤さんが社長になるんですか。/现在的社长若不干了的话，是木村当社长呢，还是佐藤呢?

　　　 B: <u>佐藤さんが</u>社長になると思います。/我想是佐藤当社长吧。

二、场所「に」+事物(人或动物) 「が」ある (いる)，对象后用「が」

　　(3) あそこに銀行があります。/那儿有银行。

　　(4) 机の上に本があります。/桌子上有书。

　　(5) 郵便局の隣に本屋があります。/邮局的旁边有书店。

　　(6) 教室に学生がいます。/教室里有学生。

三、主语是疑问词的疑问句，其主语 +「が」，回答句主语也用「が」

　　(7) A: <u>どこが</u>出口ですか。/哪儿是出口?

　　　 B: <u>あそこが</u>出口です。/那儿是出口。

(8) A:誰が車を運転する?/谁开车?

 B: ぼくが運転するよ。/我开呀。

(9) A:どれが王さんの本ですか。/哪个是小王的书?

 B:この本が私のです。/这本书是我的。

(10) A:今度の旅行、どこがいいですか。/这次旅游，哪儿好啊?

 B:海の見えるところがいいですね。/能看到海的地方好啊。

四、名词修饰句从句的主语一般不用「は」而用「が」

名词修饰句从句的主语一般不用「は」而用「が」。这时的「が」有时可以用「の」来替换。

(11) A:先、私がここに置いた本、知りませんか。/我刚刚放在这里的书，你看到了吗?

 B:表紙が赤い本ですか。/表皮是红色的书吗?

(12) A:王さんって人、知ってますか。/叫小王的人，你认识吗?

 B:ええ、髪が長い人でしょう。/长头发的人吧。

 C:声が大きくて、元気な人でしょう。/声音洪亮，很有精神的人吧。

(13) 朝早く隣の人が掃除機をかける音が聞こえます。/大清早就听到邻居用吸尘器吸地的声音。

(14) 彼が作ったアニメを全部見ました。/他制作的动画我全看了。

(15) 田中:今度、山田さんが沖縄に転勤するのを知っていますか。/这次，山田调到冲绳去的事儿，你知道吗?

 川上:ええ、私も先週聞いて、びっくりしました。/嗯，我上周也听说了，挺吃惊的。

(16) 私は彼が設計した家を訪れました。/我去看了他设计的那个房子。

(17) 佳子さんが作った料理を食べなかった。/没吃佳子做的料理。(没吃「料理」的人是佳子以外的人，例如「私」。)

五、表示时间的从句，且主句和从句的主语不同时，从句的主语用「が」

表示时间的从句，如：「～とき」「～まで」「～てから」「～まえに」「～までに」「～うちに」「～あいだに」等，而且主句的主语和从句的主语不同时，从句的主语用「が」。

(18) 雨がやんでから出かけましょう。/雨停之后，出去吧。

(19) 隣にマンションが建ってから、日当たりが悪くなった。/自从旁边建起了公寓，采光就不好了。

(20) 昨日保証人が尋ねてきた時、(私は)隣の部屋で食事をしていました。/昨天，担保人来访的时候，我正在隔壁房间吃饭来着。

(21) 私はボールが頭に当たった瞬間、気を失っていた。/球打到我的脑袋的那一瞬间，我便失去了知觉。

(22) 田中さんから電話が掛かってきた時、(私は)まだ寝ていた。/田中打来电话的时候，我还在睡觉。

(23) 娘が結婚してから、元気がなくなりました。/自从姑娘出嫁后，就没有精神。(没有精神的人是「娘」以外的人，例如「私」，主句的主语和从句的主语不同。)

(24) 鬼婆がいない間に、ゆっくりしようよ。/厉害婆不在的时候，我们慢慢干吧。

(25) 暴風警報が解除されるまで、外へ出ないで下たい。/暴风警报解除之前，请不要出去。

(26) ゆうべ弟が 帰ってきた時、私は友達と電話していた。/昨晚弟弟回来的时候，我正在和朋友通电话来着。

六、表示新情报的用「が」

传达周围发生的事情，如通过刊物或新闻报道等方式来传达消息时，头条文用「が」，也就是说，新情报用「が」。

（27）田中さんの「写真展」が 5 月 30 日から三越デパートで始まった。/
田中的 "摄影展" 从 5 月 30 日开始在三越百货开始。
この日は、朝から多くのファンが集まった。/这天，从早上开始就聚
集了很多摄影迷。

「写真展」是新信息，用「が」。「は」的主题「この日」指「30 日」，属于旧
信息。「ファン」是新信息，用「が」。

（28）昨夜、地下街のレストランで火事がありました。従業員と店の客は全
員無事でした。原因はまだ分かっていません。/昨晚，地下街道的西
餐厅着火了。工作人员和顾客都没有受伤。着火原因还不清楚。

这段内容属于新闻，头条文的主语用了「が」，而后面的「は」的主题「従業
員と店の客」和「原因」都与前面提到的「火事」有关。

（29）所により強い雨が降りますが、この雨は夕方までに上がるでしょう。
/局部地区有大雨。这雨大概在傍晚前停止。

这是气象预报的内容，头条文的主语用「が」，而后面的「は」的主题「こ
の雨」就是前面的「強い雨」，属于旧信息。

七、表示所发现的对象用「が」

（30） A: あっ、バスが来た。/啊!公交车来了!
　　　 B: あのバスは動物園行きですから，乗れませんよ。/那辆车是去动
　　　　　物园的，不能坐。

221

「あのバス」指 A 发现的「バス」，属于旧信息，所以用「は」。

(31) あっ、富士山だ。富士山が見える。/啊!富士山。能看到富士山。

(32) あ、財布が落ちてる。誰が落としたんだろう。/啊!一个钱包。是谁丢的呢?

(33) あっ、あの山の上が真っ白だ。/啊!那山上雪白。

八、属于状况把握的判断句，其对象用「が」

对自然现象的理解、状况的把握，基于实际感到的话题，一般用「が」来表示其对象。

(34) 雨が降り出した。/下起雨了。

(35) 日が出ている。/太阳出来了。

(36) 風が冷たい。 /风凉。

(37) 歯が立たない。 /咬不动。

九、从句谓语部分有表示条件、目的、理由、程度的词时，且主句与从句不同主语时，从句主语用「が」

从句的谓语部分跟随表示条件、目的、理由、程度的「〜ば」「〜と」「〜なら」「〜たら」「〜ばあい」「〜のに」「〜ものの」「〜ために」「〜ように」「〜おかげで」「〜ばかりに」「〜ほど」「〜くらい」「〜とおり」「〜ても」等时，而且主句与从句不同主语时，从句主语用「が」。

(38) お金がたまると、すぐ好きなものを買ってしまうんです。/一攒点钱，就马上买喜欢的东西。

(39) あなたが誘っても私は行きません。/你邀请我，我也不去。

(40) 王さんが来たら、テストを始めます。/小王来了的话，就开始考试。

(41) A:そのパソコン、高かったでしょう。/那台个人电脑很贵吧?

B:ボーナス払いですよ。<u>ボーナスが<u>出</u>たら</u>、払うことになっているんです。/用奖金付账。约定为奖金发了就付款。

十、"大主语「は」＋小主语「が」＋～谓语"句式

表示可能、情感、愿望、感觉、拥有、需要、性质的对象用「が」。谓语多用形容词、形容动词及表示可能的动词。

(42) 趙さんは日本語ができます。/小赵会说日语。

(43) 東京は物価が高いから生活しにくいですね。/东京物价很高所以不好生活。

(44) 私は写真を撮るのが好きだ。/我喜欢拍照。

(45) あのスーパーは、野菜が新鮮で安い。/那家超市的蔬菜既新鲜又便宜。

(46) お母さんは料理がうまい。/妈妈做菜手艺很好。

(47) 李さんは目が大きい。/小李眼睛大。

(48) 象は鼻が長い。/大象的鼻子长。

十一、事物做主语的被动态，其主语用「が」

(49) 本日運動会が開かれます。/今天召开运动会。

(50) 空き地に家が建てられます。/在空地上建起了房子。

十二、"感觉名词+がする"句式

接在表示感觉的名词「気、音、声、におい、味」等后，表示说话人的某种感觉，其表达方式为「感觉名词+がする」的句式。

(51) 声がする。/有声音。

(52) においがする/有味。

(53) めまいがする。/头晕。

十三、表示比较的对象用「が」

像「～より～の方（　）～ですか」「～の中で～（　）一番～ですか」的疑问句，括号里面填「が」。

(54) A: バスよりタクシーのほうが速いですか。/与(坐)汽车相比(坐)出租车快吗？

B: ええ、タクシーのほうが速いです。/嗯，(坐)出租车快。

(55) A: このクラスの中で小林さんが一番若いですか。/在这个班级，小林最年轻吗？

B: いいえ、山口さんがいちばん若いです。/不，山口最年轻。

十四、表示非特指人群时用「が」

主语像「知らない人」「たくさんの人」「新しい留学生」「おおぜいの人」，表示非特指人群时用「が」。

(56) 知らない人が私に話しかけてきた。/一个陌生人和我搭起话来了。

(57) たくさんの人が祭りに参加した。/很多人参加了节日(庆祝)。

(58) 新しい留学生が二人入ってきた。/新来的两个留学生进来了。

(59) アメリカからお客さんが来ます。/客人从美国来。

十五、惯用句里对象常用「が」

(60) 気が利く。/机灵。周到。

(61) きりがない。/没完没了。

(62) 口が滑る。/说漏嘴。

(63) けりがつく。/结束。

第四节　多义动词「出る」搭配的名词格的语义特征

一、引言

　　自动词「出る」是多义词，与它搭配的名词格主要有「に」格，「から」格，「を」格，「が」格。由于多义动词「出る」搭配的名词格的语义特征有 11 大特征，所以初学者掌握其名词格比较困难。下面主要分析常搭配的 4 种名词格的语义特征。

二、「出る」搭配的「に」格
(一)「着点」－位置变化句式

　　(1) <u>社会に出る</u>前に学んでおくべき 12 のこと。 / 到社会之前应学好 12 件事。

　　这里「出る」的语义是 "从某个范围或里面往外移动" 的意思。在这里「社会」是指 "外部"，也就是目的地「着点」。

　　(2) <u>旅に出る</u>としたら、海外へ行きたいです。 / 要是去旅游的话，想去海外。

　　这里「出る」的语义是 "离开现在所呆的地方，去另外一个地方" 的意思。

　　(3) 近鉄奈良駅を<u>地上に出る</u>と若草山が、目の前に迫ってくる。 / 到达近铁奈良车站的地上，就看到若草山。

　　这里「出る」的语义是 "到达某个地方" 的意思，也就是目的地「着点」。

（二）「出現」句式

（4）ギリシャ神話に出てくる美青年。／希腊神话里出现的俊青年。

这里「出る」的语义是"出现在某个作品"的意思。

（5）テレビに出る。／上电视了。

这里「出る」的语义是"出现在某个特定的地方出名"的意思。

（三）「出席·出場」句式

（6）オリンピックに出る。／参加奥运会。

（7）先生が授業に出る。／老师去上课

（8）店に出る。／去店里。

（9）会社に出る。／去公司。

（10）同窓会に出る。／参加同窗会。

（11）会議に出る。／出席会议。

例（6）～（11）里「出る」的语义是"为了某工作出席特定的场所或出席某个会"。

（12）詩人として世に出ました。／作为诗人问世了。

（13）人前に出ると緊張。／到人面前就紧张。

（14）選挙に出る。／参加竞选。

例（12）～（14）里「出る」的语义是"为了做某个活动在特定的方面或领域出马"的意思。

（四）慣用句式

　　（15）　彼の<u>右に出る</u>ものはいない。／没有<u>超过</u>他的人。

　　（16）　バブル期に事業の拡大を図り、<u>裏目に出て</u>倒産した会社が多い。／
　　　　　　泡沫经济时期，本想谋求拓宽事业，<u>但事与愿违</u>，导致不少公司破 产。

三、「出る」搭配的「から」格
（一）「空間的―離脱・退去」句式

　　（17）泥棒は、家のものに見つかると、あわてて<u>家から出た</u>。／小偷
　　　　　被主人发现就慌张地从这个家离去。

　　　　这里的「家から出る」只表示“空间上的脱离场所”。 句式为「〜が〜から
（/ヲ）Ｖ」。

（二）「起点的―位置変化」句式

　　（18）煙が<u>煙突から</u>（×を）<u>出た</u>。／烟从烟囱冒出来了。

　　　　表示重视“起点–位置变化”的句式里不能用「を」格。

（三）「境界」・「出口」句式

　　（19）地震の時はこの<u>非常口から</u>（×を）<u>出て</u>ください。／地震的时候请
　　　　　从这个紧急出口出去。

　　（20）<u>窓から</u>（×を）<u>出る</u>。／从窗户出去。

　　　　例（19）（20）里的「から」是「内部と外部に接する「境界」/「出口」の解
釈しか成り立たない対象と共起し、より強い「越境」性を指摘する森田（1989：

772）の記述と呼応。「を」は、閉じられた内部的空間を前提とする対象は「を」でしか受けられない。」（伊藤達也 2008：115）

（四）「由来」句式

　　（21）論語から出た言葉。／出自论语的词。

　　这里的「〜から出る」句式表示根源、由来。

（五）「出現」句式

　　（22）穴から出る。／从洞穴出来。

　　表示隐藏在里面的东西出现在外面的意思。

（六）「出発」句式

　　（23）名古屋行きの電車は１番ホームから出ました。／去往名古屋的电车从
　　　　１号站台出发了。

　　这个句式实际上是「起点的ー位置变化」句式的扩张用法。

四、「出る」搭配的「を」格
（一）「離脱・脱出」句式

　　（24）煙が煙突を出て、大気中を漂っている。／烟穿过烟囱飘到大气中。

　　在这里表示「離脱後の移動を含意するから、ヲ格が使える。」

　　（25）６時にいつもどおり家を（？から）出て、学校へ行った。／6点和往

常一样离开家去了学校。

这里的「出る」表示“空间的移动”。因为表示「起点から着点に向かう経路の移動」，所以使用「を」格。

(26) 息子がお父さんとけんかして<u>家を出て</u>しまった。 / 儿子跟父亲吵架离家出走了。

(27) 田舎の生活がもういやになって、<u>田舎を出た</u>。 / 农村的生活已经厌倦了，所以离开了农村。

例 (26) (27) 里面的「出る」表示“空间的移动的同时表示离开”的意思。例 (26) 不喜欢呆在家里离开家的意思。例 (27) 是农村住够了，离开农村去城市的意思。

(二)「卒業」句式

(28) 7 月<u>大学を出て</u>、社会人になった。 / 7 月大学毕业成了社会人。

这里的「出る」不表示空间的移动，而是“毕业”的意思。

五、「出る」搭配的「が」格
(一)「発生・生まれる」句式
1. 表示自然现象的产物或发生一些事情

(29) <u>霧が出る</u>。 / 出现雾了。

(30) <u>日が出る</u>。 / 太阳出来了。

(31) <u>犠牲者が出る</u>。 / 出现牺牲者。

2. 表示从地下出来

（32）温泉が出る。／冒温泉水。

（33）石油が出る。／出石油。

3. 表示产生一些气势

（34）熱が出る。／发烧。

（35）やる気が出る。／有干劲儿。

（36）スピードが出る。／速度加快了。

4. 表示有了想法，各种考虑之后得出某些结果

（37）妙案が出る／想出妙的主意。

（38）結論が出る。／出结论。

5. 表示得到

（39）許可が出る。／得到许可。

（40）暇が出る。／有空。

（41）ボーナスが出る。／发奖金了。

例（39）～（41）表示被发布而得到的意思。

（42）ごちそうが出る。／有好吃的。

（43）お茶が出る。／有茶喝了。

例（42）（43）里，「出る」表示为了招待而准备吃的或提供食物。

（二）惯用句式

（44）<u>足が出る</u>。／亏空、出现赤字、超出预算；露出马脚。

原义指在别人面前伸出脚而违反常规礼仪。由此引申为使用的金钱数额超出收入、预算等。汉语为亏空、出现赤字、超出预算。另外还指事情已经败露。汉语为露出马脚、现出原形等。

（45）新税制は不平等で、高所得者だけが<u>いい目が出る</u>仕組みになっている。
／新税收制度不平等，只是对那些高收入者来说可以说是撞大运的规定。

いい目が出る：（对自己）顺当，顺利。在这里讽刺新税制度。

（46）<u>顔から火が出る</u>。／羞愧难当。

原义是指脸上冒火。引申指因感到害羞而脸上发烧，火辣辣的。汉语为羞愧难当，面红耳赤，脸上火辣辣的。

（47）<u>口より先に手が出る。</u>／使用暴力

（48）<u>叩けば埃が出る</u>。／人无完人。不管是任何事或人物，只要认真的调查的话，都是会被找到缺点和弱点的。

（49）<u>喉から手が出るほど欲しい</u>。／渴望弄到手。

（50）<u>次々と襤褸(ぼろ)が出る</u>。／漏洞百出。

六、结语

　　综上所述，与多义动词「出る」搭配的名词格可按「に」格，「から」格，「を」格，「が」格来分析其语义特征。「出る」的语义有表示重视「着点」−位置变化；「出現」；「出席・出場」；「空間的─離脱・退去」；「起点的─位置変化」；「境界」・「出口」；「由来」；「離脱・脱出」；「卒業」；「発生・生まれる」；「慣用」等11大特征。

第五节 「こ・そ・あ」类指示词的用法

「こ・そ・あ」类指示词有两种语法功能：①说话者和听话者隔着一定空间距离的「眼前代名詞」的语法功能。②根据文脉情况的「文脈代名詞」的语法功能。关于「眼前代名詞」的用法初学者一般都能掌握得很好，所以本节不作解释，仅对「文脈代名詞」的用法补充以下几点用法。

一、「こ」的用法
（一）「こ」指前文说的话或内容，引起注意或进行总结时用

「こ」在很多情况下替换「そ」，指前文说的话或内容。想引起听话人或读者注意时，在对文章进行总结或阐述结论时也使用「こ」。

(1)（パンフレット）
花山温泉へどうぞ。この地域に温泉が見つかったのは、100 年前のことです。その頃は、近くに住んでいる人たちだけが利用していましたが、ここのお湯はいろいろな病気にとてもよく効くという話がほかの村にも伝わって、今では多くの人が訪れるようになりました。/100 年前，这个地区发现了温泉。那时，只有住在附近的人利用这里的温泉，后来其他的村子也听说这里的温泉水能治百病，现在很多人到这里来洗温泉。

（二）「こ」类表示对话题的预示

事先提示将要叙述的内容时，使用「こ」。

(2) この話は山田さんから聞いたんだけど、林さん、アメリカに転勤ですっ

233

て。/这个消息我是听山田说的，说小林要调到美国去工作。

(3) この話、まだ内緒にしておいてね。実は、私、猫がこわいの。/这件事情，还要再保密一段时间。其实，我害怕猫。

(三) 指引用的话、数字或者图、图表等时，用「こ」

(4)「運転するなら飲むな、飲むなら運転するな」。この言葉をどこかで見たことがあるでしょう。/"如果开车就不要喝酒，如果喝酒就不要开车"。这句话在哪儿看到过吧。

(5) 火事などのときは、このマークのあるドアから外に出られます。/发生火灾等情况时，可以从有这种标记的门逃到外面去。

二、「そ」的用法

(一) 再一次提起已经叙述过的事情时使用「そ」

在对话或文章中再一次提起已经叙述过的事情时使用「そ」。

(6) 金 ：昨日、リさんとレストランへ食事に行ったんです。/昨天和小李去西餐馆吃饭了。

田中：そう。/是吗。

金 ：そこで、リさんの先輩に会って…。/在那里，我们遇到了小李的学长……

田中：へえ。その人も中国の人ですか。/啊！那个人也是中国人吗？

金 ：ええ。その人、田中さんのことを知っているって言っていましたよ。/是的。那个人说他认识田中先生您。

(7) A:待ち合わせの場所、どこにしましょうか。/我们定在什么地方见面呢？

B:「オアシス」はどうですか。/"绿洲"怎么样？

A:えっ、それ、どこにあるんですか。/什么？那个"绿洲"在哪儿？

234

B:中田ビルの一階です。/在中田大厦的一楼。

A:ああ，わかった…。あそこですね。/啊!我知道了。在那儿呀。

(8) A:昨日の夜、自転車でころんでしまいましてね。/昨天晚上骑自行车摔
倒了。

B:まあ、頭のけがは<u>その時</u>のですか。/哎呀，头上的伤是那个时候碰
的吗?

（二）表示假定发生的事情时使用「そ」

(9) もし1時間経っても熱がさがらなかったら、<u>その時</u>、電話してくださ
い。/如果一个小时后还不退烧，那时请给我打电话。

(10) もし5年前にプロポーズしてくれる人がいたら、<u>その人</u>と結婚して
いたかもしれない。/如果5年前有人向我求婚的话，我可能就和那个
人结婚了。

三、「あ」的用法
（一）说话人与听话人都知道之前提到的内容时，使用「あ」

当说话人与听话人都知道前面提到的事情的具体内容时，使用「あ」。

(11) リー:月曜日の九時からのドラマ、見てる?/星期一九点钟开始的电视
剧，你在看吗?

金:月曜日の九時…。ああ、<u>あれ</u>ね。/星期一九点钟……。啊，是那部
电视剧呀。

リー:<u>あの主人公</u>、かっこいいね。/那个主人公，真帅呀!

(12) A:ところで、<u>あの話</u>は、どうなりましたか。/那个，那件事情怎么样了?

B:ああ、<u>あれ</u>は、お断りしました。/啊，那件事，我拒绝了。

（二）指回忆某事情时，或自言自语、写日记时……有时使用「あ」

(13)（デパートで）

　加藤: うちの子は「キティーちゃんグッズ」が好きで、集めているんで
　　　　すよ。／我们家孩子喜欢凯蒂猫系列物品，正在收集呢。

　王 : えっ、キティー…?それは、何のことですか。／什么，凯蒂……?
　　　　那是什么呀。

　加藤: かわいい猫のキャラクターで、子どもに人気があるんです。／是一
　　　　种可爱的偶像猫，很受孩子们欢迎。

　王 : ああ、あれですか。／啊，是那个呀。

(14)（日記）

　9月20日、きょう、5年ぶりに王さんに会った。二人ともよくしゃべり、
よく笑い、時間のたつのも忘れた。彼はあのころとちっとも変わってい
ない。／9月20日，今天，我与阔别5年的小王见面了。我们两个人又
说又笑，忘了时间的流逝。他和那时相比一点儿也没有变。

236

第六章 否定前缀词构成研究

【本章导读】

本章在介绍了研究目的和研究方法等之后, 主要对于日语的前缀词「不」「無」和汉语的前缀词 "不" "无" 的词构成, 结合对象的词性及词性变换, 词语字数及反义词等进行了理论上和实证上的研究整理。

从构造和功能等角度对日语的「不」「無」和汉语的 "不" "无" 进行分析。在数据、实例调查基础上, 揭示日语和汉语否定前缀词 "不" "无" 的各种性质和特征, 进而从对比的角度分析日语和汉语的异同。

从结合对象的独立性角度来看, 日语的「不」「無」都可以与 "和语(训读词)" 结合。但是「不」具有特殊形式, 而「無」没有。此外, 「無」的结合对象中发现了不能独立使用的用例。而从结合对象的独立性角度来看, 汉语 "不" "无" 的词语构成形式相同。

日语和汉语的前缀词 "不" "无" 的结合对象与结合后的词性多种多样。汉语 "不" "无" 的结合对象种类较多, 结合前与结合后词性多样。

日语和汉语中反义词较多的是二字词和三字词。其中, 日语含有前缀「不」的词有反义词, 不管是二字词还是三字词, 其比率都接近50%。 "不" 与 "无" 相比, 不管是日语还是汉语, 含有 "不" 的词更易产生反义词。

第一节　先行研究

一、研究目的

日语的「不」「無」和汉语的 "不" "无" 是表示否定的前缀词中构造和功能最为复杂的。本研究从构造和功能等角度对日语的「不」「無」和汉语的 "不" "无" 进行分析，具体考察「不」「無」的词语构造、结合对象的词性、词性变换、反义词、造词功能、否定含义弱化现象等。

就否定前缀词 "不" 和 "无" 展开的研究并不多见，以往研究仅仅涉及了否定前缀词整体的一部分。并且，没有从日语和汉语对比角度进行的研究。因此，本研究力图在数据、实例调查基础上，揭示日语和汉语否定前缀词 "不" "无" 的各种性质和特征，进而从对比的角度分析日语和汉语的异同。

二、研究方法

本研究中使用的含有 "不" 和 "无" 的词是按照以下方法收集的。首先，从《角川国语辞典》(2004 角川书店)和《现代汉语词典》(2002 商务印书馆)中提取含有前缀词 "不" 和 "无" 的词，然后在母语者的确认下删除专业术语和已经不再使用的词，剩下的词即为本研究的分析对象。

《角川国语辞典》(2004 角川书店)中共提取到 267 个含有「不」的词，在日语母语者的确认下删除专业术语和已不再使用的词之后得到 171 个词。此外，因为要和汉语进行比较，因此又删掉了 16 个 "和语(日语中固有的词)"，这样得到 155 个词。其中，二字词 85 个，三字词 66 个，四字词 4 个，五字以上 0 个。《现代汉语词典》(2002 商务印书馆)中共提取到 308 个含有 "不" 的词，其中二字词 145 个，三字词 52 个，四字词 111 个。如图 1、2 所示，日语中二字词 54%，三字词 43%，汉语中二字词约 47%，三字词 17%，汉语中四字词 36%，比率大于日语，日语中仅有 3%，五字以上的词日语和汉语中都没有。

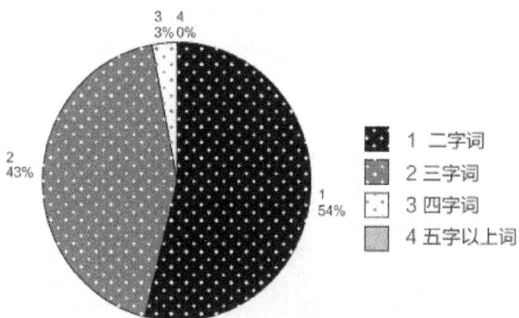

图1《角川国语词典》中「不」の文字数词分布

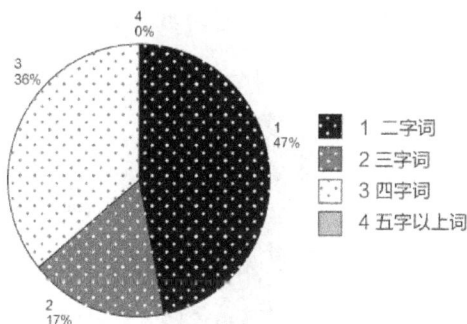

图2《现代汉语词典》中「無」の文字数词分布

　　《角川国语辞典》(2004 角川书店) 中共提取到 237 个含有「無」的词，在日语母语者的帮助下删除了专业术语和已不再使用的词，之后得到 124 个词。此外，因为要和汉语进行比较，因此又删掉了 6 个 "和语 (日语中固有的词)"，这样得到 118 个词。其中，二字词 75 个，三字词 37 个，四字词 6 个，五字以上 0 个。《现代汉语词典》(2002 商务印书馆) 中共提取到 195 个含有 "无" 的词，其中二字词 91 个，三字词 25 个，四字词 71 个，五字以上 8 个。如图 3、4 所示，日语中二字词 64%，汉语中二字词 47% 稍稍低于日语。日语中三字词 31%，四字词 3%，而汉语中三字

词 13%，四字词 36%，因此，日语和汉语中含有否定前缀词"无"的三字词和四字词百分比正好相反。汉语中有少量的五字词，而日语中没有。

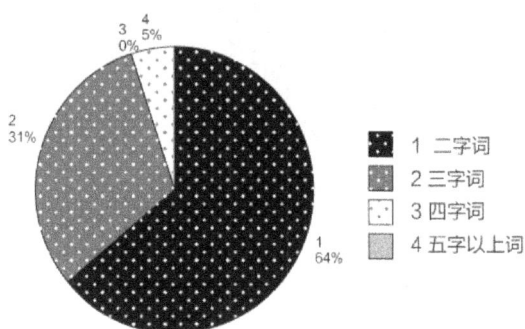

图3《角川国语词典》中「無」の文字数词分布

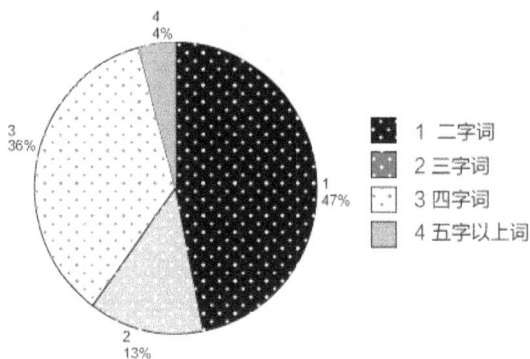

图4《现代汉语词典》中「無」の文字数词分布

从图1-4可以看出，日语中含有「不」「無」的词大部分是二字词和三字词，共计占95%以上。而汉语中含有"不""无"的词大部分是二字词和四字词，共计占80%以上。此外，汉语中含有"不"和"无"的二字词百分比都是47%，四字词的百分比都是36%。

此外，汉语中含有否定前缀词"不"的词语数量较多。本研究使用的《角川国语辞典》(2004年角川书店)中共收录了75,000个词条，其中含有「不」的词有

267 个，占所有词条的 0.36%，含有「無」的词有 237 个，占所有词条的 0.32%。而本研究使用的《现代汉语词典》（2002 年商务印书馆）中共收录了词条 56,000个，其中含有"不"的词有 308 个，占所有词条的 0.55%，含有"无"的词有 204个，占所有词条的 0.36%。汉语中"不"的词语数量是日语的 1.5 倍，而"无"作占的比率也略高于日语。而且，汉语"不"可以作为副词否定所有的动词、形容词，因此今后含有否定前缀"不"的词会继续增加。也就是说，汉语否定前缀"不"的造词能力高于日语的「不」，或许这与日语中存在更为常用的否定词「ない」「ず」有关吧。

含有否定前缀"不""无"的词有多种构成方式。不管是结合对象的独立性，还是含义功能，都呈现出多种变化。本研究从这个角度整理含有否定前缀"不""无"的词的构成类型。结合前与结合后"不""无"也呈现了多种词性，本研究也对否定前缀"不""无"结合前与结合后的词性进行分类，整理结合的种类和倾向。此外，日语和汉语中含有否定前缀"不""无"的词在字数方面也有很大差异，本研究通过比较不同字数的词的数量分析词汇分布情况。

首先，第一节叙述日语和汉语中"不""无"的先行研究。第二节从结合对象的独立性和含义功能角度探讨词语构成。第三节分析"不""无"的结合对象的习性和词性变换功能。第四节按字数整理含有否定前缀"不""无"的词语及其反义词。

三、先行研究

（一）日语中否定前缀词「不」「無」的先行研究

1.「不」「無」的综合性研究

迄今为止的有关否定前缀的先行研究几乎都是围绕「不」「無」「非」等进行的综合性的讨论。野村雅昭（1973）指出，根据包括「不」在内的否定前缀词跟与其相结合的形态素的结合形式，可以把它们分为「～ガ（不道徳）、～スル（不支持）、ナ（不公平）、ノ（不特定）、その他（不合理）」五种类型。但是，他的研究只是把三个字

的词和四个字的词作为例子进行了分析，关于两个字的词却没有进行考察。在本文中，两个字的词也作为考察的对象进行研究。奥野浩子(1985)把「不」的结合对象分为"动词""形容动词""形容词"，并且对其"动词性""形容动词性""形容词性"进行了阐述。但是，没有指出「不」的结合对象还有"名词"这个事实。在本文中将借用上述关于词性的说法，并且把"形容动词性""形容词性"统称为"形容词性"。另外，也对"名词"进行分析。吉村弓子(1990)关于「不」「無」「非」的结合语素的词性(野村，奥野的观点)，词性变换功能(跟不同性质的语素结合后的词性)，否定的范围(仅限复合词)等进行了阐述。但是，关于词性变换功能只是以三字词为主要对象进行了分析，二字词只举出了两个例子。本文将以"不""无"为主要对象，更详细地分析各种形式的词的构造和功能。

2. 同一词语中「不」「無」的标记

日语中使用不同标记来表示同一词语的情况较多。例如「なにわ」这个词，有「難波」「浪速」「浪花」这三种标记方式。含有否定前缀「不」的词也有类似现象。例如，下面的词及其个数是 2005 年 10 月 09 日在 Google 上检索到的。

A

不案内(95100)	=無案内(159)
不器用(1880000)	=無器用(17600)
不器量(671)	=無器量(175)
不細工(514000)	=無細工(191)
不調法(9980)	=無調法(275)
不用心(182000)	=無用心(37700)
不気味(2450000)	=無気味(127000)

B

無遠慮(75600)	=不遠慮(289)
無様(4400000)	=不様(23100)
無精(250000)	=不精(177000)
無粋(247000)	=不粋(27200)

242

从数字来看，A 组词常用「不」来标记，而 B 组词常用「無」来标记。标记虽然不同，但发音相同，含义也无差异，是同一词语。对此奥野浩子(1985)在分析「不」「無」结合对象词性的基础上，指出"结合对象词性存在不规范"。也就是说，既是体言又是用言的结合对象，都能接在「不」「無」的后面。但是，「不気味=無気味」这个例子中「気味」只能作名词，因此，奥野浩子(1985)的观点存在不足之处。

汉语中，作为古语残余的少数地名"琅嬛(langhuan)=嫏嬛"、感叹词"呜呼(wuhu)=於乎"、名词"坷垃(kela)=坷拉"等，作为"异体字"也有类似的现象。现代汉语中没有"不""无"混淆现象,但古汉语中"不""无"具有相同使用方法。例如，《诗·王风·君子于役》中的"君子于役，不日不月。"，宋朝杨万里《月下杲饮》中"月下不风终是爽,烛光何罪也堪憎?",清朝蒲松龄的《聊斋志异·罗刹海市》中的"别后两月，竟得孕生。今已啁啾怀抱，颇解笑言；觅枣抓梨,不母可活"中的"不"皆是"无"之意。(《汉语大词典》1992)

古汉语中"不"和"无"的使用方法相同，但是在现代汉语中二者明确区分使用。但是日语中存在「不案内=無案内」这种不同标记的同一词语。这是由于日语受到古汉语的影响，没有进行细致思考而直接借用造成的。

(二) 汉语中否定前缀词 "不" "无" 的先行研究
1. 前缀词 "不" "无" 的定义

董秀芳(2004)提出，汉语语素(相当于日语的形态素)具有多义，即使派生成词缀，依然保持多义和非词缀性的其他用法。

日语「不」仅仅作为前缀使用，而汉语的 "不" 通常作为副词使用。潘文国等(2004)指出，20 世纪前叶开始，许多语素开始演变为词缀，"不"和"无"一起成为了词缀。汉语词缀分为有含义的和无含义的。其中，无含义的词缀有"阿，第，老，初……"等。并且指出 "不" 基本上是副词，是有含义的，但也有因含义弱化而成为词缀的用法。就其含义弱化用法，举出了"不过"一词，没有举出其它例子。本研究将列举其他例子来探讨汉语和日语的 "不"的含义弱化现象。

2. 汉语的副词

　　副词主要修饰动词或形容词，修饰或限定动词或形容词所表示的动作、行为、性质、状态相关的范围、时间、程度、频率以及肯定或否定。此外，也可以表示两种动作、行为、性质、状态之间的相互关系。（刘月华1996）

　　大部分的副词不能单独成为问题的回答。

(1)　A：昨天的电影好吗？

　　　B：好。

(2)　A：昨天的电影很好吗？

　　　B：很好。

(3)　*A：昨天的电影很好吗？

　　　 B：很。

　　　但也有少数副词可以单独成为问题的回答，如"不""也许""一定"等。

(4)　A：你一定去吗？

　　　B：一定。

(5)　A：你看电影吗？

　　　B：不。

　　表示范围或否定的副词中，有少数副词可以修饰、限定名词或名词短语。

(6)　光他一个人去。

(7)　他去了没几天。

(8)　幼儿园只去了不几天。

3. 汉语的副词"不"和前缀词"不"

　　汉语副词"不"的主要性质如下：

（Ⅰ）汉语副词"不"通常修饰动词、形容词。

(9)　A：你平时吃早饭吗？

　　　B：不吃。

(10)　A：期末考试难吗？

　　　B：不难。

（II）　独立成句。（陆俭明 1982）

(11)　A：你要学习日语吗?

　　　B：<u>不</u>。

（III）　作谓语或者被其他副词修饰。含义上不是独立的，可以看作是中心语的省略
（郭锐 2004）

(12)　A：暑假你要旅行吗?

　　　B：我<u>不</u>。

(13)　A：我不去东京。你呢?

　　　B：我也<u>不</u>。

　　20 世纪前叶开始，很多语素演变成了词缀，如"反、超、过、无、小、不"等。
其中有些词缀与动词、形容词、副词等词的词形相同。（俞士汶 1995）并且指出"不"
兼有词缀和副词词性。词缀和副词在语法上是不能级别的术语，因此"兼有词缀和副
词"这种表述方法不太确切，准确的说法是"不"具有语素和词语的两种用法。

(14)　新婚不久就<u>不</u>幸失去了丈夫。（前缀）

(15)　我暑假<u>不</u>去东京。（副词）

　　汉语副词"不"和前缀"不"的差异如下。副词"不"主要修饰动词或形容
词。这里所说的动词或形容词指的是可以独立使用的词语。(16) 的"不倒"中的
"倒"和(17)的"不热"的"热"都可以独立使用，也就是说"倒"和"热"是词语。

(16)　万里长城永<u>不</u>倒。

(17)　今天<u>不</u>热。

　　但是 (14) 的"不幸"的"幸"不可以独立使用，需要与其他语素结合才能成
为词语。也就是说"幸"不是词语，是构成词语的语素。

(18)　男性和女性谁更<u>幸</u>福?

(19)　我们这一代留学生很<u>幸</u>运。

　　"不幸"中的"不"不是副词，是语素。

第二节 从词的构成方式角度考察否定前缀词 "不" "无"

一、从结合对象的独立性角度考察词语构成

(一) 从日语「不」「無」的结合对象的独立性角度考察词语构成

从结合对象的独立性角度看，日语前缀「不」的词语构成如图1。

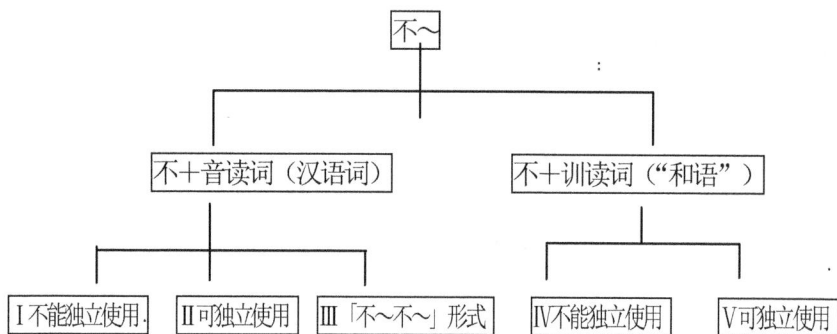

图1 从日语「不」的结合对象的独立性看词语构成

上述各种情况的例子如下：

Ⅰ 与不能独立使用的音读词语素结合：不意 不思議

Ⅱ 与可独立使用的音读词语素结合：不器用 不案内

Ⅲ 「不～不～」形式：不老不死 不平不満 不即不離 不輸不入

Ⅳ 与不能独立使用的训读词语素结合：不行き届き 不渡り

Ⅴ 与可独立使用的训读词语素结合：不慣れ 不真面目

从结合对象的独立性角度看，日语前缀「無」的词语构成如图2。

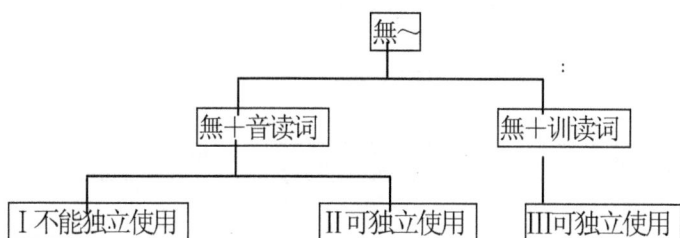

图2 从日语「無」的结合对象的独立性看词语构成

上述各种情况的例子如下：

Ⅰ与不能独立使用的音读词语素结合：無縁　無機物

Ⅱ与可独立使用的音读词语素结合：無菌　無罪　無意識　無感覚

Ⅲ与可独立使用的训读词语素结合：無傷　無印

（二）从汉语"不""无"的结合对象的独立性角度考察词语构成

从结合对象的独立性角度看，汉语前缀"不"的词语构成如图3。

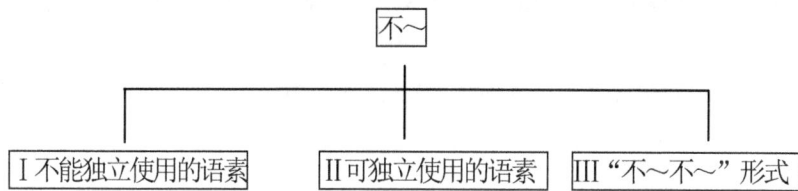

图3 从汉语"不"的结合对象的独立性看词语构成

上述各种情况的例子如下：

Ⅰ与不能独立使用的语素结合：不意　不过意　不可告人

Ⅱ与可独立使用的语素结合：不法　不道德　不好意思

Ⅲ"不～不～"形式：不明不白　不大不小

从结合对象的独立性角度看，汉语前缀"无"的词语构成如图4。

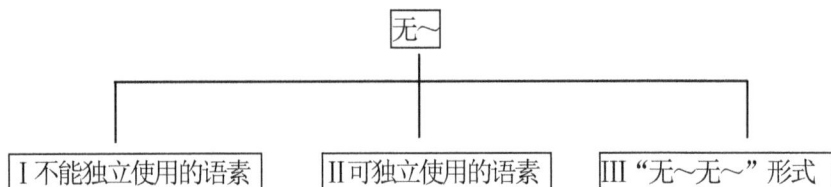

图4 从汉语"无"的结合对象的独立性看词语构成

上述各种情况的例子如下：

Ⅰ 与不能独立使用的语素结合：无妨　无产者 无线电

Ⅱ 与可独立使用的语素结合：无名 无数 无条件

Ⅲ "无～无～"形式：　无尽无休　无拘无束

二、从含义功能角度考察词语构成

（一）从日语「不」「無」的含义功能角度考察词语构成

吉村弓子(1990)指出，前缀「不」「無」只修饰紧接其后的语素。例如(20)就是这样的构造。

从含义功能角度来看，日语前缀「不」的词语构成如下。

(20) 连体修饰形式

如(20)所示，「不」仅仅修饰紧接其后的语素，这是毋庸置疑的。(20)的构造属于连体修饰形式。但是，含有「不」的词却未必都是这样的构造。从其含义功能角度来看，还有以下构造。

248

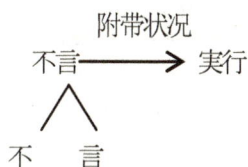

(21) 附带状况形式　　　　　　　(22) 并列形式(反义)

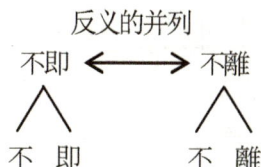

附带状况　　　　　　　　　　反义的并列
不言 ──────→ 实行　　　　不即 ←──────→ 不離
　∧　　　　　　　　　　　∧　　　　　∧
不　言　　　　　　　　　不　即　　　不　離

(23) 并列形式(近义)

近义的并列
不平 ●────────● 不満
　∧　　　　　　∧
不　平　　　　不　満

从含义上看，例(21)中「不言」是「实行」的附带状况，也就是"什么也不说，默默实行"的意思。(22)(23)都属于一种特殊构造。也就是说，「不即」的部分和「不離」的部分，「不平」的部分和「不満」的部分是并列形式，但是「即」跟「離」的意思是相对的，「平」和「満」意思是相近的。

从含义功能角度来看，日语前缀「無」的词语构成可分为如卜的三种形式。

（24）连体修饰形式

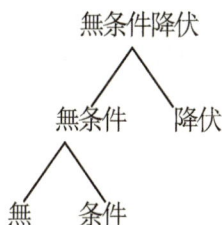

無条件降伏
　　∧
無条件　降伏
　∧
無　条件

(24)的构造属于连体修饰形式。但是，含有「無」的词却未必都是这样的构造。从其含义功能角度来看，还有以下构造。(25)是连用修饰形式，(26)是并列形式。

(25) 连用修饰形式

無理 ——连用修饰→ 心中
 /\
無 理

(26) 并列形式

無味 ●——并列形式——● 乾燥
 /\
無 味

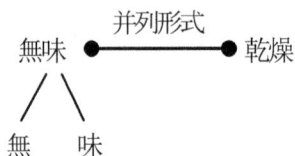

（二）从汉语"不""无"的含义功能角度考察词语构成

汉语前缀"不"也修饰紧接其后的语素。(27)与(20)具有同样的句子构造，此外也有(28)(29)(30)(31)那样的构造。

(27) 连体修饰形式

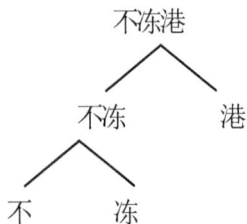

不冻港
 /\
不冻 港
 /\
不 冻

(28) 附带状况形式

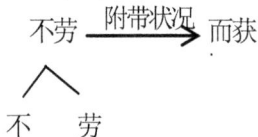

不劳 ——附带状况→ 而获
 /\
不 劳

(29) 并列形式（反义）

不即 ←反义并列→ 不离
 /\   /\
不 即   不 离

(30) 并列形式（近义）

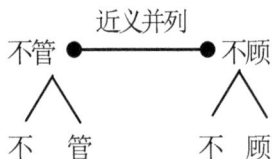

不管 ●—近义并列—● 不顾
 /\   /\
不 管   不 顾

(31) 补充关系形式

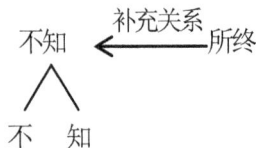

不知 ←补充关系—— 所终
 /\
不 知

(27)的构造是连体修饰形式。但是很明显，并不都是像(27)那样的构造。从含

义上看，(28)的"不劳"是"而获"的附带状况，也就是"不劳动就获得了物品或金钱"的意思。(29)(30)也是特殊构造。"不即"部分和"不离"部分，"不管"部分和"不顾"部分是并列形式。但"即"和"离"是反义，"管"和"顾"是近义。另外，还有(31)这样的补充关系构造。"不知"修饰"所终"，"不知道最后到底怎么样了"的意思。

从语义功能角度看，汉语前缀"无"的词语构成分为如下五类。

(32) 连体修饰形式

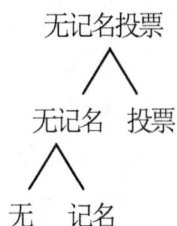

(33) 附带状况形式

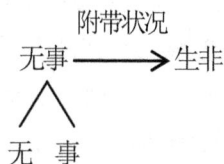

(34) 并列形式(反义)

(35) 并列形式(近义)

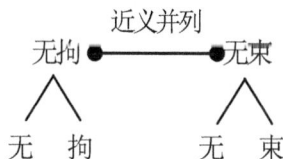

(36) 成语形式

三、小结

从结合对象的独立性角度来看，日语的「不」「無」都可以与"和语（训读词）"结合。但是「不」具有特殊形式，而「無」没有。此外，「無」的结合对象中发现了不能独立使用的用例。而从结合对象的独立性角度来看，汉语"不""无"的词语构成形式相同。

具体的讲，日语「不」具有连体修饰形式、附带状况形式、并列形式（反义）、并列形式（近义）这四种形式，而「無」只有连体修饰形式、连用修饰形式、并列形式三种。并且，虽然都是并列形式，但「不」具有"不～不～"构造，形式上含义上都是并列的，但是「無」仅仅在含义上是并列的。另一方面，汉语"不"具有连体修饰形式、附带状况形式、并列形式（反义）、并列形式（近义）、补充关系形式这五种形式。汉语"无"具有连体修饰形式、附带状况形式、并列形式（反义）、并列形式（近义）、成语形式这五种。比较日语和汉语的前缀"不""无"可知，汉语"不"和"无"仅仅补充关系形式和成语形式不同，而日语「不」和「無」仅仅连体修饰形式相同。

第三节 结合对象的词性和该词性的变换功能的差异

一、结合对象的词性
(一) 日语「不」「無」的结合对象的词性

日语「不」既能够与形式上不能独立使用的语素相结合，也能够与可以作为独立词的语素相结合。

(37) 天皇の謁見前に各地を遊覧したことは<u>不敬</u>だ。（不能独立使用的语素）（朝日. 2000. 10. 31)

(38) 本田からの発注は、<u>不規則</u>で生産計画が狂ってしまう。(可以作为独立词的名词性词素)（朝日. 2000. 11. 18)

(39) 真面目にそして深刻に生きようとした人は病院に。<u>不真面目</u>に真剣に生きようとした人は収監されてしまうということに気づいた。（可以作为独立词的形容词性词素）（朝日. 2000. 02. 28)

然而，为了更加详细地分析，奥野浩子(1985)将「不」的结合对象分成了动词、形容动词和形容词。例如，(37)中的「敬」按照日语训读是「敬（うやま）う」的意思，视为动词。另外，补允一ㄑ，「不」的结合对象也有的是名词的情况（例如：不都合）。野村雅昭(1973)将名词的结合对象归属为「ガを伴って主格に立ちうる」这一类。

(二) 汉语 "不" "无" 的结合对象的词性

汉语前缀 "不" 和日语一样，通常与不能独立使用的语素结合，但有时也有与独立词结合的情况，例如 "不规则" "不道德" 等。吕叔湘(1979)把 "规则" "道德" 这类可以作为独立词使用的结合对象称为 "根词"（能够独立使用的语素），把不能独立使用的语素，例如，"不快" 的 "快" 称为 "词根"（不能独立使用的语素）。本研究中，与日语同样，笔者将分析前缀词 "不" 的结合对象的各种词性。但吕叔湘(1953)曾说

汉语中有些词的词性是很难判断的。《现代汉语词典》里具有实质含义的词没有标注词性。其他难以理解的词也尽量避免了。因此，本节中只能列举一些比较明确的例子。

二、词性变换功能

(一) 日语「不」「無」的词性变换功能

日语「不」可以和名词、动词、形容动词结合，结合后词性主要变为形容动词和名词。

1. 不＋名词

"不＋名词"类型的词通常词性变为形容动词，例如「不＋都合→不都合」等。另外，也有词性变为副词或保留名词词性的，但这种情况很少。保留名词词性的例子有「不＋導体→不導体」，变为副词的例子有「不＋日→不日」。

变为形容动词的例子：

不運　不時　不結果　不条理　不規則　不都合　不経済

保留名词词性的例子：

不導体　不日

2. 不＋动词

「不＋动词」类型的词变为形容动词或名词的情况很多。词性变为形容动词的例子有「不＋案内→不案内」，变为名词的例子有「不＋干渉→不干渉」。

变为形容动词的例子：

不易　不振　不安定　不案内　不用意　不謹慎　不摂生　不承認

变为名词的例子：

不一致　不干渉　不合格　不治　不参加　不信任　不帰

3. 不＋形容动词

「不＋形容动词」类型的词词性皆为形容动词，例如「不＋確実→不確実」。其他的例子有：

不穏　不快　不確実　不自由　不十分　不詳　不正直

日语「無」可以和名词、动词结合，结合后词性主要变为形容动词和名词。

1) 無＋名词

「無+名词」类型的词通常词性变为形容动词，例如「無＋意味→無意味」等。另外，也有保留名词词性的，例如「無＋韻→無韻」。

变成形容动词的例子：

　無意味　無慈悲　無神経　無責任　無表情　無鉄砲

保留名词词性的例子：

　無韻　無数　無情　無重力　無生物

2) 無＋动词

「無+动词」类型的词通常词性变为形容动词或名词，变为形容动词的例子有「無＋理解→無理解」，变为名词的例子有「無＋担保→無担保」，其他的例子有：

变成形容动词的例子：

　無為　無自覚　無制限　無分別　無理解　無関心　無意識

变成名词的例子：

　無援　無欠　無死　無担保　無抵抗　無添加　無投票　無配当

（二）汉语"不""无"的词性变换功能

汉语"不"主要和名词、动词、形容动词结合。另外，也可以和副词、数词、区别词相结合。结合后词性多种多样，但以形容词为主。

1. 不＋名词

"不+名词"类型的词通常词性变为形容词，例如"不＋道德→不道德"。另外，也有少数例子变为副词、代名词或保留名词词性的。变为副词的例子有"不＋日→不日"，保留名词词性的例子有"不＋时→不时"，变为代名词的例子有"不＋才→不才"。

变为形容词的例子：

　不才　不道德　不法　不齿　不轨

变为副词的例子：

　　不日　不时

2. 不＋动词

　　"不＋动词"类型的词词性变化多种多样。结合后变为形容动词的例子有"不＋测→不测"，变为副词的例子有"不＋断→不断"，变为连词（接续词、接续助词）的例子有"不＋论→不论"，保留动词词性的例子有"不＋息→不息"。

　　变为形容词的例子：

　　不测

　　变为副词的例子：

　　不断　不料

　　变为接续词(连词)的例子：

　　不论

　　保留动词词性的例子：

　　不息

3. 不＋形容词

　　"不＋形容词"类型的词，结合后词性依然是形容词，例如"不＋公→不公"。

　　词性不变的例子：

　　不安　不便　不凡　不公　不良　不满　不妙　不适

4. 不＋副词

　　"不＋副词"类型，结合后词性依然是副词或者变为接续词（连词）。前者的例子有"不＋必→不必"，后者变为接续词的例子有"不＋但→不但"。

　　词性不变的例子：

　　不必　不曾

　　变为接续词(连词)的例子：

　　不但　不只

5. 不＋数词

　　"不＋数词"类型结合后词性变为状态词或形容词。变为状态词的例子有"不

＋一→不一"，变为形容词的例子有"（不＋三）＋（不＋四）→不三不四"。

变为状态词的例子：

不一　不二

变为形容词的例子：

不三不四

6. 不＋区别词

"不＋区别词[1]"类型结合后词性变为形容词。例如"（不＋男）＋（不＋女）→不男不女"。

变为形容词的例子：

不东不西　不男不女　不土不洋

汉语"无"主要与名词、动词结合，也可以与副词、介词相结合。结合后词性以形容词为主。

1) 无＋名词

"无+名词"类型的词通常词性变为形容词，例如"无+敌→无敌"。另外，也有少数词词性变成副词、区别词或保留名词词性的。变成副词的例子有"无+条件→无条件"，变为区别词的例子有"无＋限→无限"，保留名词词性的例子有"无＋题→无题"，

变为形容词的例子：

无边　无敌　无疆　无数

变为副词的例子：

无条件　无暇　无心

---

[1] 区别词表示事物的属性，具有分类的作用。例如"慢性、彩色、上等、初级、大号、单瓣、万能、野生、人造、冒牌、杏黄"等。区别词经常成双成组，具有相反的性质。例如"男和女、雄和雌、单和双，金和银，西式和中式，阴性和阳性，民用和军用，有限和无限，国有和私有，大型和中型和小型和微型"等。（黄伯荣、廖序东《现代汉语》）

257

保留名词词性的例子：

无题　无声　无业

变为区别词的例子：

无限

2）无＋动词

"无+动词"类型的词词性变为形容词，例如"无+补→无补"。此外，依然为动词的例子只发现一例，"无+视→无视"。

变成形容词的例子：

无补　无告　无援

保留动词词性的例子：

无视

3）无＋副词

"无+副词"类型的词只发现了 1 例，"无+不→无不"，结合后词性仍为副词。

4）无＋介词

"无+副词"类型的词也只发现了 1 例，"无+从→无从"，结合后词性仍为副词。

三、小结

日语和汉语的前缀词"不""无"的结合对象与结合后的词性多种多样。从整体上看，汉语"不""无"的结合对象种类较多，结合前与结合后词性多样。为了比较，把结合对象的词性与结合后的词性整理成表。另外为了便于比较，此处把"不""无"分开。

通过观察表 1 可以看出，日语结合后词性大部分为形容动词和名词，副词的例子只有 1 例。然而，汉语则是多种多样。与形容动词结合后词性仍然是形容动词，这点日语和汉语情况相同。

表1　日语和汉语前缀词"不"的结合前(结合对象)与结合后的词性

结合前〔结合后〕	名词		动词		形容动词		副词		数词		区别词	
	日	中	日	中	日	中	日	中	日	中	日	中
名词	×	○	○	×	×	×	×	×	×	×	／	×
动词	×	×	×	○	×	×	×	×	×	×	／	×
形容动词	○	○	○	○	○	○	×	×	×	○	／	○
副词	○	○	×	×	×	×	×	×	×	×	／	×
接续词	×	×	×	○	×	×	×	○	×	×	／	×
数词	×	×	×	×	×	×	×	×	×	×	／	×
区别词	／	×	／	×	／	×	／	×	／	×	／	×
状态词	／	×	／	×	／	×	／	×	／	○	／	×

此外，观察表中结合前和结合后的词性，汉语结合前有6种结合后有6种，日语结合前有3种结合后有3种。因此，从结合前后的词性来看，可以说汉语"不"的变化更多。

表2　日语和汉语前缀词"无"的结合前(结合对象)与结合后的词性

结合前〔结合后〕	名词		动词		形容动词		副词		介词		区别词	
	日	中	日	中	日	中	日	中	日	中	日	中
名词	○	○	○	×	×	×	×	×	／	×	／	×
动词	×	×	×	○	×	×	×	×	／	×	／	×
形容动词	○	○	○	○	×	×	×	×	／	×	／	×
副词	×	○	×	×	×	×	×	○	／	○	／	×
接续词	×	×	×	×	×	×	×	×	／	×	／	×
数词	×	×	×	×	×	×	×	×	／	×	／	×
区别词	／	○	／	×	／	×	／	×	／	×	／	×
状态词	／	×	／	×	／	×	／	×	／	×	／	×

通过观察表2可以看出，日语「無」的结合对象主要是名词或动词，结合后词性大部分为名词和形容动词。而汉语词性更多样。与形容动词结合后词性仍然是形容

259

动词，这点日语和汉语情况相同。此外，观察表中结合前和结合后的词性，汉语结合前有 4 种结合后有 4 种，日语结合前有 2 种结合后有 2 种。因此，从结合前后的词性来看，可以说汉语"无"的变化更多。

比较"不"与"无"会发现结合前与结合后在词性的种类方面存在差异，"不"分别是 6 种(汉语)和 3 种(日语)，"无"分别是 4 种(汉语)和 2 种(日语)。并且，不管是日语还是汉语，"不"的变化都比"无"多，"不"与形容动词的关系密切，而"无"的结合对象中没有形容动词。

第四节　从词语字数和反义词角度看否定前缀词 "不" "无"

一、含有 "不" "无" 的二字词及其反义词

不管是日语还是汉语，通常含有前缀词 "不" 的二字词有相反含义的二字词。吕叔湘(1963)指出，在单音节前加上 "不" 形成的双音节词，在表示其相反含义时，要把单音节扩展到双音节。但是，也有例外。

(一) 日语中含有「不」「無」的二字词及其反义词

日语的二字词中含有「不」的词及其反义词如下：

1. 有反义词的例子(42)

a、二字反义词的例子

不縁→良縁	不実→誠実	不法→合法	不要→必要
不用→有用	不能→可能	不運→好運	不正→公正
不穏→平穏	不潔→清潔	不幸→幸福	不浄→清浄
不安→安心	不測→予測	不満→満足	不作→豊作
不備→完備	不変→可変	不燃→可燃	不況→好況
不調→好調	不評→好評	不滅→滅亡	不明→明白
不随→随意	不屈→屈服	不孝→孝行	不在→存在
不熟→完熟	不純→純粋	不遜→謙遜	不忠→忠実
不貞→貞淑	不適→適当	不当→正当	不同→同一
不敗→敗北	不発→爆発		

b、一字反义词的例子

不可→可	不徳→徳	不粋→粋（いき）	不良→良

2. 无反义词的例子(43)

不意	不快	不平	不毛	不妊	不順
不治	不肖	不振	不易	不覚	不慮
不義	不倫	不老	不惑	不遇	不休

不朽　　不具　　不敬　　不様　　不日　　不出

不詳　　不精　　不信　　不審　　不戦　　不足

不断　　不通　　不敵　　不動　　不徳　　不買

不憫　　不服　　不偏　　不眠　　不問　　不死

不全

日语的二字词中含有「無」的词及其反义词如下：

3. 有反义词的例子(28)

　　a、二字反义词的例子

無為→有為　　無益→有益　　無害→有害　　無期→有期　　無形→有形

無限→有限　　無効→有効　　無罪→有罪　　無産→有産　　無性→有性

無償→有償　　無情→有情　　無色→有色　　無職→有職　　無心→有心

無人→有人　　無数→有数　　無声→有声　　無線→有線　　無知→有知

無毒→有毒　　無能→有能　　無名→有名　　無用→有用　　無理→有理

無料→有料　　無力→有力

　　b、一字反义词的例子

無欠→欠

4. 无反义词的例子(47)

無韻　　無援　　無煙　　無縁　　無我　　無学

無休　　無芸　　無血　　無間　　無根　　無言

無策　　無残　　無死　　無私　　無死　　無地

無実　　無臭　　無上　　無常　　無尽　　無水

無銭　　無駄　　無題　　無断　　無恥　　無茶

無賃　　無痛　　無敵　　無灯　　無党　　無糖

無念　　無比　　無病　　無風　　無法　　無謀

無味　　無欲　　無礼　　無量　　無類　　無論

（二）汉语中含有"不""无"的二字词及其反义词

汉语二字词中含有"不"的词及其反义词如下：

1. 有反义词的例子(68)

a、二字反义词的例子

不必→必须	不宜→宜于	不便→便于	不忍→忍心
不甘→甘心	不顾→顾及	不免→免得	不惜→顾惜
不祥→吉祥	不良→良好	不满→满意	不周→周到
不凡→平凡	不安→安心	不曾→曾经	不定→一定
不端→端正	不乏→缺乏	不法→合法	不符→符合
不平→平衡	不和→和睦	不讳→忌讳	不可→可以
不吝→吝惜	不配→般配	不屈→屈服	不详→详细
不孝→孝顺	不幸→幸运	不懈→松懈	不当→恰当
不厌→厌烦	不依→依顺	不振→振作	不止→停止
不中→中用(方言)	不周→周到	不足→充足	不仁→仁慈
不公→公平	不利→有利	不快→愉快	不合→符合
不计→计较	不仅→仅仅	不拘→拘泥	不善→善于
不爽→爽快			

b、一字反义词的例子

不错→错	不等→等	不断→断	不对→对	不服→服
不管→管	不见→见	不是→是	不良→良	不够→够
不只→只	不在→在	不图→图	不兴→兴	不行→行
不要→要	不许→许	不用→用	不怕→怕	

2. 无反义词的例子(77)

不比	不才	不测	不成	不逞	不齿	不啻
不揣	不辞	不单	不但	不惮	不独	不妨
不时	不光	不轨	不过	不遑	不惑	不羁

263

不及	不济	不禁	不久	不堪	不料	不曾
不待	不逮	不得	不迭	不愧	不犯	不忿
不苟	不克	不赖	不力	不了	不论	不敏
不佞	不妙	不然	不日	不容	不如	不胜
不适	不遂	不特	不外	不惟	不韪	不谓
不无	不暇	不下	不想	不消	不虞	不逊
不肖	不支	不扬	不屑	不致	不一	不休
不置	不已	不朽	不赀	不意	不恤	不离儿

汉语二字词中含有"无"的词及其反义词如下:

3. 有反义词的例子(27)

　　a、二字反义词的例子

无偿→有偿	无成→有成	无机→有机	无愧→有愧
无理→有理	无力→有力	无名→有名	无情→有情
无声→有声	无数→有数	无望→有望	无为→有为
无限→有限	无效→有效	无心→有心	无形→有形
无益→有益	无意→有意	无余→有余	无缘→有缘
无关→有关	无私→有私	无损→有损	无味→有味
无误→有误			

　　b、一字反义词的例子

　　无须→须　　　无需→需

4. 无反义词的例子(64)

无比	无边	无补	无不	无常	无耻
无从	无敌	无度	无端	无法	无方
无妨	无非	无干	无告	无辜	无故
无怪	无何	无华	无稽	无及	无几
无际	无间	无疆	无尽	无赖	无量
无聊	无论	无乃	无奈	无能	无宁

无前	无穷	无缺	无任	无日	无如
无上	无视	无双	无题	无畏	无谓
无物	无瑕	无暇	无行	无恙	无业
无遗	无疑	无已	无艺	无垠	无庸
无由	无援	无知	无阻		

（三）小结

为了清楚地反应二字词及其反义词的情况，笔者整理了表1、2和图1。

表1　含有"不"的二字词的反义词情况

	一字反义词		二字反义词		无反义词	
	词数	百分比	词数	百分比	词数	百分比
日语85	3	3	39	46	43	51
汉语145	19	13	49	34	77	53

表2　含有"无"的二字词的反义词的情况

	一字反义词		二字反义词		无反义词	
	词数	百分比	词数	百分比	词数	百分比
日语75	2	2	27	36	47	62
汉语91	2	2	25	28	64	70

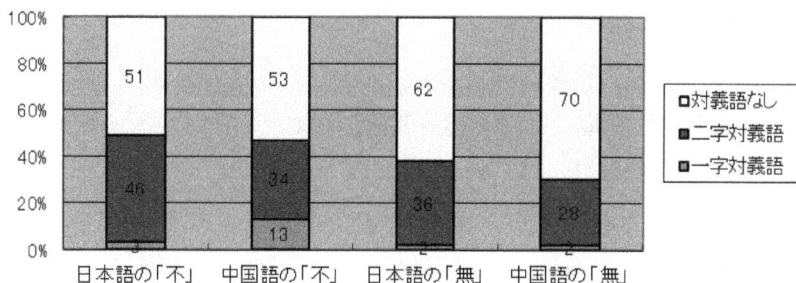

图1　日语和汉语中含有"不""无"的二字词的反义词分布

根据表1、2和图1可知，日语和汉语两种语言中不存在反义词的比率较高，

皆占 50%以上。日语含有"不"的二字词有反义词的约占一半，也就是说，日语"不"比其他二字词的"不""无"更容易产生反义词。另外，一字反义词和二字反义词合计占 49%，从整体上看，日语「不」的二字词更容易产生反义词。

二、含有"不""无"的三字词及其反义词
（一）日语中含有「不」「無」的三字词及其反义词
日语的三字词中含有「不」的词及其反义词如下：

1. 有反义词的例子(39)

  a、二字反义词的例子

不安定→安定	不案内→案内	不名誉→名誉	不穏当→穏当
不確定→確定	不可視→可視	不可能→可能	不可分→可分
不完全→完全	不起訴→起訴	不器用→器用	不協和→協和
不許可→許可	不規律→規律	不合格→合格	不公平→公平
不自由→自由	不十分→十分	不承知→承知	不親切→親切
不信任→信任	不注意→注意	不調和→調和	不適当→適当
不徹底→徹底	不統一→統一	不動産→動産	不透明→透明
不得意→得意	不特定→特定	不美人→美人	不平等→平等
不満足→満足	不明瞭→明瞭	不愉快→愉快	不養生→養生
不定期→定期			

  b、三字反义词的例子

  不景気→好景気 不溶性→可溶性

2. 无反义词的例子(27)

不可欠	不可侵	不可測	不感症	不機嫌	不規則
不気味	不器量	不謹慎	不経済	不見識	不合理
不細工	不思議	不時着	不死鳥	不始末	不首尾
不条理	不寝番	不世出	不調法	不体裁	不道徳
不人情	不本意	不用意			

日语三字词中含有「無」的词及其反义词如下：

3. 有反义词的例子(11)

　　a、二字反义词的例子

無記名→記名　　　　無自覚→自覚　　　　　無制限→制限

無抵抗→抵抗　　　　無配当→配当　　　　　無分別→分別

無理解→理解

　　b、三字反义词的例子

無機質→有機質　　無機物→有機物　　無神論→有神論　　無理数→有理数

4. 无反义词的例子(26)

無意識　　　　無意味　　　　無感覚　　　　無関係　　　　無関心　　　　無期刑

無期限　　　　無気力　　　　無作為　　　　無差別　　　　無慈悲　　　　無邪気

無趣味　　　　無条件　　　　無所属　　　　無神経　　　　無生物　　　　無精卵

無責任　　　　無駄足　　　　無着陸　　　　無定型　　　　無能力　　　　無免許

無利子　　　　無利息

(二) 汉语中含有"不""无"的三字词及其反义词

　　汉语三字词中含有"不"的词及其反义词如下：

1. 有反义词的例子(26)

不成材→成材　　　不成器→成器　　　不成文→成文　　　不道德→道德

不得劲→得劲　　　不动产→动产　　　不对劲→对劲　　　不要紧→要紧

不定根→定根　　　不含糊→含糊　　　不济事→济事　　　不景气→景气

不名数→名数　　　不至于→至于　　　不则声→则声(方言)　不人道→人道

不送气→送气　　　不吐气→吐气　　　不像话→像话　　　不在乎→在乎

不周延→周延　　　不自量→自量　　　不做声→做声　　　不带音→带音

不对茬儿→对茬儿　　　不起眼儿→起眼儿

2. 无反义词的例子(25)

不成话	不大离	不倒翁	不得已	不冻港
不二价	不尽然	不经意	不失为	不锈钢
不得了	不贰过	不敢当	不过意	不见得
不名誉	不摸头	不是话	不下于	不由得
不织布	不足道	不等式	不识闲儿	不是味儿

汉语三字词中含有"无"的词及其反义词如下:

3. 有反义词的例子(7)

a、二字反义词的例子

无霜期→霜期　　无烟煤→烟煤

b、三字反义词的例子

无理式→有理式　　无理数→有理数　　无神论→有神论　无声片→有声片

无意识→有意识

4. 无反义词的例子(18)

无产者	无底洞	无聊赖	无名氏	无名帖
无名指	无明火	无奈何	无穷大	无穷小
无所谓	无条件	无头案	无线电	无形中
无翼鸟	无影灯	无用功		

(三) 小结

为了清楚地反应三字词及其反义词的情况，笔者整理了表3、4和图2。

表3　含有"不"的三字词的反义词情况

	一字反义词		二字反义词		三字反义词		无反义词	
	词数	百分比	词数	百分比	词数	百分比	词数	百分比
日语66	0	0	37	56	2	3	27	41
汉语52	0	0	26	52	0	0	25	48

表4 含有"无"的三字词的反义词情况

	一字反义词		二字反义词		三字反义词		无反义词	
	词数	百分比	词数	百分比	词数	百分比	词数	百分比
日语37	0	0	7	19	4	11	26	70
汉语25	0	0	2	8	5	20	18	72

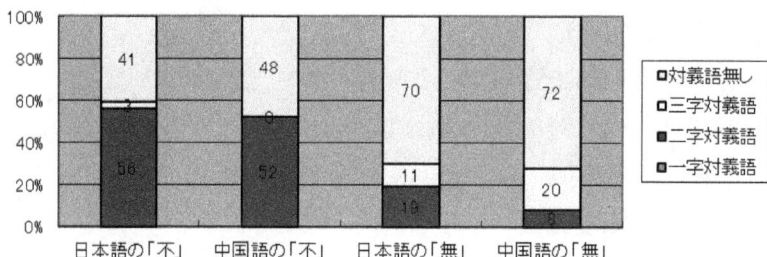

图2 日语和汉语中含有"不""无"三字词的反义词分布

根据表3、4和图2可知,二者都没有一字反义词,另外,不管是日语还是汉语,"不"与"无"之间都存在极大差异,日语的「不」和汉语的"不"存在二字反义词的比率占一半以上,而"无"不存在反义词的比率较高,约占70%。因此可以认为,不管是日语还是汉语,"不"都容易产生二字反义词。

三、含有"不""无"的四字词及其反义词

(一) 日语中含有「不」「無」的四字词及其反义词

日语的四字词中含有「不」的词及其反义词如下:

1. 有反义词的例子(0)

2. 无反义词的例子(4)

不可抗力　　　不可思議　　　不即不離　　　不換紙幣

日语的四字词中含有「無」的词及其反义词如下:

3. 有反义词的例子(1)

無期懲役→有期懲役

4. 无反义词的例子(5)

　　無我夢中　　無味乾燥　　無理算段　　無理心中　　無理難題

(二) 汉语中含有"不""无"的四字词及其反义词

　　汉语的四字词中含有"不"的词及其反义词如下：

1. 有反义词的例子(6)

　　a、三字反义词的例子

　　不成比例→成比例　　　　不成文法→成文法　　　　不好意思→好意思

　　不随意肌→随意肌　　　　不可知论→可知论

　　b、四字反义词的例子

　　不变价格→可变价格

2. 无反义词的例子(105)

不白之冤	不卑不亢	不辨菽麦	不差累黍	不差什么	不成体统	不耻下问
不动声色	不二法门	不服水土	不甘寂寞	不尴不尬	不共戴天	不管不顾
不管部长	不寒而栗	不哼不哈	不即不离	不计其数	不假思索	不见经传
不解之缘	不禁不由	不近人情	不经之谈	不胫而走	不咎既往	不拘小节
不拘一格	不绝如缕	不刊之论	不堪回首	不堪设想	不可告人	不可救药
不可开交	不可抗力	不可理喻	不可名状	不可收拾	不可思议	不可向迩
不可一世	不可终日	不郎不秀	不劳而获	不了了之	不伦不类	不落窠臼
不蔓不枝	不毛之地	不名一文	不谋而合	不能自已	不宁唯是	不偏不倚
不平则鸣	不期而遇	不情之请	不求甚解	不容置喙	不容置疑	不三不四
不甚了了	不识抬举	不识之无	不是玩的	不速之客	不祧之祖	不同凡响
不为已甚	不闻不问	不稳平衡	不相上下	不省人事	不修边幅	不学无术
不言而喻	不一而足	不遗余力	不以为然	不以为意	不义之财	不亦乐乎
不易之论	不翼而飞	不由自主	不约而同	不在话下	不赞一词	不择手段
不怎么样	不知凡几	不知进退	不知死活	不知所措	不知所云	不知所终
不治之症	不置可否	不着边际	不自量力	不足挂齿	不足为奇	不足为训

270

汉语的四字词中含有"无"的词及其反义词如下：

3. 有反义词的例子(12)

　　a、三字反义词的例子(0)

　　b、四字反义词的例子

无产阶级→有产阶级　　无轨电车→有轨电车　　无机肥料→有机肥料

无期徒刑→有期徒刑　　无限公司→有限公司　　无线电报→有线电报

无线电话→有线电话　　无限电视→有限电视　　无形损耗→有形损耗

无性生殖→有性生殖　　无性杂交→有性杂交　　无机化学→有机化学

4. 无反义词的例子(59)

无病呻吟	无大无小	无地自容	无的放矢	无定形体	无动于衷	无独有偶
无恶不作	无法无天	无纺织布	无功受禄	无关宏旨	无关痛痒	无济于事
无价之宝	无坚不摧	无尽无休	无精打采	无拘无束	无可非议	无可厚非
无可奈何	无孔不入	无理取闹	无论如何	无米之炊	无冕之王	无名小卒
无名英雄	无名肿毒	无能为力	无奇不有	无伤大雅	无声无臭	无时无刻
无事生非	无私有弊	无所不为	无所不在	无所不至	无所事事	无所适从
无所用心	无所作为	无头告示	无往不利	无往不胜	无妄之灾	无微不至
无隙可乘	无限小数	无线电波	无线电台	无懈可击	无烟火药	无以复加
无与伦比	无中生有	无足轻重				

(三) 小结

为了清楚地反应四字词及其反义词的情况，笔者整理了表5、6和图3。

表5　含有"不"的四字词的反义词情况

	三字反义词		四字反义词		无反义词	
	词数	百分比	词数	百分比	词数	百分比
日语4	0	0	0	0	4	100
汉语 111	5	5	1	1	105	94

表6　含有"无"的四字词的反义词情况

	三字反义词		四字反义词		无反义词	
	词数	百分比	词数	词数	百分比	词数
日语6	0	0	1	17	5	83
汉语71	0	0	12	17	59	83

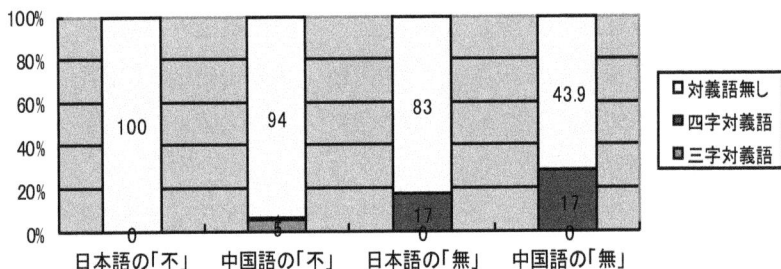

图3　日语和汉语中含有"不""无"的四字词的反义词分布

根据表5、6和图3可知，二者都没有一字反义词和二字反义词，三字反义词也接近于零。而前缀"无"在日语和汉语中都有少数四字反义词。此外，不管哪种情况下，不存在反义词的比率较高，占83%以上。

四、含有"不""无"的五字词、六字词及其反义词
（一）日语中含有「不」「無」的五字词、六字词及其反义词

日语的五、六字词中含有「不」的词及其反义词如下：

1. 有反义词的例子(0)

2. 无反义词的例子(0)

日语的五、六字词中含有「無」的词及其反义词如下：

3. 有反义词的例子(0)

4. 无反义词的例子(0)

（二）汉语中含有"不""无"的五字词、六字词及其反义词

汉语的五、六字词中没有含有"不"的词及其反义词。

汉语的五、六字词中含有"无"的词及其反义词如下：

1. 有反义词的例子(2)

　　a、反义词的例子

　　　无脊椎动物→脊椎动物

　　b、五字反义词的例子

　　　无机化合物→有机化合物

2. 无反义词的例子(6)

　　无产阶级专政　　　　无后坐力炮　　　　无记名投票

　　无线电收音机　　　　无线电通信　　　　无政府主义

（三）小结

为了清楚地反应五、六字词及其反义词的情况，笔者整理了表7、8。

表7　含有"不"的五、六字词的反义词情况

	四字反义词		五字反义词		无反义词	
	词数	百分比	词数	百分比	词数	百分比
日语0	0	0	0	0	0	0
汉语0	0	0	0	0	0	0

表8　含有"无"的五、六字词的反义词情况

	四字反义词		五字反义词		无反义词	
	词数	百分比	词数	词数	百分比	词数
日语0	0	0	0	0	0	0
汉语8	1	12.5	1	12.5	6	75

根据表7、8可知，日语的五、六字词中没有含有"不""无"的，而汉语中没有含有"不"的，含有"无"的只有8例。

五、含有「不」「無」的 "和语" 及其反义词

（一）含有「不」的 "和语" 及其反义词

1. 有反义词的例子

不幸せ→幸せ　　不揃い→揃い　　不確か→確か　　不似合い→似合い

不真面目→真面目　　不慣れ→慣れ　　不払い→払い　　不得手→得手

不出来→出来

2. 无反义词的例子

不躾　　不手際　　不届き　　不行き届き　　不渡り　　不心得　　不死身

（二）含有「無」的 "和语" 及其反义词

1. 有反义词的例子(0)

2. 无反义词的例子(6)

無手勝流(むてかつりゅう)　　無傷(むきず)　　無口(むくち)

無印(むじるし)　　無二(むに)　　無闇(むやみ)

（三）小结

「不」与 "和语" 结合时，有的词有反义词，有的没有。而「無」与 "和语" 结合时，几乎都没有反义词。

六、小结与本章总结

从整体来看可知，日语和汉语中反义词较多的是二字词和三字词。其中，日语含有前缀「不」的词有反义词，不管是二字词还是三字词，其比率都接近50%。"不"与 "无" 相比，不管是日语还是汉语，含有 "不" 的词更易产生反义词。

本章从词语构造、结合对象的词性、词性变换、反义词、造词功能等角度考察了日语和汉语的否定前缀词 "不" "无"，结论如下：

1、从结合对象的独立性和含义功能来看，汉语否定前缀词 "不" "无" 的词语构成种类较多，词语构成形式相似。但日语否定前缀词「不」「無」的词语构成种

类较少，形式各异。

2、"不"与"无"结合前与结合后在词性的种类方面存在差异，"不"分别是 6 种(汉语)和 3 种(日语)，"无"分别是 4 种(汉语)和 2 种(日语)。从结合前和结合后的词性种类来看，不管是日语还是汉语，"不"的变化都比"无"多。另外，"不"与形容动词的关系密切，而"无"的结合对象中没有形容动词。

3、日语中含有否定前缀「不」「無」的词几乎都是二字词和三字词，合计占 90%以上。而汉语中含有否定前缀 "不" "无" 的词几乎都是二字词和四字词，合计占 80%。从整理上看，日语和汉语中反义词较多的是二字词和三字词，其中日语「不」二字词和三字词中存在反义词的比率接近 50%。比较 "不" 和 "无" 可知，日语和汉语中含有 "不" 的词更容易产生反义词。另外，汉语中含有 "不" "无" 的词数量较多，估计今后还会增加，也就是说汉语否定前缀词 "不" 的造词能力比较大。

第七章　否定前缀词内涵及其他相关研究

【本章导读】

本章主要对于否定的对立性，否定意义的弱化，日语前缀词「超」的用法，日语和汉语前缀词「初」的用法等进行了理论上和实证上的研究整理。

否定的对立性主要以成对儿出现的词为研究对象，考察成对儿词之间的否定对立性问题。成对儿出现的肯定词与否定词之间存在"相反关系"（「器用→不器用」）"矛盾关系"（「可能→不可能」）。

日语「不」与汉语"不"都存在否定含义弱化现象，但日语中「不」的否定含义弱化例子比较少，汉语中"不"的否定含义较弱，否定含义弱化例子比日语多。而且，日语「不」的否定含义弱化现象发生的词只在有限的范围内使用，而汉语"不"的否定含义弱化现象发生的词在日常生活中使用频率较高，其中一些词是古语遗留下来的。

日语的「令」和汉语的"令"首先在辈分表述上有差异。在日语中只用于他人同辈或是晚辈的人，而在汉语中，还可用于对方的长辈或是其他辈分。此外，日语的「令」和汉语的"令"在人称表述上也存在差异。日语的「令」只能用于第三人称，「ご令～」的用法表达的是对于对方的敬意，因此有时也见于第二人称。而在汉语中，"令"基本上用于第二人称，如果前面附加了"他"一词则属例外，有时会用于第三人称。

日语中含有「超」的词在日常生活中使用频率较高，其中，既有作为语根使用的「超」，也有作为前缀使用的「超」。「超」的副词性用法的种类主要有"超+动词"的偏正式用法和流行语中表示"远远超出后面语素的内容"之意的用法。"超+名词"结构又可分为两种，一种是"包括式"，一种是"非包括式"。

汉语"初"的含义用法较多，但造词能力较弱，词汇化的词较多。日语「初（しょ）」「初（うい）」与汉语"初"相同，造词能力较弱，但日语「初（はつ）」有五

种构词形式，而且词的数量较多，造词能力较强。另外，日语「初対面」一词通常读作「しょたいめん」，但有时也读作「はつたいめん」。从语法角度看，「初対面＋する」通常读作「はつたいめん」。从含义角度看，「初対面」表示与"物"初次会面时，通常读作「はつたいめん」。此外，表示"国际重大事件"时也倾向于读作「はつたいめん」。

第一节　从否定的对立性角度看“不”“无”

　　否定的对立表达有各种形式，本节主要从词汇、语义的角度进行研究。在第六章的第四节已经考察了“不”“无”的反义词，结果发现词的字数不同，对应的反义词字数也相异。本节主要以成对儿出现的词为研究对象，考察成对儿词之间的否定对立性问题。成对儿出现的肯定词与否定词之间存在“相反关系”（「器用→不器用」）“矛盾关系”（「可能→不可能」）（金水敏・工藤真由美・沼田善子2000）。

一、日语「不」「無」否定的对立性
（一）日语「不」否定的对立性

　　日语「不＋名詞」「不＋動詞」「不＋形容動詞」有其各自的否定对立性。

　　「不＋名詞」形式中，否定词与肯定词之间是“矛盾关系”。例如，日语的「不美人」指的是相貌丑陋的女性，而「美人」意思相反，指的是美丽的女性。「美人」前加上「不」，通常应该是“不美，相貌普通”之意，但日语里意思极端相反，也就是形成了对立性极强的一对儿词。

　　不美人↔美人　　　不规律↔规律

　　「不＋動詞」形式中，否定词与肯定词之间是“矛盾关系”，有对立性。例如「不合格→合格」，一定是「不合格」或者「合格」的某一方，不存在中间的情况。因此，「不＋動詞」都具有否定的对立性。

　　不安定↔安定　　　　不案内↔案内　　　　不用意↔用意
　　不摄生↔摄生　　　　不承認↔承認　　　　不一致↔一致
　　不干涉↔干涉　　　　不合格↔合格　　　　不参加↔参加

　　「不＋形容動詞」形式中，否定词与肯定词之间是“相反关系”，既有对立性强的成对儿词，也有对立性弱的成对儿词。例如「不十分」的意思是“虽然不够，但姑且可以接受”，「十分」表示“达到百分之百”，因此这两个词的对立性较弱。

　　对立性强的成对儿词：

不快⇔快　　　　　不自由⇔自由　　　　　不愉快⇔愉快

　对立性弱的成对儿词：

　不確実⇔確実　　　　　不十分⇔十分　　　　　不得意⇔得意

（二）日语「無」否定的对立性

　　日语「無＋名詞」「無＋動詞」也有其各自的否定对立性。「無＋形容動詞」的形式不存在，因此不是本研究的对象。

　　「無＋名詞」形式中，否定词与肯定词之间是"矛盾关系"。例如「無罪→有罪」，一定是「無罪」或者「有罪」的某一方，不存在中间的情况。因此，「無＋名詞」都具有否定的对立性。

　無形⇔有形　　　　　無罪⇔有罪　　　　　無職⇔有職

　無人⇔有人　　　　　無声⇔有声　　　　　無線⇔有線

　無償⇔有償　　　　　無毒⇔有毒　　　　　無料⇔有料

　　「無＋動詞」形式中，否定词与肯定词之间是"矛盾关系"，有对立性。例如「無理解→理解」，一定是「無理解」或者「理解」的某一方，不存在中间的情况。

　無欠⇔欠　　　　　無自覚⇔自覚　　　　　無頓着⇔頓着

　無制限⇔制限　　　　　無抵抗⇔抵抗　　　　　無添加⇔添加

　無理解⇔理解　　　　　無配当⇔配当

二、汉语"不""无"否定的对立性

（一）汉语"不"否定的对立性

　　汉语"不＋名词""不＋动词""不＋形容词"有其各自的否定对立性。

　　"不＋名词"形式中，否定词与肯定词之间是"矛盾关系"，是对立性较强的成对儿词。

　不法⇔合法　　　　　不道德⇔道德

　　"不＋动词"形式中，否定词与肯定词之间都是"矛盾关系"，有对立性。例如"不吐气→吐气"，一定是"不吐气"或者"吐气"的某一方，不存在中间的情况。

不止⇔停止	不振⇔振作	不计⇔计较
不拘⇔拘泥	不则声⇔则声(方言)	不送气⇔送气
不吐气⇔吐气	不在乎⇔在乎	不做声⇔做声

"不+形容词"形式中，否定词与肯定词之间是"相反关系"，既有对立性强的成对儿词，也有对立性弱的成对儿词。

对立性强的成对儿词：

不凡⇔平凡

对立性弱的成对儿词：

不安⇔安心	不便⇔方便	不良⇔良好
不满⇔满意	不孝⇔孝顺	不公⇔公平

(二) 汉语 "无" 否定的对立性

汉语中不存在"无+形容词"的形式。也没有发现"无+动词"的成对儿的例子。"无+名词"形式中，否定词与肯定词之间是"矛盾关系"，是对立性较强的成对儿词。

无力⇔有力	无名⇔有名	无情⇔有情
无声⇔有声	无意⇔有意	无关⇔有关
无味⇔有味	无误⇔有误	无心⇔有心

三、小结

为了便于比较日语「不」「無」与汉语"不""无"的成对儿词的对立性，笔者整理了表1。（表中○表示存在，×表示不存在）

表1 日语「不」「無」与汉语"不""无"的对立情况

关系\词性	日「不」		汉 "不"		日「無」		汉 "无"	
	相反	矛盾	相反	矛盾	相反	矛盾	相反	矛盾
名词	×	○	×	○	×	○	×	○
动词	×	○	×	○	×	○	×	×
形容动词	○	×	○	×	×	×	×	×

由表1可知，不管是日语「不」「無」，还是汉语"不""无"，矛盾关系的成对儿词最多，这是由"不""无"的否定属性决定的，是理所当然的。此外，日语「無＋動詞」存在相反的成对儿词，而汉语"无"没有。这是为什么呢？日语「無」几乎都表示「～しない（不做……）」之意，而汉语"无"几乎都表示"没有……"之意，与"不"的含义不同。因此，日语「不」「無」的名词成对儿词与动词成对儿词是矛盾关系，日语「不」的形容动词成对儿词和汉语"不"的形容词成对儿词都是相反关系，而且既有对立性强的成对儿词也有对立性弱的成对儿词，笔者认为这与形容词的程度性有关系。

第二节 从否定含义弱化现象看 "不" "无"

一、日语「不」「無」的否定含义弱化现象

日语中「不」的否定含义弱化现象虽然不多见，但也有「不日」「不時」这样的例子。

(1) その試みは未だ点と線の段階に止まるが<u>不日</u>大きな効を発揮するであろう。（山田忠雄『新明解国語辞典 第四版』）

(2) <u>不時</u>に備えて蓄え運用する場所でもある。（朝日. 2000. 01. 27）

(3) 最近、京都市内などでも同じ鳥の<u>不時</u>着があったと聞きました。（朝日. 2000. 01. 14）

日语「無」与「不」相同，也有少量的否定含义弱化现象。

(4) 環境保護というより、<u>無駄</u>を省く意図で、自店の紙袋を持参するとスタンプに加点する仕組みにした。（朝日. 2000. 01. 16）

(5) 名文や表現に<u>無闇</u>（むやみ）に憧（あこが）れを抱く必要はない。（朝日. 1999. 07. 31）

二、汉语 "不" "无" 的否定含义弱化现象

潘文国等（2004）指出，汉语前缀词 "不" 的否定含义较弱，存在否定含义弱化现象。例如，

(6) 秋天来了，漫步岚山，<u>不时</u>抬头欣赏着满山红叶。（秋がやってきて、嵐山をぶらぶらしながら、<u>時々</u>顔を上げて山々の紅葉を眺めている。）

(7) 小刘一家<u>不日</u>赴美。（劉さん一家は<u>そのうち</u>にアメリカに行く。）

(8)　咱们全县，特别是咱们这个区，这个屯子，宗宗样样工作都<u>还不大离</u>。（周立波
『暴风骤雨』）（われわれの県、特にわれわれのこの区、この村は、いろん
な仕事がみな<u>悪くない</u>。）

(9)　虽然简单，<u>不过我没想通</u>。（簡単だが、<u>しかし</u>、わたしには理解できなかっ
た。）

　　上述例子在汉语中使用频率较高，其中(6)(7)(8)的"不"的否定含义弱化，
(9)中否定含义完全消失。

　　汉语"无"与"不"相同，也存在少量的否定含义弱化现象。

(10)　每个城市都会有很多<u>无赖</u>，整天惹是生非。（どこの町にも多くの<u>無頼漢</u>
がいて、毎日<u>無法</u>な行いをしたりしている。）

(11)　小张上个月被辞退，据说现在很<u>无聊</u>。（張さんは先月首になって、今はと
ても<u>退屈</u>だそうだ。）

(12)　<u>无论</u>怎么困难，我也要上大学。（いくら難しく<u>ても</u>、僕は大学に行きたい。）

三、小结

　　(1)的「不日」是「近いうちに」（不久）之意，并非「日ではない」（不是日）
或「日しない」的意思。「不日」的例子几乎只在旧文章中出现。(2)(3)的「不時」
也是，「不」的否定含义已经弱化。笔者在朝日报纸报道数据库 2000 上进行了检索，
得到了 39 个「不時着」的例子。「不時」的例子只有 1 例。因此，可以认为在现代
日语中「不時」虽然存在，但已经不独立使用，取而代之的是「不時着」这样固定
的形式。

　　日语「不」与汉语"不"都存在否定含义弱化现象，但日语中「不」的否定含
义弱化例子比较少，汉语中"不"的否定含义较弱，否定含义弱化例子比日语多。而

且，日语「不」的否定含义弱化现象发生的词只在有限的范围内使用，而汉语"不"的否定含义弱化现象发生的词在日常生活中使用频率较高，其中一些词是古语遗留下来的，而"不过"这样的词最初就是在否定含义弱化状态下创造出来的吧。

(4)、(5)的「無駄」「無闇」中的「無」不是「～しない」「～がない」之意，也是否定含义弱化现象。另一方面，汉语"无"也有否定含义弱化现象。

从整体上看，日语「不」「無」和汉语"不""无"都存在否定含义弱化现象，但汉语"不""无"的否定含义弱化现象比日语多。

第三节　关于表示评价性敬意的敬语 "令"

日语中表示尊敬的前缀词有两类，一类是用来表示礼貌性敬意的前缀词，如「お」「ご」等，另一类是用来表示评价性敬意的，如「貴（夫人）」「尊」等。在日本人看来，汉语表达枯燥无味，几乎可以说没有敬语表达。但汉语的敬语表达是确确实实存在的，只不过不像日语那样通过句尾形式的变化来体现，而是将以名词为中心的用词自身加以适当的变化而成。这些用法在现代已日渐淡出人们的生活，但在古典小说或是古装剧中却时常出现。本文以日语和汉语中表示评价性敬意的敬语 "令" 为对象加以分析。

一、日语「令」和汉语「令」的含义区别

（一）日语的「令」其含义及相关词汇

日语的「令」在《国语大辞典》中解释如下：

【名词】略。（二）【语素】（因有优秀、出色之意，）用于表示人物的词语之前，表达尊敬之情。如「令兄」「令嬢」「令夫人」等。

令嬢　令夫人　令室　令姉　令兄　令息　令閨　ご令息

ご令嬢　ご令孫　ご令姉　ご令弟（对方的弟弟）　　ご令妹

ご令甥　ご令姪　ご令弟様（对方妹妹的丈夫）

（二）汉语的 "令" 其含义及相关词汇

汉语的 "令" 在《现代汉语词典》中解释如下：

①略。②敬辞，用于对方的亲属或有关系的人：～尊｜～兄｜～侄｜～亲。

令爱　令媛　令郎　令亲　令堂　令尊

二、日语「令」和汉语"令"的差异

(一) 辈分的不同

　　日语的「令」用于他人同辈的亲属或晚辈的亲属。

　　同辈：令夫人　令室　令姉　令兄　ご令姉　ご令弟（对方的弟弟）

　　　　　ご令妹　令閨　ご令弟様（对方妹妹的丈夫）

　　晚辈：令嬢　令息　ご令息　ご令嬢　ご令孫　ご令甥^{れいせい}　ご令姪^{れいてつ}

　　但在汉语中，"令"可以用于他人的长辈或是其他辈分。

　　长辈：令堂　令尊

　　同辈：令堂　令尊

　　晚辈：令爱　令媛　令郎　令孙

　　混合辈分：令亲

　　在日语中，也许是为了避免直接称赞对方的长辈，所以不使用「令」一词，但在汉语中，由于没有专门用来表示礼貌用语的前缀词，因此就使用了"令"一词。

(二) 人称的差异

　　日语的「令」只能用于第三人称。如下述例句：

(1) 富豪**令嬢**で容姿端麗、性格よし。（朝日 2000.09.12 夕刊）

(2) 地元の有名なビール会社の**令嬢**の結婚式だったそうだ。（朝日 2000.12.09 夕刊）

(3) それから日本へ帰国。新郎新婦両方を知っている結婚式に夫婦で招待された。席は新郎側。すると、私の所には名前がなく**令夫人**となっている。（朝日 2000.06.14 朝）

(4) 父の死後、古びた日記帳を見つけ、本にした**令息**の判断は間違っていなかった。（朝日 2000.11.12 朝）

(5) 達治の**令弟**基清氏も、「兄は自分の生まれた土地さえ知らないまま、死んでしまいました」と語ったことばが、忘れられない。（朝日 2000.08.25 夕）

(6) 一番下の**令妹**松本友さんが、母親から聞いた話をされた。（朝日 2000.08.25 夕）

286

但「ご令～」的用法中，表达对于对方敬意的「ご」参与进来，因此有时也用于第二人称。如：

(7) このたび**ご令息**○○様には、○○様のご長女○○様との間にご婚約整われ、近日めでたくご婚礼をお挙げなさいます由、ご両家のお喜びはいかばかりかとお祝い申しあげます。(www.edinet.ne.jp/~gakuchi/i/kankon/reisoku.htm - 2k)

(8) **ご令嬢**様の晴れのご結婚を心よりお祝い申し上げ、お二人の前途に幸多かれとお祈りいたします。(itp.ne.jp/contents/business/tool/denpo.html - 22k -)

(9) 株主総会の招集手続が適法になされたとして、御相談者と**御令弟**が出席して賛成すれば、半数以上という要件は満たしますが、... 御母様と仲が悪いとすればそれも難しいかも知れませんが、もし、御令弟が御母様と仲が悪くないのでしたら、一旦、御令弟が御 ...

(aol.okwave.jp/qa3273758.html?ans_count_asc=1 - 20k -)

(10) 吉澤ひとみさんの**ご令弟**様のご逝去を悼み、謹んでお悔やみ申しあげますとともに、 心からご冥福をお祈りいたします。

(shinaiyo.bufsiz.jp/log0701_01.htm - 51k -)

(11) さて、致知出版社で毎月1回開催している講演会に、「政財界の指南役」として知られた安岡正篤師の**ご令孫**・溝本定子氏をお招きし、『論語』をテーマにご講話をしていただきます。http://www.chichi.co.jp/event/1300.html

(12) よい**ご令妹**をお持ちで。 暑さのさかり、京都修学旅行おつかれさまでしたとお伝え下さいませ。(captain-luffy.jugem.jp/?eid=135 - 45k)

(13) 共演された一青妙さんのこと、**御令妹**の一青窈さん（実はこの映画にも出演されています）のこと、映画の共演者（ほとんどがいずみさんの役者仲間や友人）さんのことなど。

(ameblo.jp/yoshikazuueno/theme-10006517649.html - 58k –)

(14) 小野正実様（故勝山 淳海軍少佐**ご令甥**)

(15) 小早川先生御令弟の巖様(1907～2006)より**御令姪**の小田輝子様を御紹介い

ただき、 先生のことについて様々なことをお聞きできた。

(16) 一青さんは、歯科医師さんでもあり、歌手の一青窈さんの**御令姉**様でもあり

ます。

　　在汉语中，"令尊"、"令爱/令媛"都是对于对方家人的称谓，正是因为对于眼

前的"你"的敬意，采用了这样的表述方式。因此，基本用于第二人称。例句如下：

(17) 得知**令尊**刚刚去世，我深感痛心，特此同来祭拜。(尊父の亡くなったことを知

って、私はとても悲しんで、お葬式に伺う。)

(18) 林寒青叹息一声，道："婚姻大事，要凭媒妁之言，父母之命，**令堂**既然反对，姑

娘难道要自作主意？"(林寒青は嘆きをして、「婚姻は重要なことで、媒酌

人の紹介や親の命令を欠かせないことです。尊母は反対しているのにお嬢

さんはご自分で決めるんですか?」と言った。)

(19) **令兄**家隔壁的王婆来唤我去收殓大郎的尸首。(私は貴兄の隣家の王老婆に大

郎の死体の納棺を頼まれた。)

(20) "**令弟**仍然是忙？……"月生问。"还是一礼拜十八点钟功课，外加九十三本

作文，简直忙不过来。这几天可是请假了，身热，大概是受了一点寒……。"

(貴弟は相変わらず忙しいことですか?)

(21) 今天回想起来，我觉得只有一件事做得不能叫自己安心，那就是说，**令姐** 来

到城里的时候，我竟不择手段，把这个消息瞒住了他。(今思い出してみたら、

ひとつだけ安心できないことをしたと思います。それはお姉さんのことな

んです。）（post.wiki.cn/read/448053）

(22) 你把王矮虎回放还我，我便把**令妹**还你。（王矮虎を返してくれたら、妹さんを返してあげますよ。）（www.oklink.net/gdwx/4dmz/3/049.htm）

(23) 红衣姑娘嘻嘻一笑，抿抿嘴道："大概是**令友**不让你告诉我，那就我说吧，他姓方，对不对？"（たぶんお友達が内緒してって言ってたでしょう？それなら私が言いましょう。彼は方と言います。違いますか？）
（www.yuduwuxia.cn/dfy/sfz/5.html）

(24) 绅士礼貌的向她们问候并说道："**令嫒**刚刚告知了我这个大问题，但是因为我的个人家庭问题，很抱歉我无法娶令嫒为妻，不过我会负该负的责任"（娘さんはこの大きな問題を教えてくれたばかりです。しかし～）
（bbs.1000du.net/viewthread.php?tid=39414）

(25) 我挂念**令郎**的安危，怕别人耽误事儿，就昼夜兼程给您报信来了。（息子さんの安否を心配し、他人に信用できないので、大急ぎで知らせに来ました。）
（book.sina.com.cn/nzt/novel/lit/zhenguan...）

(26) 根据网上提供的资料，再当面把脉，我敢肯定**令孙**得的是典型的网络相思病。（インターネットの資料によって、さらに脈を取ったので、お孫さんのかかったのはネットの恋の病だと決め付けられます。）
（club.sohu.com/read_elite.php?b=joke&...）

(27) 想必老爷应该知道晚辈来的目的，老爷可愿意将**令千金**许配与我？（きっと殿は私の来る目的がわかっていると思いますけど、お嬢さんと私の婚約を同意していただけますか？）（hi.baidu.com）

但也有例外的情况。如：

(28) 这蒋发祥虽是村庄人，却新近攀了一门子高亲，倚仗**令亲**的腰子，在梨云村中，很是有声有色。（この蒋発祥は農家の人ですけど、最近新しく地位の高

い親戚ができた。その親戚のお陰で、梨雲村でとても有名になった。）

（www.xxsy.net/gd/qcms/74.html）

(29) 这位琏爷身上现捐的是个同知，也是不肯读书，于世路上好机变，言谈去的，所以如今只在乃叔政老爷家住着，帮着料理些家务。谁知自娶了他**令夫人**之后，倒上下无一人不称颂他夫人的，琏爷倒退了一射之地：说模样又极标致，言谈又爽利，心机又极深细，竟是个男人万不及一的。（しかし、お嫁さんが嫁入りしてから、家族全員はそのお嫁さんのことを褒めまくっていて、琏爷はかえってその次になった。）（《红楼梦》第二回 贾夫人仙逝扬州城 冷子兴演说荣国府）

在例句（28）和（29）中，"令亲"和"令夫人"的用法都属于第三人称。但由于前文都有"他"一词，因此性质上还是有所不同。

三、小结

日语的「令」和汉语的"令"首先在辈分表述上有差异。在日语中只用于他人同辈或是晚辈的人，而在汉语中，还可用于对方的长辈或是其他辈分。产生这种差异的原因在于日语会尽量避免直接称赞对方的长辈，而汉语因为没有专门用来表示礼貌用语的前缀词，因此就使用了"令"一词。

此外，日语的「令」和汉语的"令"在人称表述上也存在差异。日语的「令」只能用于第三人称，「ご令～」的用法表达的是对于对方的敬意，因此有时也见于第二人称。而在汉语中，"令"基本上用于第二人称，如果前面附加了"他"一词则属例外，有时会用于第三人称。

第四节　日语前缀词「超」

日语中含有「超」的词在日常生活中使用频率较高，其中，既有作为语根使用的「超」，也有作为前缀使用的「超」。此节考察日语中作为前缀词的「超」的定义与特征。

一、「超」的词语构成方式及研究对象

笔者首先在《角川国语辞典》中收集了以「超」开始的词。从结合对象角度来看，词语构成方式如下：

超+动词：A、联合式：超越

B、偏正式：超邁

超+名词：超ウラン元素

超+词缀：超然

"超+动词"的"联合式"中，「超」的含义是"超越。超过程度"，并且结合对象也是含义相近的动词性语素，因此此时的「超」并不是前缀词。"超+词缀"中「然」是"词缀"，而「超」是词根，所以也不是此节的研究对象。

因此，此节的研究对象是"超+动词"的"偏正式"结构的词和"超+名词"结构的词，以及部分流行词。因为含有「超」的流行词并未收录到辞典中，所以这样的例子是在 Google 上收集到的。

二、副词性用法

(一)「超」是"副词"吗？

副词一般修饰动词、形容词、形容动词，种类很多，副词的分类方法也各异。（森山 1999）

程度副词有「ずいぶん、極めて、少し、かなり、結構、いささか、もっと、はるかに、実に」等。日语中也有「超寒い」这样的表达方式，「寒い」是形容词，

291

那么「超」是副词吗? 请看下面的例子。

A　今日寒いんですか?

B　ちょっとね!

B 的副词后使用了「ね」, 表示句子完结。而下面的句子 B 说法不自然。

A　今日寒いんですか?

B　＊超ね!

因此,「超」不是副词, 是前缀词。

(二) 副词性用法的种类

1. 日语 "超+动词" 的偏正式

「超邁」的「邁」是 "优秀。杰出" 之意,「超」是 "特别。超群" 之意。「超絶」的含义与「超邁」基本相同, 结构也相同。因此, 具有副词性质的「超」是词干「邁」「絶」的修饰语。结合后的「超邁、超絶」成为了新的名词。

2.流行语

流行语中, 表示 "远远超出后面语素的内容" 之意的「超」也是前缀词。这种词的结合对象任意性较强, 词语构成方式各异。这样的流行语没有载入词典, 所以笔者 2006 年 10 月 10 日在 Google 上进行了检索, 收集到 180 多个例子。这些例子的词语构成方式如下:

"超+动词": 超儲かる　超笑える

"超+形容词": 超バカ　超カッコいい　超セクシー

三、修饰名词时含义的偏差

"超+名词" 结构又可分为两种, 一种是 "包括式", 一种是 "非包括式"。此时「超」的语义是: 1、程度上远远超出, 例如「超満員・超特急」; 2、"ultra" "super" 等英语前缀的翻译。例如「超国家主義・超現実主義・超関数」。

这里的 "包括式", 指的是结合后的语义与结合前的结合对象的语义基本一致的情况。例如「超国家主義」是极端的 "国家主義", 毕竟还是 "国家主義" 的一种, 语义基本一致。「超人」也是一样,「超人」指的是 "人" 当中 "优秀的", 毕

竟还是人。

结合后的「超国家主義」「超人」成为名词。

"非包括式"指的是结合后的含义与结合前的结合对象的汉译不一致的情况。例如「超ウラン元素」("超铀元素")是原子序数大于「ウラン」("铀")的元素，是与"铀元素"不同的物质。此外，「超音速」("超音速")也是一样，指的是超出"音速"的速度，不用于"音速"。其他的例子有：「超ウラン元素、超自然、超現実主義、超俗、超音速、超音波超短波、超弩級、超特急、超凡」等。

结合后的词都是名词。

另外，提到"非包括式"时，必须与否定前缀词「非」区分开来。「非」指的是在结合对象的含义范畴之外的所有对象。例如「非ウラン元素」("非铀元素")指的是"铀元素"以外的所有元素。「超ウラン元素」("超铀元素")指的是原子序数大于"铀"的集团，其范围要小于「非ウラン元素」("非铀元素")。

四、强调表达形式——"重复表达"

日语前缀词「超」还有其他的使用形式，即「超々」这种重复表达形式。其实，不仅「超」（超々弩級）有这样的形式，「新」（新々幹線）「準」（準々決勝）也有类似的表达形式。

笔者 2006 年 11 月 13 日在 Google 进行了检索，「超々」这样的例子有 137 例，「超々々」这样的例子（超々々拡大図）有 6 例，「超々々々」形式（超々々々高画質）这样的例子有 3 例。「超々々々々」（超々々々々お寒～い）和「超々々々々々」（超々々々々々ネバネバ）各有 1 例。「超超々～超」（超超々～超ショック）和「超超超々～～～」（超超超々～～～初心者）也各有 1 例。

上述形式中的「超」通过重复使用，进一步强调了词干的语义，表达了说话人强烈的语气。

第五节 日语和汉语前缀词 "初"

一、前言

本节分析日语前缀词「初（はつ・しょ・うい）」和汉语前缀词 "初（chu）"。日语前缀词「初」大体有两种读音，「はつ」和「しょ」，例如「初（はつ）耳」和「初（しょ）日」。而像「初（うい）陣」中的「うい」这种读音的词非常少。汉语前缀词 "初（chu）" 的用法比日语多，但造词能力较弱。另外，本节也会分析日语「初对面」的两种读音「しょたいめん」和「はつたいめん」的区别。

二、日语「初」的含义与汉语 "初" 的含义

（一）日语「初（はつ・しょ・うい）」的含义

1. 日语「初（はつ）」的含义

《国语大辞典》中，日语「初（はつ）」解释如下：

【名】①はじめてであること。最初。「はつに」「はつで」の形で連用修飾語として用いられ、現代では、「おはつに」のような慣用語として用いることが多い。

②「はつものの（初物）」の略。

③はじめて、その遊女へあがること。転じて、男女の初情交をいう。

【語素】名詞または、動詞の連用形の上に付いて、はじめての、あるいはあたらしいの意を表わす。特に、その年はじめての意で用いることが多い。「初風」「初雁」「初春」「初草」「初声」「初雪」「初節句」など。

【名】①第一次。最初。作为连用修饰语时使用「はつに」「はつで」的形式。在现代日语中，多作为惯用表达使用，如「おはつに」。

②「はつものの（初物）」的省略语。

③第一次与妓女交欢。转义为男女初次性交。

【语素】接在名词或动词连用形前，表示 "初次的" 或 "新的" 之意。特别是多表示 "那一年的第一次" 之意。例如「初風」「初雁」「初春」「初草」「初声」「初雪」「初節句」等。

2. 日语「初（しょ）」的含义

《国语大辞典》中，日语「初（しょ）」的解释如下：

① 物事のはじめ。はじまりのころ。/国初、最初、太初、当初、年初/初期、初更、初旬、初頭、初年、初春、初夏、初秋、初冬、初日、初級、初段、初志、初心

② はじめて。はじめに。第一回の。/初演、初学、初診、初審、初生児、初潮、初犯、初歩、初対面、初発心/初校、初版

① 事物的开始。开始的时候。/国初、最初、太初、当初、年初/初期、初更、初旬、初頭、初年、初春、初夏、初秋、初冬、初日、初級、初段、初志、初心

② 初次。首次。第一次。/初演、初学、初診、初審、初生児、初潮、初犯、初歩、初対面、初発心/初校、初版

3. 日语「初（うい）」的含义

《国语大辞典》中，日语「初（うい）」的解释如下：

【名】①最初。初め。②「ういざん（初産）」の略

【語素】名詞の上に付いて、「初めての、最初の」の意を添える。「うい冠（こうぶり）」「うい琴」「うい産」「うい陣」「うい孫」「うい奉公」など。

補注：「うい」は「生まれて初めて」の意。類似の接頭語「はつ」、ある一定の周期ごとの初回、たとえば、一日、一年などにおける最初の意であることが多い。

【名】①最初。开始。②「ういざん（初産）」的省略语

【語素】接在名词前，增添"第一次、最初"之意。例如「うい冠（こうぶり）」「うい琴」「うい産」「うい陣」「うい孫」「うい奉公」等。

补注：「うい」是"生来第一次"之意。意思相近的前缀词「はつ」多表示某一周期内的初次，例如一天、一年当中的最初之意。）

(二) 汉语 "初 (chu)" 的含义

《现代汉语词典》中，汉语 "初 (chu)" 的解释如下：

① 开始的；开始的部分：～夏/年～

② 第一个：～伏/～旬/～一（农历每月的第一天，等于'第一个一'，区别于'二十，三十'）

③ 第一次；刚开始：～试/～次见面/～学乍练

④ 最低的（等级）：～级/～等

⑤ 原来的；原来的情况：～心/～志/和好如～

⑥ 名字。（（chu）姓）

(三) 研究对象与研究方法

日语初（はつ）」的 "语素" 用法就是前缀词的用法，是本研究的对象。日语「初（しょ）」既有前缀词的用法又有后缀词的用法，本文只研究其前缀词用法。另外，本文只研「究日语「初（うい）」的 "语素" 用法。汉语 "初 (chu)" 也有前缀词的用法和后缀词的用法，本文只研究前者。

日语「初」的例子是在「CD－HIASK2000 朝日新聞記事データーベース」（"CD－HIASK2000 朝日新闻报道数据库"）1 月至 4 月共约 1 万篇报道检索到的。而汉语 "初" 的例子是从《现代汉语词典》（2002）中收集到的。

此外，日语「初対面」的例子共 81 个，是从「CD－HIASK2000 朝日新聞記事データーベース」（"CD－HIASK2000 朝日新闻报道数据库"）的全年报道中检索到的。本文通过比较例句，分析两种读音的差异。

三、日语「初」

(一)「初（はつ）」的词语构成

1.「初（はつ）」词语构成的形式分类

日语前缀词「初（はつ）」与结合对象的结合方式有以下五类：

「初＋漢語」（"初+汉语"）型（136）：

初当選 初出場 初参加 初優勝 初飛行 初登場 初会合 初場所 初役

「初＋和語」（"初+和语"）型（40）：

初夢　初詣　初売り　初山　初取引　初仕事　初市　初釜　初物　初えびす
初せり

「初＋カタカナ語」（"初+外来语"）型（25）：

初デート　初ゴール　初コンテスト　初トライ　初マラソン　初コンビ　初セ
ーブ

「初＋図形」（"初+图形"）型：

初○（セーフアウト）

梨田近鉄、初○（セーフアウト）　　　　　　　ガ大阪、初○目前逆転
先発の戎、初○逃す　　　　　　　　　　　　大体大が初○

「初＋アルファベット」（"初+字母"）型：

初V　初CD

2.「初（はつ）」词语构成的语义分类

　　日语「初（はつ）」表示表示"初次的"或"新的"之意。特别是多表示"那一年的第一次"之意。因此，含有「初（はつ）」的词在语义上没有太大差异。但是因为多表示"那一年的第一次"之意，此处勉强将其语义分为两类：

1）那一年的第一次。

初夢　初詣　初売り　初釜　初えびす　初荷　初泳ぎ　初雪　初稽古　初風呂
初盆

2）某一期间初次的。

其他例子

3. 是「初+結合相手」（"初+结合对象"）还是「初+の+名詞（節）」（"初+の+名词（词组）"）

日语「初（はつ）」的「初+カタカナ語」型和「初+漢語」型的词几乎都可以替换成「初+の+名詞（節）」。例如下面的例子是2007年11月16日在网上检索到的。

(1) 優勝戦線の渦中で結成された<u>初コンビ</u>。

(2) 先発としては<u>初のコンビ</u>を結成。

(3) 菊川怜の<u>初エッセー</u>がオジサンのも人気。仕事にも子供の受験にも役立つ！？

(4) 岡村孝子<u>初のエッセー</u>集に内田新哉の絵が光る。

(5) 48歳の新井・二先生が<u>初当選</u>した。

(6) 野党が力を結集した選挙戦に加え、年金、自衛隊の多国籍軍参加など平和問題への県民の関心は高く、糸数氏の訴えが功を奏し、<u>初の当選</u>を勝ち得た。

(7) ドイツW杯公式警察ロボットが韓国に<u>初登場</u>。

(8) スーパーファミコンにおいて、カービィのアクションシリーズとしては<u>初の登場</u>となった。

但相反，不是所有的「初+の+名詞（節）」型都可以替换成「初+結合相手」。笔者在 "CD－HIASK2000 朝日新闻报道数据库" 中按日期检索到「初の」的100个例子，其中「初+の+語」型的例子有23个，「初+の+節」型的例子有77个。

(9) 初の指示/初の洗礼（2000.01.01 朝刊）

(10) ただ、その後の調練の<u>初指示</u>は未熟さを露呈してしまった。

(11) 球はMAX135キロと迫力を欠き、プロの<u>初洗礼</u>を受けてしまった。

(12) 初の大統領選挙/初の日本一（2000.01.01 朝刊）

例 (9) 这样的23个例子都可以替换成「初+結合相手」型，而例 (12) 这样的77个例子不能替换成「初+結合相手」型。因此，「初+の+節」不能替换成「初+結合相手」。

（二）「初（しょ）」的词语构成

1. 「初（しょ）」词语构成的形式分类

日语前缀词「初（しょ）」与结合对象的结合方式基本只有一种类型，但也有例外。

「初＋漢語」型（"初+汉语"）：

初頭　初代　初期　初日　初潮　初心　初旬　初春　初年　初夏　初冬　初演　初老　初球　初婚　初級　初歩　初戦　初動　初回　初ぜん　初版　初等　初出　初任給　初段　初稿　初夜　初志　初秋　初句　初診　初作　初速　初世

「初＋和語」型（"初+和语"）：

初手（しょて）初刷り（しょずり）初七日（しょなぬか　しょなのか）

2. 「初（しょ）」词语构成的语义分类

从语义角度看，日语「初（しょ）」的词语构成可分为两类：

1）事物的开始。开始的时候。

　　初期　初旬　初頭　初年　初春　初夏、初秋、初冬　初日　初級　初段　初志　初心　初老　初等　初任給　初速

2）初次。首次。第一次。

　　初代　初演　初診　初潮　初犯　初歩　初対面　初版　初球　初婚　初戦　初動　初回　初ぜん　初出　初七日（しょなぬか　しょなのか）　初稿　初夜　初句　初作　初世

（三）「初（うい）」的词语

初産（ういざん　しょざん　はつざん）　初陣（ういじん）　初見参（ういげんざん）

初孫（ういまご　はつまご）

四、汉语"初（chu）"

（一）"初（chu）"的词语构成

1. "初（chu）"的词语构成方式

汉语"初（chu）"的词语构成方式比较简单，结合对象基本是单字。

初春 初冬 初度 初伏 初年 初期 初秋 初丧 初岁 初头 初夏 初叶
初夜 初月 初旬 初版 初潮 初创 初犯 初稿 初花 初会 初婚 初交
初亏 初恋 初赛 初时 初试 初速 初探 初学 初雪 初战 初诊 初步
初等 初级 初评 初审 初小 初中 初民 初心 初愿 初志 初衷

2. "初（chu）"词语构成的语义分类

从语义角度看，汉语"初（chu）"的词语构成可以分为五类：

1）开始的；开始的部分：～夏/年～

初春 初冬 初度 初伏 初年 初期 初秋 初丧 初岁 初头 初夏 初叶
初夜 初月

2）第一个：～伏～旬～一（农历每月的第一天，等于'第一个一'，区别于'十二、
三十'）

初旬

3）第一次；刚开始：～试/～次见面/～学乍练

初版 初潮 初创 初犯 初稿 初花 初会 初婚 初交 初亏 初恋 初赛
初时 初试 初速 初探 初学 初雪 初战 初诊

4）最低的（等级）：～级/～等

初步 初等 初级 初评 初审 初小 初中

5）原来的；原来的情况：～心/～志/和好如～

初民 初心 初愿 初志 初衷

五、日语「初」与汉语"初"的含义与词语构成的小结

(一) 含义的异同

汉语"初（chu）"的"事物的开始。开始的时候"的含义和"最低（级）的"含义与日语「初（しょ）」有一致的地方。

汉语"初（chu）"的"初次。首次。第一次"的含义和日语「初（はつ）」「初（しょ）」的含义有一致的地方。

日语「初（うい）」的用法在汉语中也存在，发音相同，含义可以归入"初次。首次。第一次"。

但是，日语「初」中并不包含汉语"初（chu）"的"第一个"和"原来的；原来的情况"的含义。而汉语中也没有日语「初（はつ）」的"那一年的第一次"之意。并且，此含义的「初（はつ）」的结合对象都是"和语"。

(二) 词语构成的异同

从结合对象来看，日语「初（しょ）」「初（うい）」和汉语"初（chu）"具有同样的构成方式，结合对象都是单字。并且，结合对象中既有名词也有动词。大部分已经词汇化了，因此造词能力较弱。

日语「初（はつ）」的结合对象有"图形""字母""外来语""和语（训读）词""汉语（音读）词"五种。从分布来看，与汉语词结合的数量最多，其次是"和语词""外来语""字母""图形"的顺序。结合对象呈现出多样性，词语数量较多，可以说「初（はつ）」具有较强的造词能力。

六、「初対面」读作「しょたいめん」还是读作「はつたいめんか」

日语「初対面」一词通常读作「しょたいめん」，但有时也听到「はつたいめん」这种读法。笔者在"CD－HIASK2000朝日新闻报道数据库"中检索到了「初対面」的81个例子，并且以三个日语母语者为对象进行了调查，结果如下：

(一) 调查结果

81个例子中，有63个读作「しょたいめん」，余下的18个例子还是读作「は

つたいめん」，存在分歧。三人都认为读作「はつたいめん」的例子有 6 个，二人认为读作「はつたいめん」的例子有 6 个，一人认为读作「はつたいめん」的例子也有 6 个。

1. 三人都认为读作「はつたいめん」的例子

(13) 入社二年目にシューズの開発担当になり、室伏選手の指導にあたる父重信氏と初対面した。（2000.08.03　夕刊）

(14) 富士山を見たことがない全国の人を対象に、山梨県富士吉田市が「富士山初対面ツアー」を企画した。（2000.08.09　朝刊）

(15) マスコミ出身で、草の根選挙で当選した橋本知事を目標にしたい、という田中氏の求めで初対面したが、支援を要請した田中氏に対し、即答を避けた。（2000.09.10　朝刊）

(16) 中国から新潟県新穂（にいぼ）村の佐渡トキ保護センターに贈られた雌の美美（メイメイ）が二十日、ベアリングの相手となる優優（ユウユウ）がいるケージに移り、初対面した。（2000.10.21　朝刊）

(17) 英の博士、チンパンジーの「アユム」と初対面。（2000.11.10　朝刊）

(18) 米大リーグ・メッツへの移籍が決まった前阪神新庄剛志外野手が十六日、野球教室などのため来日中のメッツ・バレンタイン監督と東京都内で初対面した。（2000.12.17　朝刊）

2. 二人认为读作「はつたいめん」的例子

(19) 隣の初対面の男性と議論になった。（2000.01.05　夕刊）

(20) 「国民の慶事」といえる両首脳の初対面自体に、反対姿勢をとることは困難だからだ。（2000.06.14　朝刊）

(21) 仏ロ両国はチェチェン紛争の人権論争で激しく対立し、険悪な関係とされるが、プーチン氏とシラク仏大統領は初対面の沖縄で少しうち解けたよう

だ。（2000.07.24　朝刊）

⑵　公式会談は二十五日からだが、済州空港には趙成台・韓国国防相が迎えて
　　南北国防相同士の初対面が実現した。（2000.09.25　朝刊）

⑶　一九五八年九月一日。長嶋茂雄は順風満帆の新人時代を送っていた。東京・
　　早実高三年の王貞治は先日、巨人入団を表明。この朝、広島へ遠征するチ
　　ームを見送りに、東京駅に来た。二人の初対面だった。（2000.10.11　朝刊）

⑷　ヤルタ3首脳の孫、来年4月にシンポで初対面へ。（2000.12.05　朝刊）

3. 一人认为读作「はつたいめん」的例子

⑸　東京・新宿の高層ビルにあたるかっぽう料理店。九七年の秋、初対面の不動
　　産業者に「法人第二部長」の名刺を出し、頭を下げた。（2000.02.12 朝刊）

⑹　くしくも、十一月二日は、復帰した吉田監督が選手と初対面してからちょ
　　うど一年だった。（2000.04.18　朝刊）

⑺　首脳同士は初対面で儀礼的なもので終わるのではと予想していたが、『従
　　来の宣言を完全に順守する』との合意がなされたのは、予想以上の成果だ
　　と思う。（2000.04.30　朝刊）

⑻　初対面となる韓国の金大中大統領は国際的に知名度が高く、政治手腕も百
　　選錬磨だ。（2000.06.04　朝刊）

⑼　だが、南北首脳の初対面を「民族の一大事」と位置づける韓国と、大量破
　　壊兵器問題などがなおざりにされることを警戒する日米の間には最近、不
　　協和音も生じている。（2000.06.09　朝刊）

⑽　ミャンマーのスー・チーさん、孫と初対面かなう。（2000.12.09　朝刊）

（二）调查结果分析

　　观察上述调查结果可以发现，三人都认为读作「はつたいめん」的例子中，「初

303

对面」的后面都有「する」，因此，可以判断带有「する」的「初対面」应该读作「はつたいめん」。此外，对照其他的75个例子会发现，「初対面」表示初次与"物"会面，而非与人会面时，通常读作「はつたいめん」。

调查结果2和3的例子（12个）存在意见分歧，与其他63个例子对比可以发现，12个例子中与国际重大事件相关的例子有8个，而其他63个例子中这样的例子仅有1例。因此，可以认为与国际重大事件相关的「初対面」倾向于读作「はつたいめん」。

七、小结

汉语"初（chu）"的含义用法较多，但造词能力较弱，词汇化的词较多。日语「初（しょ）」「初（うい）」与汉语"初（chu）"相同，造词能力较弱，但日语「初（はつ）」有五种构词形式，而且词的数量较多，造词能力较强。另外，日语「初対面」一词通常读作「しょたいめん」，但有时也读作「はつたいめん」。从语法角度看，「初対面＋する」通常读作「はつたいめん」。从含义角度看，「初対面」表示与"物"初次会面时，通常读作「はつたいめん」。此外，表示"国际重大事件"时也倾向于读作「はつたいめん」。

前两节从否定的对立性和否定含义弱化的角度考察了日语和汉语的否定前缀词"不"和"无"。不管是日语「不」「無」，还是汉语"不""无"，矛盾关系的成对儿词最多。而词性为形容动词时，日语「不」和汉语"不"与其反义词是相反关系，也就是说，都有对立性强的成对儿词和对立性弱的成对儿词。

日语「不」「無」和汉语"不""无"都存在否定含义弱化现象。不过，汉语中"不""无"的否定含义较弱，本义弱化的例子要多于日本。第三节从辈分表述上和人称表述上对日语的「令」和汉语的"令"进行了对照研究。在日语中只用于他人同辈或是晚辈的人，而在汉语中，还可用于对方的长辈或是其他辈分。日语的「令」只能用于第三人称。而在汉语中，"令"基本上用于第二人称。第四节从其修饰名词时含义的偏差，对于日语的「超」进行了分析。提出"包括式"和"非包括式"的两种结构。第五节从日汉对照的观点，在词语构成，含义等方面对日语的「初」和汉语的"初"进行了分析研究。并对于「初対面」一词的读音进行了实证性的调查研究。

第八章 条件复句日汉对比

【本章导读】

本章主要对"ト・タラ・バ句式"的各种使用形式进行了理论上和实证上的研究整理。

在表示连贯的ト、タラ句式的一节中，明确了表示动作连续的"ト句式"和"一P，就Q"的关系，并分析了表示"发现、出现某种状况"的"ト・タラ句式"、表示"契机"的"ト・タラ句式"和切合实际的趋向性表达方式「ト」句式。

在表示假定的タラ、バ句式的一节中，明确了"タラ句式"的"假定状况"和"单纯状况"的区别，分析了设定行为成立的"タラ句式"，阐述了偏句是既定事实的"バ・タラ句式"的"期待性"问题。

在表示伪实条件的バ、タラ句式的一节中，明确了表示"反事实假设"的"バ・タラ句式"的语法标记，并对于"反事实假设"所表示的过去、现在和将来这一时间上的现象进行了分析。

在表示日语潜在性条件句式的一节中，分析了表示"一般、习惯"含义的趋向性表达方式「バ」・「ト」句式以及表示"预测"和"最低条件"的"バ句式"，并关于"バ句式"的各种限制加以说明。

第一节　表示连贯的ト、タラ句式

一、表示动作连续的"ト句式"和"一P，就Q"

日语中使用"ト句式"表示同一主语(或同一动作主体)的连续动作，这里所说的"连续动作"是指同一主语(或同一动作主体)接连进行的动作。因为是叙述在过去已经先后发生的两个动作，因此句末使用过去时"夕形"。而不能使用「タラ」「バ」来表示这种同一主语的连续动作。

(一) 表示动作连续的"ト句式"的用法

汉语的动词分为"有界动词"与"无界动词"：词汇意义中含有内在终止点的动词，即有界动词，如"杀、破、眨(眼)、走(=离开)"等；词汇意义中不含内在终止点的动词，即无界动词，如"听、写、看、吃、走(=步行)"等。此外，静态动词也是无界动词，如"是、姓、属于、知道、有"等。跟汉语一样，日语的动词也可以分为有界动词和无界动词。"ト句式"偏句动词的类型不同(是有界动词还是无界动词)，汉译使用的表达方式也不同。下面具体来看一看。

1.「P(有界动词)ト Q」：表示偏句动作的变化时点

(1) 父は部屋に入(○ると/×ったら/×れば)、帽子をとった。/父亲一进屋就摘下帽子。

(2) 彼はコートを脱(○ぐと/×いだら/×げば)、ハンガーに掛けた。/他一脱下外套就用衣架挂起来了。

(3) 客は足を組み、たばこをくわえ(○ると/×たら/×れば)、雑誌をめくった。/客人翘起二郎腿，一叼起烟就开始翻杂志。

例 (1) 中，从未然态「入ってない」，伴随动作「入る」的瞬间完成，进入完成

态「入った」。该完成态「入った」持续进展的话就进入表示该结果状态持续的持续态「入っている」。「入ると」表示因瞬间变化动词「入る」动作的完成，由状态「部屋に入ってない」向状态「部屋に入っている」变化的时点。

此时句子只表示 "P 之后发生了 Q" 这种前后关系，而不表示直接因果关系。而汉语中一般使用 "一P，就Q" 或 "P，就Q" 来表示这种连续动作。当偏句动词为有界动词时，只能使用 "一P，就Q"，当偏句动词为无界动词时，使用 "P，就Q"。

2.「P（无界动词）トQ」：表示偏句动作的时段

无界动词没有预先规定的结束界限，例如 "走（「歩く」）"，走一步，走 10km，都可以构成 "走（「歩く」）" 这一动作。但是，这种无界动词可用时量短语（如「10km」「1 時間」「1 時間から3 時まで」「東京・大阪間」等）来限定动作的界限。

（4）雪は二三枚読むと、なんと思ったか、ぱっと原稿を膝から払いのけた。太宰治『断崖の錯覚』/小雪刚翻了两三页，就突然想起了什么似的把稿子从膝盖上甩开了。（笔者译）

（5）次の日私は先生の後につづいて海へ飛び込んだ。そうして先生と一所の方角に泳いで 行った。二丁程沖へ出ると、先生は後を振り返って私に話し掛けた。（夏目漱石『こころ』）/次日，我跟在先生后面跳进了大海，同先生一起向远方游去。刚游出二百多米远的海面，先生就回过头开始同我说话了。（董学昌译《心》）

（6）どこまで歩いて行っても構わないと思う。むし暑い晩である。半町ほど歩くと全身が汗ばんだ。井上 靖『あした来る人』/她想，哪怕走到天涯海角也无所谓。这是一个溽暑蒸人的夜晚，走出五十多米就浑身渗出汗来。（林少华译《情系明天》）

含有这种时量短语时，汉语中不使用 "一"，用 "P，就Q" 来表示，例如（6）不能译成 "这是一个溽暑蒸人的夜晚，一走出五十多米就浑身渗出汗来"。

（二）表示动作连续的“卜句式”和“テ”的差异

描写连续动作时，“テ”可以描写三个以上动作，而“卜句式”只能表示两个动作的连续。这是因为“卜句式”的作用是把复句的偏句和正句连接起来，而“テ”是单句中的连用修饰节，也就是说，“テ”是单句内部成分。因此，不能使用“卜句式”的(7)是单句，(8)是错句，使用了“卜句式”的(9)～(11)是复句。

(7) ○父はうちに帰っテ、ご飯を食べテ、お風呂に入っテ寝た。
 （父亲回家，吃饭，洗澡，然后睡觉了。）

(8) ×父はうちに帰る卜、ご飯を食べる卜、お風呂に入る卜寝た。
 （父亲一回家就吃饭，就洗澡，就睡觉了。）

(9) ○父はうちに帰る卜、ご飯を食べテ、お風呂に入っテ寝た。
 （父亲一回家就吃饭，洗澡，睡觉了。）

(10) ○父はうちに帰っテ、ご飯を食べる卜、お風呂に入っテ寝た。
 （父亲一回家，吃饭，就洗澡，睡觉了。）

(11) ○父はうちに帰っテ、ご飯を食べテ、お風呂に入る卜寝た。
 （父亲一回家，吃饭，洗澡，就睡觉了。）

与“テ”不同，“卜句式”只能表示两个动作的连续，因此，“テ”可以视多个动作为一个整体，描写这些动作在一个大的场面内进行。与此相对，“卜句式”把一系列动作分为两个较大场面来描写。因此，“テ”在汉语中不译(零标记)或译为“然后…”，而“卜句式”通常译为“一P，就Q”。

二、表示“发现、出现某种状况”的“卜・タラ句式”

这里介绍表示“以P(动作)为契机，发现了Q(状态)”之意的“发现某种状况”和表示“正在P的时候，出现了Q”之意的“出现某种状况”的两种用法。

（一）表示发现某种状况的「P(する<u>ト</u>/し<u>タラ</u>)、Qし<u>テイタ</u>」

当P是动作、Q是状态时，"ト・タラ句式"表示"以P(动作)为契机，发现了Q(状态)"之意，例如「ドアを開けると、父が倒れていた」表示「ドアを開けると、父が倒れて<u>いるのを見つけた</u>」之意。这种"发现"用法可以使用「ト」「タラ」来表示，但不能用「バ」。

P动作(过去的事实)		Q状态(过去的事实)
（〜が）〜する	ト	〜が〜していた
（〜が）〜し	タラ	
(私が) ドアを開ける	ト	父が倒れていた
(私が) ドアを開け	タラ	

"发现"这一用法看起来像是表示动作的连续，但实际上(12)中的「と」表示「私がドアを開けて、私があるもの(或いは状態)を発見した」之意(13)，然而日语中通常把说话人的发现看作是客观现象，用"现象描写句"来表示(12)。

(12) ドアを開けると、父が倒れていた。/一开门，就发现父亲倒在地上了。

(13) (私が) ドアを開けると(私が)父が倒れているのを発見した。/(我)一开门，(我)就发现父亲倒在地上了。

表示"发现"时，日语中通常省略「発見する・気が付く・感じる」等表示"知觉·感知"的谓语动词以及相应的主语，而这样的谓语动词在汉语中是如论如何也不能省略的，但相应的主语是可以省略的(14)。

(14) (我)一进屋，就发现父亲倒在地上了。/部屋に入ると、父が倒れてい(るのを発見し)た。

之所以日汉两种语言会有如此差异，是因为日语是「ナル言語」，而汉语是「ス

ル言語」。也就是说，日语中即使是说话人自己看到或感知的事物也要从客观角度来叙述，而汉语一般倾向于从主观角度叙述自己的意见或主张。

此外，日语中除了「ている」之外，「～(で)ある/～だ」以及状态形容词等也可以表示状态。

(15) 箱を開けると、白いハンカチが一枚、入っていた。/一打开纸箱，就发现里面有一块白色手帕。

(16) 駅に着いたら、友達はもう迎えに来ていた。/一到车站，就发现朋友已经来接我了。

(17) 窓を開けたら富士山が見えた。/一开窗就看见了富士山。

(18) まずそうだったが、食べてみたらおいしかった。/虽然看着不好吃，尝了一下，发现很好吃。

(19) 教えられた道を5分ほど歩くと、駅があった。/沿着他人指的道路走了五分钟，就看见了车站。

(20) 窓を開けると、一面の銀世界だった。/一开窗就发现外面一片银白。

这种"发现"的用法，在汉语里通常用"(一) P，就(发现/看见) Q"来表示。

(二) 表示出现某种状况的「P し (テイル<u>ト</u>/テイ<u>タラ</u>)，Q し<u>タ</u>」

当P是持续的动作，Q是在过去发生的一次事件时，"ト・タラ条件句"表示"正在P的时候，出现了Q"之意，此时也有"正在P的时候，发现或意识到了Q"这种语感。这种用法可以使用「ト」「タラ」来表示，但不能用「バ」。

P过去持续的动作		Q过去的事件(状态)
(～が)～している	ト	～が～した
(～が)～してい	タラ	
(私が)本を読んでいる	ト	電話が鳴った
(私が)本を読んでい	タラ	

(21)一人で空を眺めていると、向こうから友人達が近づいてきた。/一个人正在眺望天空时，朋友们从对面走了过来。

(22)友達と電話で話していたら、父がドアを開けて部屋に入ってきた。/在电话里跟朋友聊天的时候，父亲推门进来了。

(23)昔の写真を眺めていると、なんだか急に悲しくなった。/看着老照片，突然觉得很伤感。

(24)私が何も言わないでいたら、先生は突然怒り始めた。/我默不作声，老师突然发火了。

(25)街を歩いていると、にわか雨が降り出した。/正走在街上的时候，突然下起了阵雨。

　　上述"出现"的用法在汉语中通常用"(正在)P(时候)，Q"来表示。日语的"ト・タラ条件句"绝大多数情况下译作汉语"(一)P，就Q"，而表示"出现"的「ているト/ていタラ」通常译作"(正在)P(时候)，Q"。

三、表示"契机"的"ト・タラ句式"

　　表示"契机"的用法与前文提及的"动作的连续""发现"非常相似，但实际上是有本质区别的。表示"契机"时，偏句是正句的契机或原因，因此可以把「ト・タラ」替换为「カラ・ノデ」(26b)，但表示"动作的连续""发现"时，是不能替换的(27b、29b)。

(26)a.兄が殴ると、弟は泣き出した。(契机)

　　b.○兄が殴ったから、弟は泣き出した。

(27)a.客は足を組み、たばこをくわえると、雑誌をめくった。(动作的连续)

　　b.×客は足を組み、たばこをくわえたので、雑誌をめくった。

(28)a.ドアを開けたら、父が倒れていた。(发现)

　　b.×ドアを開けたから、父が倒れていた。

（一）表示不同动作主体的动作或事件

「ト・タラ」连接过去发生的事件时，P是引发Q的契机或原因。此时，P与Q主语不同，通常Q是说话人以外的他人的动作或事件。

P动作、事件(过去的事实)		Q动作、事件(过去的事实)
～が～する	ト	～が/は～した
～が～し	タラ	
兄が殴る	ト	弟は泣き出した
兄が殴っ	タラ	

在上述事实条件句中，P是引发Q的契机或原因。这种用法在汉语中一般用"一P，就Q"来表示。请看下面的例子：

(29) 父が帰ると、子供達が飛びついてきた。/父亲一回来，孩子们就扑过来了。

(30) 餌をやったら、犬は喜んで食べた。/一喂食，狗就高兴地吃了。

(31) カメラを向けると、みんなにこにこした。/把相机一对准大家，大家就笑容满面了。

(32) 箱を揺すったら、かたかたと音がした。/一摇晃箱子，里面就发出咔哒咔哒的响声。

(33) 電気がついたら、明るくなった。/一开灯，屋里就亮了。

上述例句中，P均是过去的动作。而下面的(34a)中P和Q都是自然现象，但P同样是引发Q的契机或原因，可以替换为表示原因的「カラ・ノデ」(34b)。

(34) a. 夜になると、だんだん寒くなってきた。/天一黑，就渐渐冷了。

b. 夜になったので、だんだん寒くなってきた。/天黑了，所以渐渐冷了。

（二）表示同一动作主体的连续动作：Q是动作主体自身无法控制的非意志状态

P与Q主语相同，Q是动作主体自身无法控制的非意志状态，P是引发Q的契机或原因。

P 过去的动作		Q 过去的非意志状态
父は横になる	ト	すぐに眠ってしまった
父は横になっ	タラ	

　　此时既可以使用「ト」也可以使用「タラ」, 但使用「タラ」的句子含有"意外""吃惊"的语气。也就是说, 使用「ト」的句子含有 "无意中(「何気なく」)" "自然而然(「自然に」)" "理所当然(「当たり前に」)" "当然(「当然ながら」)" 等意思, 而使用「タラ」的句子含有"意外(「意外に」)" "出乎意料(「案外に」)" "意料之外(「予想外に」)" 等意思。但此时不能使用「バ」。请看下面的例句。

(35) a. もうすぐ救援隊が来ると分かると遭難者たちは安心したようだった。/知道救援队马上就要来了, 遇险者就放心了。

　　b. もうすぐ救援隊が来ると分かると遭難者たちは何気なく安心したようだった。/知道救援队马上就要来了, 遇险者自然就放心了。

(36) a. 波の音を聞くと、急に子供のころのことを思い出した。/一听涛声, 突然就想起了小时候的事情。

　　b. 波の音を聞くと、自然に子供のころのことを思い出した。/一听涛声, 自然就想起了小时候的事情。

(37) a. 翌日の結婚式のことを考えたら、なかなか眠れなかった。/一考虑第二天的婚礼, 我就睡不着觉了。

　　b. 翌日の結婚式のことを考えたら、意外になかなか眠れなかった。/考虑第二天的婚礼, 没想到就睡不着觉了。

(38) a. 入院中はおとなしかった父も退院したら、私の言うことは全然聞いてくれなくなった。/父亲住院的时候还很听话, 一出院就完全不听我的话了。

　　b. 入院中はおとなしかった父も退院したら、意外に私の言うことは全然聞いてくれなくなった。/父亲住院的时候还很听话, 没想到一出院就完全不听我的话了。

313

此时汉语也一般使用"（一）P，就Q"来表示。

（三）说话人把自身经历讲给对方听时

当 Q 是说话人亲身经历的事情，即只是说话人自己清楚的事情时，一般不使用「ト」，此时只能使用「タラ」。另外，说话人在谈话中把自己的经历直接转告给他人时，一般也多用「タラ」。

(39) 薬を飲んだら、頭痛が治りました。/吃了药，头痛就好了。

(40) よくわからなかったので先生に質問したら、丁寧に教えてくれました。/
因为不明白问了老师，结果就得到了老师耐心的讲解。

(41) 私が残業するのを断ったらね、部長、カンカンになっちゃったのよ。/
我拒绝加班，结果部长就大发雷霆。

四、切合实际的趋向性表达方式「ト」
（一）具有现实性的假设条件句

"ト句式"可以将尚未成立的事情 P 和 Q 联系起来，表示假设的条件关系。但这种假设条件关系仅限于"现阶段在某种程度上已经确定的或可以预测的事情"。

(42) その角を曲がると、右手に郵便局があります。/拐过那个拐角，右边就是
邮局。

(43) あなたが来ないと、パーティは楽しくないでしよう。/你不来的话，聚会
就没意思。

(44) 台風がくると、この家は倒れてしまうだろう。/刮台风的话，这幢房子就
会倒塌吧。

(45) パソコンが使いこなせると、就職にかなり有利らしい。/好像熟练操作电
脑的话，就非常有利于就业。

另外,「ト」可以用在「～ます」「～です」之后。

(46)お子さんがご一緒ですと、お子さんの料金が半額になります。/如果带着孩子的话,孩子就可以半价。

(47)この道をまっすぐ行きますと、自然に海にでます。/沿着这条道直走的话,就会到海边。

(二) 正句Q表示不良结果的现实性假设条件句

这种假设条件句是向对方发出的一种警告。因为在目前这种状况下有可能会出现不良结果,因此警告对方不要这样做。

表1 正句Q表示不良结果的现实性假设条件句的特征

	P现实状况	Q不良结果	警告
(48)	あまりそばへ寄ると	風邪がうつるよ	⇒そばへ寄るな
(49)	そんなにたくさん食べると	あとでお腹が痛くなるよ	⇒たくさん食べるな
(50)	そうやってテレビばかり見ていると	宿題ができなくなるよ。	⇒テレビを見るのをやめなさい

表2 汉译

(48)	太靠近的话,	就会传染感冒的。	⇒不要太靠近!
(49)	吃那么多的话,	一会儿肚子就会疼的。	⇒不要吃太多!
(50)	总是看电视的话,	就没时间写作业了。	⇒不要看电视了!

再比如下面的(51)(52)也是这种假设条件句。

(51)あなたの今の病気は手術を受けないと、治りませんよ。(⇒手術を受けなさい)/如果不手术的话,你现在的病就不能治好。(⇒请接收手术吧!)

(52)今日の正午までに1000万円持ってこないと、人質の命はないぞ。(⇒1000万円もって来い)/今天中午之前不拿1000万日元来的话,人质就没命了。(⇒拿1000万日元来!)

315

（三）疑问词的位置限制

"卜句式"的偏句 P 中不能使用疑问词，但正句 Q 中可以。这是因为如(48-50)那样"卜句式"的偏句通常表示的是现实状况。当偏句 P 中出现疑问词时，通常使用"バ句式"（57）。

(53) こうすると、どうなりますか。/这样做的话会怎么样呢？

(54) このボタンを押すと、どうなりますか。/按这个按钮的话，会怎么样？

(55) 七時のバスに乗ると、何時に着きますか。/乘坐 7 点的巴士，几点能到？

(56) 人間は死ぬと、どうなるのでしょうか。/人死了之后，会怎样？

(57) どうすれば、うまくいきますか。/怎么做才能进展顺利呢？

（四）"卜句式"在句法和语义上的限制

1. 偏句 P 中不能使用「もし」。正如上文讲的那样，"卜句式"所表示的假设条件关系仅限于"现阶段在某种程度上已经确定的或可以预测的事情"，因此不能与假设程度较高的「もし」搭配。

(58) ×もしあまりそばへ寄ると、風邪がうつるよ。

(59) ×もしその角を曲がると、右手に郵便局があります。

(60) ×もしそんなにたくさん食べると、後でお腹が痛くなるよ。

2. "卜句式"正句 Q 的句末不能使用"命令、请求、意志"等表达方式，也就是说正句 Q 的句末不能使用命令表达方式「～しないさい」、请求表达方式「～てください」和意志表达方式「～（よ）う」，而"タラ条件句"正句的句末可以使用这些表达方式(例63b：「～だ+たら」⇒「～なら」)。

(61) a. ×［命令］台風が来ると、帰りなさい。

    b.［命令］台風が来たら、帰りなさい。/刮台风的话，就请回去吧。

(62) a. ×［意志］台風が来ると、帰ろう。

    b.［意志］台風が来たら、帰ろう。/刮台风的话，我们就回去。

(63) a.×[请求]明日雨だと、中止してください。

b.[请求]明日雨なら、中止してください。/明天下雨的话，就请中止(比赛)吧。

3. "卜句式"的正句不可以询问对方的意志，也就是说正句 Q 的句末不能使用如「どうしますか」「何をしますか」这样询问对方意志的疑问句，而 "タラ句式"可以(64c、65c)。

(64) a.×水が沸騰すると(あなたは)どうしますか。/水烧开的话，你怎么做?

b.水が沸騰するとどうなりますか。/水烧开的话，会怎么样?

c.水が沸騰したら(あなたは)どうしますか。/水烧开的话，你怎么做?

(65) a.×9時になると(あなたは)何をしますか。/到9点，你做什么?

b.9時になると何がおこりますか。/到9点会发生什么?

c.9時になったら(あなたは)何をしますか。/到9点，你做什么?

第二节　表示假定的タラ、バ句式

一、"タラ句式" 的 "假定状况" 和 "单纯状况"
（一）P 表示 "假定状况" 设定的 "タラ句式"

在假定状况 P 下，有可能出现结果 Q。此种情况汉语使用 "P，就（会/能）Q" 来表达。

(1) 受付の人に聞い<u>たら</u>、親切に教えてくれるよ。/向问讯处打听的话，人家<u>就</u>会耐心地解答。

(2) 歌詞がつまらなかっ<u>たら</u>、流行らないだろう。/歌词无聊的话，歌<u>就</u>不会流行。

(3) 部屋が清潔だっ<u>たら</u>、病気にならないはずだ。/保持房间清洁，<u>就</u>应该不会生病。

"タラ句式" 与 "バ句式" 相同，对于确定的事件不能使用「もし」，例如(1)中说话人凭借自身经验或者是从别人那里听来的信息，确信「受付の人に聞くと必ず親切に教えてくれる」，因此句首不能使用「もし」。而假定性程度高的事件，可以使用「もし」来突显其假定性。此时汉语使用 "如果P，就（会/能）Q" 来表达。

(4) <u>もし</u>核戦争が起こっ<u>たら</u>、日本はあっという間に消えてしまうだろう。/<u>如果</u>爆发核战，日本就会瞬间从地球上消失吧。

(5) <u>もし</u>英語がもう少し上手だっ<u>たら</u>、私は外国の企業で働けると思う。/<u>如果</u>英语再好一些，我<u>就</u>能在外企工作了。

(4) 中没有明显证据表明核战会爆发，「核戦争が起こる」只是假定状况而已。同样，(5) 中说话人不擅长英语是事实，「もう少し上手である」也只是假定状况而已。

318

(二) P 表示 "单纯状况" 设定的 "タラ句式"

前面叙述了表示 "假定状况" 设定的 "タラ句式" 的用法，接下来看表示 "单纯状况" 设定的 "タラ句式"，也就是 "P:单纯状况⇒Q:物体存在" 这种表达方式。

(6) この道をまっすぐ行ったら、右手に白い建物があります。/沿着这条路直走，右边有一幢白色建筑物。

「右手に白い建物がある」与「この道をまっすぐ行く」是没有直接关系的。白色建筑物原本在做直走这个动作之前就存在着，并且会一直存在下去。P的状况不直接影响Q的成立，表示这种单纯状况时，日语一般使用 "タラ句式"。

(三) "假定状况" 和 "单纯状况" 的不同

在第二部分中提到了 "单纯状况"，即 "P:单纯状况⇒Q:物体存在" 这种表达方式，P与Q之间没有直接因果关系。而在第一部分中谈到的 "假定状况" 表示 "在假定状况P下，有可能出现结果Q"，可以说这是典型的假定条件句。假定条件句的含义是 "假定在状况P成立的情况下，作为理所当然的结果，有可能出现Q"。因此，多数情况下正句Q的谓语是可能动词或动词的可能形。而且，表示 "假定状况" 时的 "タラ句式" 一般用汉语 "如果P，就Q" 来表达，而表示 "单纯状况" 时的 "タラ句式" 用 "P，就Q" 来表达，不能使用 "如果"。

(7) a. [单纯状况] この道をまっすぐ行ったら、白い建物がある。/沿着这条路直走，就有一幢白色建筑物。

b. [假定状况] この道をまっすぐ行ったら、白い建物が見える。/如果沿着这条路直走的话，就能看见一幢白色建筑物。

(8) a. [单纯状况] この坂を越えたら、あの人が待っている。/过了这个坡，就(会)

看见他等在那里。

b.[假定状况]この坂を越えたら、あの人に会える。/如果过了这个坡，就
能遇见他。

(9) a.[单纯状况]今このCDを買ったら、ポスターがついている。/现在购买这
张CD，同时就(会)得到一张海报。

b.[假定状况]今このCDを買ったら、ポスターがもらえる。/如果现在购买
这张CD，就能得到一张海报。

与"タラ句式"不同，"バ句式"不能表示"单纯状况"(10a)，这是因为"バ
句式"的基本含义是表示偏句P和正句Q的逻辑关系。而表示"假定状况"时，可
以使用"バ句式"(10b)。

(10) a.[单纯状况]×この道をまっすぐ行けば、海がある。

b.[假定状况]この道をまっすぐ行けば、自然に海に出ます。/如果沿着这
条路直走的话，就会看见大海。

（四）P中的疑问词询问状况，而Q中的疑问词询问结果

当P中出现疑问词时，整个句子询问结果Q成立所需的必要条件。此时汉语使
用"怎样，才(能)Q"之类的表达方式。

(11) どうしたら、やせることができるでしょうか。/怎样才能瘦下来?

(12) 何を読んだら、そんなに賢くなれるの。/看什么书才能变得那么聪明?

当Q中出现疑问词时，表示在假定状况P下会出现什么结果，也就是在前提条
件P下，会带来怎样的结果。汉语一般使用"如果P，会怎样"之类的表达方式。

(13) お金があったら、何を買う? /如果有了钱，你会买什么?

(14)今戦争が始まったら、日本はどうなると思いますか。/如果现在开战，你
　　认为日本会怎样？

(15)私が死んだら、あなたはどうする？/如果我死了，你会怎么办？

（五）"タラ句式"的"期待性"和"非期待性"

　　前面提到了"バ句式"的"期待性"问题，明确了"バ句式"的正句不能使用
与期待相反的事件这一限制。与其不同，"タラ句式"没有这样的限制，既可以表
示"期待性"又可以表示"非期待性"。因此可以说，与"バ句式"相比，"タラ
句式"是相对中立的表达方式。

(16)a.この薬を飲んだら、お腹の痛みがとれますよ。/服用这付药，就会止住
　　　腹痛的。

　　b.この薬を飲めば、お腹の痛みがとれますよ。/译文同上

(17)a.この薬を飲んだら、もっとお腹が痛くなりますよ。/吃了这付药，肚子
　　　就会更疼的。

　　b.×この薬を飲めば、もっとお腹が痛くなりますよ。

(18)a.脇見運転をしたら、事故になります。/漫不经心驾驶，就会发生事故的。

　　b.×脇見運転をすれば、事故になります。

二、设定行为成立的"タラ句式"

　　「PタラQ」中P表示条件成立的状况设置，Q表示状况P成立时的结果(结论)，当
表示这种条件关系时常使用"タラ句式"。"タラ句式"具体包括以下三种情况：

（一）当「PタラQ」的句末出现"义务表达方式"时

　　此种情况下，"タラ句式"表示"如果设置的状况P成立的话，希望出现Q这
种结果(结论)"之意，句末常使用表示"命令、请求、禁止、义务"的"义务表达
方式"，例如「～なさい」「～ください」「～てはためだ」「～なければならない」等。

表1 "バ条件句"的语法特征

P条件(状况设置)		Q结论(命令、请求、禁止、义务)	
ビールは蓋を開け	タラ	残さず全部飲みなさい	命令
		早めに全部飲んでください	请求
		飲み残してはだめです	禁止
		全部飲まなければなりません	义务

表2 汉译

P条件(状况设置)		Q结论(命令、请求、禁止、义务)	
啤酒开盖儿之后，	就	不要剩，都喝掉。	命令
		请尽快喝掉。	请求
		不要剩下。	禁止
		必须都喝掉。	义务

　　这种"タラ句式"在汉语中基本用"P，就Q"或"P，Q"来表示。与"义务表达方式"的"请""不要""必须"或表示"个人意志"的"想"等搭配，以"P，就(请/不要/必须)Q"或"P，(请/不要/必须/能/想)Q"的形式来表示，例如：

(19)大人になったら、宇宙飛行士になりたい。/长大之后，我想当宇航员。

(20)家に帰ったら、手を洗わなければなりません。/回家之后，必须洗手。

(21)仕事が終わったら、先に帰っていいですよ。/工作干完之后，可以先回家。

(22)悪いけど、この本読み終わったら、ちょっと貸してちょうだい？/请问，这本书看完之后，能借我看看吗？

(23)特に質問がなかったら、今日の会議は終わりにします。/如果没有问题的话，今天的会就到此结束。

(24)データをすべて入力し終わったら、ファイルをUSBメモリーに保存してください。/所有的数据都输入之后，请把文件保存到U盘里。

（二）"时间表达方式(时间经过)"和假定表达方式

　　当P是确实会发生的事件时，「PタラQ」是"时间表达方式(时间经过)"。而当

P是假定的状况时，「PタラQ」是假定条件句。下面的(25)～(29)是 "时间表达方式（时间经过）"。

(25) (今は連休中で)連休が終わっ<u>たら</u>、仕事を再開しましょう。/(现在是连休假期)连休结束之后，<u>就</u>重新开始工作吧。

(26) (今は5時で)6時になっ<u>たら</u>、父は会社から帰ってくるでしょう。/(现在5点)到6点，父亲<u>就</u>会下班回来。

(27) (家に帰って今日から)食後三時間経っ<u>たら</u>、薬を飲んでください。/(回家之后从今天开始)饭后三小时后，请吃药。

(28) (今は三月だからまだ寒いけど)もう少し暖かくなっ<u>たら</u>、ピクニックに行きましょう。/(现在是三月，春寒料峭)天气再暖和些之后，<u>就</u>去郊游吧。

(29) (来年七月に大学を卒業する)卒業し<u>たら</u>大学院に進学したいと思っています。/(明年七月大学毕业)毕业之后我想读研究生。

而(30)既可以理解为 "时间表达方式（时间经过）" 也可以理解为 "假定表达方式"。"社长在5点前回来" 这一情况确实会发生的时候，此句子是 "时间表达方式（时间经过）" (31)，当 "社长在5点前回来" 这一情况未必会发生的时候，此句子是 "假定表达方式" (32)。

(30) 社長が戻ってこられ<u>たら</u>、電話があったことをお伝えください。/社长回来之后，请转告社长我曾给他打过电话。

(31) ×(お得意先会社に電話したら、社長が出かけているが17時前には戻ってくると言われて)<u>もし</u>社長が戻ってこられ<u>たら</u>、電話があったことをお伝えください。/(给老客户打电话，对方说 "社长在5点前会回来")如果社长回来的话，请转告社长我曾给他打过电话。

(32) ○(お得意先会社に電話したら、社長が出かけていて17時前に戻ってくる

かどうか分らないと言われて）もし社長が戻ってこられたら、電話があったことをお伝えください。/（给老客户打电话，对方说"不清楚社长能否在5点前回来"）如果社长回来的话，请转告社长我曾给他打过电话。

综上所述，表示"时间表达方式（时间经过）"时，日语一般不能使用副词「もし」，汉语一般使用"P，就Q"或"P，Q"来表达。与此相对，表示"假定表达方式"时，日语中与「もし」搭配，以「もしPたら、Q」来表达，汉语中用"如果P，Q"或"如果P，就Q"来表达。

（三）有时省略结果（结论）

条件句中一般P是条件，Q是结果（结论），而有时Q部分省略结果（结论），取而代之的是出现"隐含的前提"。被省略的结果（结论）基本上是"许可""请求""劝诱"等表达方式。下面的第一个例句中，为了使被省略的结论「食べなさいよ」成立，需要前提「ピザ」，因此Q中可以出现作为前提的「冷蔵庫にピザがあるからね」。因为Q表示结果省略的理由，因此多数情况下出现「〜から」这样表示原因的句子。

表3　省略结果，正句中出现"隐含的前提"

P条件（状况设置）	省略的结果（结论）	Q前提状况或理由
お腹がすいたら	（食べなさいよ）	冷蔵庫にピザがあるからね。
何か困ったことがあったら	（声をかけてください）	僕はいつも研究室にいるから。
答えが知りたかったら	（教えてあげるよ）	回答集をもっているから
漫画を読みたかったら	（読んでいいよ）	本棚にあるよ。

表4　汉译

P条件（状况设置）	省略的结果（结论）	Q前提状况或理由
肚子饿的话，	（请吃吧）	冰箱里有披萨。
如果有什么麻烦的话，	（请叫我）	我一直在研究室。
想知道答案的话，	（我告诉你吧）	我有答案。
想看漫画的话，	（就看吧）	书架上有。

正如上面的例子那样，这种"省略结果（结论）"的"タラ句式"在汉语中一般译作"（如果）P的话，Q"。

三、偏句是既定事实的 "バ・タラ句式" 的 "期待性" 问题

(一) 偏句 P 是 "既定事实"，正句 Q 是 "基于偏句的判断"

偏句表示在谈话的时点已经成立的事件（既定事实），正句表示基于偏句的判断，此种情况下多用 "バ句式" 和 "タラ句式"。此种条件句的偏句中经常出现「ここまで」「それだけ」「あんなに」之类的指示词，这些指示词是表明偏句是既定事实的标记。正句中常出现表示判断语气的「～だろう/～にちがいない」和表示可能的「～できる/（动词可能形）える」等表达方式。

(33) これだけ一生懸命やれ（ば/たら）、誰も文句は言わないだろう。/如此尽力的话，谁都不会有牢骚的。

(34) そこまで仕事の内容が分ってい（れば/たら）、安心してお前に任せることができる。/既然如此了解这项工作的内容，就可以放心地把这项工作交给你。

(35) 英語がそれだけ上手に話せ（れば/たら）、就職の面接は問題ないだろう。/英语说得那么好的话，就职面试就没有问题的。

(36) ここまででき（れば/たら）、あとは一人でやれます。/既然已经做到这个程度，接下来的我一个人就能完成。

(37) 映画館であんなに大声で泣（ければ/いたら）、周りの人もびっくりしたにちがいない。/在电影院里那么大声哭的话，周围的人一定会惊讶的。

因为偏句是既定事实，此种情况下，汉语中常用 "既然P,（就）Q" 或 "P的话,（就）Q" 来表达。

(二) 表示 "非期待性" 的 "タラ句式"

偏句是已经成立的行为，正句是伴随偏句成立而出现的不好结果。正句中出现的不好结果指的是，对行为人无益的内容或者是与符合社会观念的期待不一致的内

容，此种内容一般称为"非期待性"内容。表示非期待性内容时，一般使用"タラ句式"，而不能使用"バ句式"。

(38) a.○こんな暗いところで勉強した<u>ら</u>、目が悪くなりますよ。/在这么黑的地方学习，视力<u>就</u>会下降的。

b.×こんな暗いところで勉強すれ<u>ば</u>、目が悪くなりますよ。

(39) a.○そんなに休まずに仕事ばかりした<u>ら</u>、健康によくないよ。/不休息，光工作<u>的话</u>，<u>就</u>会有害身体健康的。

b.×そんなに休まずに仕事ばかりすれ<u>ば</u>、健康によくないよ。

(40) a.○そうやってゲームばかりしていた<u>ら</u>、勉強がだめになるよ。/总是那么玩游戏<u>的话</u>，学业<u>就</u>会荒废的。

b.×そうやってゲームばかりしていれ<u>ば</u>、勉強がだめになるよ。

(41) a.○そんなにたくさん食べ<u>たら</u>、あとでお腹が痛くなるよ。/吃那么多<u>的话</u>，待会儿肚子<u>就</u>会疼的。

b.×そうやってゲームばかりしていれ<u>ば</u>、勉強ができなくなるよ。

这些例句的正句都是"非期待性"内容，含有深层含义「Pをしてはいけない」(警告的意思)。此种情况下不能使用"バ句式"。此外，"タラ句式"的正句并非总是表示非期待性内容，也可以是期待性内容，例如前面的例句(33)～(36)的正句就是期待性内容。这种条件句在汉语中常用"P(的话)，就Q"来表达。

(三) 专门表示"期待性"的"バ句式"

一般认为日语"バ句式"的正句所表示的内容对行为人有益，或者是符合社会观念的期待，而不能像(38)～(41)的正句那样，表示非期待性内容。基本上"バ句式"的正句是期待性内容，而不能是非期待性内容。此种情况下，偏句不是既定事实，而是假定表达方式。这种条件句在汉语中一般用"(如果)P的话，就(会/可以/能)Q"来表达。

(42)この薬を飲めば、風邪が治ります。/吃了这付药，感冒就会好的。

(43)この煎餅はゆっくり噛めば、食べられる。/脆饼慢慢嚼的话，就能吃。

(44)この鍋で料理すれば、ガス代が月々2000円節約できる。/如果使用这个锅的话，每月就可以节约2000日元的煤气费。

(45)この車はうまく運転すれば、1リットルで20kmも走る。/这款车如果用心开的话，1公升燃油可以行使20公里。

(46)この樽にはきれいに詰めば、大根20本がはいる。/如果好好装的话，这个木桶里可以放入20根萝卜。

　　表示期待性的"バ句式"不能表示非期待性内容，但也有例外，当"バ句式"的正句含有「当然」「当たり前だ」等词时，也可以表示非期待性内容(47)(48)。此外，当偏句是否定表达方式时（「Pでなければ、Q」/"不P的话，就Q"）"バ句式"的正句中也可以出现非期待性内容(17)(18)。

(47)よそ見をしていれば、当然事故になりますよ。/开车左顾右盼的话，当然会发生交通事故。

(48)そんな暗い所で本を読めば、目が悪くなるのは当たり前だ。/在那么黑的地方看书，视力下降是必然的。

(49)この薬を飲まなければ、気分が悪くなります。/不服用这付药的话，就会不舒服的。

(50)社長の言うとおりにしなければ、クビになります。/不按社长吩咐去办的话，就会被炒鱿鱼的。

(四) 专门表示 "非期待性" 的 "テハ句式"

1. 偏句是 "既定事实"，正句是 "基于偏句的判断"，但正句多表示不好的结果或非期待性内容

(51) あなたがここにいては、学生のみんなが勉強に集中できないよ。/你在这儿<u>的话</u>，学生们<u>就</u>不能集中精力学习的。

(52) そんなに会社への不満ばかり言ってい<u>ては</u>、周りから嫌われてしまうよ。/总是对公司牢骚满腹<u>的话</u>，周围的人都会讨厌你的。

(53) あれだけ会社の資金を無駄使いしては、会社が運営できなくなるよ。/那么滥用公司资金的话，公司就会无法正常运转的。

2. 表示回想过去，偏句和正句都是 "既定事实" 的 "テハ句式"

因为偏句和正句都是 "既定事实"，这样的条件句也被称为 "事实条件句"。此时正句也多表示非期待性内容。

(54) あの日、あんなに雨が降っ<u>ては</u>、試合を中止するしかなかった。/那天一直下雨，不得不中止了比赛。

(55) あんなに酷く彼氏にふられてしまっ<u>ては</u>、落ち込むのも無理ではない。/被男友无情地抛弃了，意志消沉也是理所当然的。

(56) あの時、そこまではっきり言われ<u>ては</u>、僕も本当のことを言わざるを得なかった。/当时你说得那么直接，迫不得已我也说出了实话。

第三节　表示伪实条件的バ、タラ句式

一、表示 "反事实假设" 的 "バ・タラ句式" 的语法标记

汉语中有 "要不是 P，就 Q" 这种专门用来表示 "反事实假设" 的句式(1)。此外，当 "如果不是 P，就 Q" 是 "求因假设" 时，它也可以表示 "反事实假设"(2)。而日语中不存在这种专门表示 "反事实假设" 的句式，基本上用 "バ句式" 或 "タラ句式" 来表示。不过，日语的 "反事实假设复句" 是存在若干表示 "与事实相反" 的语法标记的。

(1) 要不是出门时妈妈提醒我带伞，我现在就要被淋湿了。

(2) 如果不是那两名交警不顾性命及时疏散，躺在车轮下的可能就是我们这十几个人！

(一) 反事实标记①：多数情况下正句使用过去时「夕形」

日语中不存在专门表示 P 或 Q 是与事实相反的条件句。"反事实假设句式" 是与客观事实相反的假设，表示 "由该假设而产生不同结果" 含义的假设复句(3)。已然成立的客观事实用「P であったから Q」这种因果关系复句来表达(4)。

(3) [反事实] 用事がなければ、もちろんその会議には出席した。/ 如果没有什么事情的话，当然就参加那个会议了。

(4) [事实] 用事があったから、残念ながらその会議には出席できなかった。/ 因为有事，所以很遗憾没能出席那个会议。

虽然(3)的 Q 使用过去时「シタ」，但表示的是与客观事实相反的假设。假设条件句一般像(5)和(6)那样，谈论现在或未来的事情，正句使用非过去时(现在时、

将来时）「ル形」。但是，反事实假设条件句是与客观事实相反的假设，阐述的内容是 "假设出现了与过去客观事实(Q)相反的结果(非 Q)，那么在这种情况下需要条件(非 P)"，因此多数情况下正句使用过去时「夕形」。这种复句在汉语中一般译作 "(要是/如果)P(的话)，就 Q 了"。

(5) 歌詞がつまらなかっ<u>たら</u>、歌は流行ら<u>ない</u>だろう。/歌词无聊，歌曲<u>就</u>不会流行吧。

(6) この薬を飲め<u>ば</u>、気分がよくなるでしょう。/吃了这付药，<u>就</u>会感到舒服的。

(7) その時お金があっ<u>たら</u>、買え<u>た</u>のに。/<u>要是</u>当时有钱<u>的话</u>，<u>就</u>能买<u>了</u>。

(二) 反事实标记②：正句中常出现表示 "期待落空" 或 "遗憾" 等情感的表达方式

当正句中出现表示 "期待落空" 或 "遗憾" 等情感的「～(た)のに」「～ところだ(った)」时，能够清楚地判明该复句是 "反事实假设条件复句"，这是因为 "反事实假设" 基本用于表示期待没能如愿实现的情况下。这种复句在汉语中一般也译作 "(要是/如果)P(的话)，就 Q 了"。

(8) 8 時の電車に乗れ<u>ば</u>、会議に出席できた<u>のに</u>。/<u>要是</u>坐八点的电车<u>就</u>能赶上开会<u>了</u>。

(9) 真面目に勉強していれ<u>ば</u>、不合格にならなかった<u>のに</u>。/<u>要是</u>一直认真学习<u>的话</u>，<u>就</u>能及格<u>了</u>。

(10) 先生がまめに教えてくれなかっ<u>たら</u>、卒業できない<u>ところだった</u>。/<u>如果</u>老师不认真教我们，我<u>就</u>不能毕业<u>了</u>。

(11) あの飛行機に間に合っていれ<u>ば</u>、今頃は亜龍湾の浜辺で楽しんでいる<u>ところだ</u>。/<u>要是</u>赶上那趟航班<u>的话</u>，现在我<u>就</u>在亚龙湾海滨正享受呢。

（三）反事实标记③：表示期待感较高的预测表达方式常以过去时「夕形」的形式出现在句末

当「はずだった」「かもしれなかった」等预测表达方式以过去时「夕形」的形式出现在句末时，该复句为反事实假设复句的可能性很高。这种条件句在汉语中也译作"（要是/如果）P（的话），就Q了"。

(12) 社長が来なければ、代わりに私が会議の司会をする<u>はずだった</u>。/<u>如果</u>社长不来<u>的话</u>，我<u>就</u>会代替他主持会议<u>了</u>。

(13) しっかりドアをロックしてい<u>たら</u>、泥棒が入ることはなかった<u>はずだった</u>。/<u>要是</u>锁好门<u>的话</u>，<u>就</u>不会进贼<u>了</u>。

(14) もう一時間早く着い<u>たら</u>、イベントには間にあった<u>かもしれなかった</u>。/<u>要是</u>再提前一小时到<u>的话</u>，也许<u>就能</u>赶上活动<u>了</u>。

(15) 転倒しなかっ<u>たら</u>、彼女は競走に勝っている<u>かもしれなかった</u>。/<u>如果</u>没摔倒<u>的话</u>，也许她<u>就</u>会跑赢比赛<u>了</u>。

（四）反事实标记④：正句常使用「〜していた」的形式

已经在过去成立的客观事实通常以结果的形态持续。那么，在相反的假设条件下就会出现相反的结果持续的情况。因此，反事实假设复句的正句常使用「〜していた」的形式。这种复句在汉语中常译作"（要是/如果）P（的话），就已经Q了"。

(16) あなたが欠席し<u>たら</u>、代わりに私が発表し<u>ていた</u>だろう。/<u>要是</u>你缺席<u>的话</u>，我<u>就已经</u>代你发表<u>了</u>。

(17) 病気で入院さえしなかっ<u>たら</u>、今頃は大学をとっくに卒業し<u>ていた</u>だろう。/<u>如果</u>不是因病住院<u>的话</u>，现在早<u>就已经</u>大学毕业<u>了</u>。

（五） 反事实标记⑤

当偏句中的动词是表示"动作"或"变化"的动词时，常使用「～していれば」「～していたら」的形式来表示反事实假设。

这种"反事实假设复句"一般表示，在某种状态下发生了与期待相反的结果，对此说话人感到非常遗憾，与此同时，预测"要是在相反的状态下，就会出现与期待一致的结果了"。因此偏句常使用表示状态持续的持续体「テイ（ル/タ）形」。这种复句在汉语中通常译作"（要是/如果）P（的话），就Q了"。

(18) もっと注意して運転し<u>ていたら</u>、こんなひどい事故は起こさなかった。/<u>要是</u>更加小心驾驶<u>的话</u>，<u>就</u>不会发生这么严重的事故<u>了</u>。

(19) 落ち着い<u>ていれば</u>、財布を忘れることはなかっ<u>た</u>だろう。/<u>如果</u>不是着急<u>的话</u>，<u>就</u>不会忘带钱包<u>了</u>。

（六）过去时、持续体与"反事实假设"

"反事实假设复句"是与客观事实相反的假设，表示「違う結果が過去に起こり、現在まで続いただろう」之意，因此常与过去时「タ形」和持续体「テイ（ル/タ）形」相关联。在汉语中常使用"（要是/如果）P（的话），就Q了"来表达。

1. 正句多使用过去时「タ形」，而且表示期待感较高的预测表达方式的过去时「はずだった」「かもしれなかった」以及表示"期待落空"或"遗憾"等情感的「～（た）のに」「～ところだ（った）」常出现在句末。

2. 偏句和正句中常出现持续体「テイ（ル/タ）形」。例如在偏句中出现时，"反事实假设复句"句式为「P てい（れば/たら）、Q」；在正句中出现时，句式为「P（ば/たら）、Q ていた」。

二、"反事实假设" 所表示的过去、现在和将来

"反事实假设复句" 是与客观事实相反的假设, 表示 "由该假设而产生不同结果" 含义的假设复句。已然成立的客观事实用「P であったから Q」这种因果关系复句来表达。"反事实假设复句" 的偏句提出与 "现在状况" 或 "过去事实" 明显不同的或者是截然相反的假设。本文尝试从过去、现在和将来的角度, 分析 "反事实假设复句" 偏句和正句中描述的事情的差异。

(一) 与 "现在状况" 相反的假设:「P (状態動詞)、Q (ル形)」

偏句 P 提出与 "现在状况" 截然不同的假设, 正句 Q 表示由该假设而预测出的现在的结果。

表 1 与现在状况相反的 "反事实假设" 的语法特征

	事实 (因果关系复句)		反事实 (与现在状况相反)	
	P 现在的条件	Q 现在的结果	P 与现在相反的假设	Q 预测现在的结果
(20)	お金がないから	買えない	お金があれば	買えるのに
(21)	壁があるから	部屋が広くない	この壁がなかったら	部屋がもっと広くなる
(22)	学生でないから	半額で入場できない	学生であれば	半額で入場できるのに

表 2 汉译

(20)	因为没有钱	所以买不起	要是有钱的话	就买得起了
(21)	因为有墙壁	所以房间不大	要不是有墙壁	房间就会更大了
(22)	因为不是学生	所以不能半价入场	要是学生的话	就能半价入场了

这种 "反事实假设复句" 中, 偏句 P 表示与现在状况不同的假设, 通常使用「ある、いる、である、でない」等状态动词。而汉语中常译作 "(要是/如果) P (的话), 就 Q 了", 当偏句谓语是否定形时 (21), 常译作 "要不是 P, 就 Q" 或 "如果不是 P, 就 Q"。

(23) わたしにもっと実力が<u>あれば</u>、助けてあげられると思う。/<u>要是</u>我实力再强点<u>的话</u>，<u>就</u>能帮助你<u>了</u>。

(24) ここに奈津子が<u>いたら</u>、きっと怖がって泣き出しているにちがいない。/<u>要是</u>奈津子在这儿<u>的话</u>，肯定早就笑哭<u>了</u>。

(25) 材料が新鮮で<u>あれば</u>、このケーキはもっとおいしいはずだ。/<u>如果</u>食材新鲜<u>的话</u>，这个蛋糕<u>就应该</u>更好吃。

(二) 与"过去事实"相反的假设：「P（テイル形）、Q（タ形）」

这种"反事实假设复句"中，偏句 P 表示与过去事实相反的假设，正句 Q 表示由该假设预测的结果，因此正句 Q 中常出现表示过去的「タ形」，偏句 P 中常使用表示状态的「テイル形」。汉语中通常使用"（要是/如果）P（的话），就 Q 了"来表达。

表3 与过去事实相反的"反事实假设"的语法特征

	事实(因果关系复句)		反事实(与过去事实相反)	
	P 过去的条件	Q 现在已出现的结果	P 与过去相反的假设	Q 预测的结果
(26)	注意して運転しなかった	こんなひどい事故を起こした	もっと注意して運転<u>していたら</u>	こんなひどい事故はおこさ<u>なかった</u>
(27)	あわてていた	財布を忘れた	落ち着い<u>ていれば</u>	財布を忘れることはな<u>かっただろう</u>

表4 汉译

(26)	因为没有小心驾驶	所以发生了这么严重的事故	<u>要是</u>更加小心驾驶<u>的话</u>	<u>就</u>不会发生这么严重的事故<u>了</u>
(27)	因为很着急	所以忘带钱包了	<u>如果</u>不是着急的话	<u>就</u>不会忘带钱包<u>了</u>

这种"反事实假设复句"表示，在某种状态下发生了与期待相反的结果，对此说话人感到非常遗憾，与此同时，预测"要是在相反的状态下，就会出现与期待一致的结果了"。因此句末常使用「(た)はずだ」「(た)かもしれない」「(た)だろう」「(た)のに」等表达方式。

(28) もっと警備をしっかりし<u>ていたら</u>、泥棒が入ることは<u>なかったはずだ</u>。/
如果戒备再森严<u>一些</u>，<u>就</u>不会被盗<u>了</u>。

(29) あの日君に会っ<u>ていなかったら</u>、君とは結婚<u>しなかったかもしれない</u>。/
<u>要不是</u>那天碰到你，也许<u>就</u>不会跟你结婚<u>了</u>。

(30) まじめに勉強し<u>ていれば</u>四年で大学を卒業<u>できただろうに</u>。/<u>要是</u>认真学
习<u>的话</u>，大学四年<u>就</u>能毕业<u>了</u>。

(31) あいつを殴っ<u>たら</u>もっとすっきりし<u>たのに</u>。/<u>要是</u>揍他一顿<u>的话</u>，<u>就</u>解气
<u>了</u>。

(三) 在与过去事实相反的假设条件下，现在或将来有可能发生：「P、Q テイ(ル/タ)」

这种 "反事实假设复句" 中，偏句 P 表示与过去事实相反的假设，正句 Q 表
示现在或将来有可能发生的某种状态，故常使用持续体「テイ(ル/タ)形」，也经常
使用将来时（「ル形」）或过去时（「タ形」）。偏句 P 是肯定时，汉语用 "如果 P(的话)，
就 Q 了" 来表达，偏句 P 是否定时，用 "要不是 P(的话)，就 Q 了" 来表示。

表5 上述 "反事实假设" 的语法特征

	P 过去事实	P 与过去事实相反的假设	Q 预测现在或将来的结果
(32)	君が休講を知らせてくれた	君が休講を知らせてくれな(かったら/ければ)	明日大学に行っ<u>てい</u>(る/た)よ。
(33)	你通知我停课一事	<u>要不是</u>你通知我停课一事<u>的话</u>	我明天就去上学<u>了</u>。

另外，这种 "反事实假设复句" 的正句表示预测在现在或将来有可能发生的事
情，因此句末常使用表示判断的「はずだ/かもしれない/だろう」或「ところだ(っ
た)」。

(34) 警察の捜査がうまくいっ<u>ていれば</u>、今ごろは犯人がつかまっている<u>はず
だ</u>。/<u>如果</u>警察捜査进展顺利<u>的话</u>，现在早<u>就</u>抓住犯人<u>了</u>。

(35) あの時妻とけんかで別れしていなければ、明日の結婚記念日を二人で祝っていたかもしれない。/要不是那天因吵架而与妻子分开的话，就能两个人庆祝明天的结婚纪念日了。

(36) 先生が丁寧に指導してくれなかったら、論文の締め切りに間に合わないところだった。/要不是老师耐心地指导我，就不能按时提交论文了。

(37) 早めに家を出ていてよかった。もう30分遅かったら、渋滞に巻き込まれて、遅刻してしまったところだよ。/幸亏早一些出门。要是再晚30分钟的话，就遇上交通堵塞，就会迟到了。

第四节　日语潜在性条件句及其特征

一、表示"一般、习惯"含义的趋向性表达方式「バ」和「ト」

前面谈了关于表示假想可能发生的假设条件句的含义和用法，这里开始探讨现实世界中两件事情的逻辑关系或趋向关系，具体地讲就是分析表示逻辑关系（"逻辑条件句"）或趋向关系（"事实条件句"）的"バ·ト·タラ句式"。"逻辑条件句"是指一般成立的两件事情（偏句和正句）的逻辑关系的句子，例如自然法则或社会规则等。"事实条件句"是指现在或过去已经发生的两件事情的连续关系的句子。不管是"逻辑条件句"，还是"事实条件句"，其原型都是表示前后两件事情趋向性的复句，所说的"趋向性"是指"伴随偏句中事情的成立而发生正句中事情，从时间上看，二者先后相伴发生"。汉语中使用"（一）P，就Q"来表示趋向性。事实条件句就直接用这个句式来表达，但是逻辑条件句多用"只要（一）P，就Q"来表达。

（一）表示在过去、现在、将来都不会改变的，即永恒的、普遍的逻辑关系的逻辑条件句

当偏句P和正句Q表示像自然法则、社会规则那样，因永恒的、普遍的因果关系而相关联之意时，常使用"バ·ト句式"，这种情况下不能使用"タラ句式"。(1)和(2)是表示因自然法则而成立的因果关系表达句，而(3)、(4)是表示因社会规则而成立的因果关系表达句。

(1) 体温があがると汗がでる。/体温一高就出汗。

(2) 氷が溶ければ水になる。/冰一化就变成水。

(3) このボタンを押すとドアが開く。/一按这个按钮门就会开。

(4) 操作手順通りに操作すればこの機械は動く。/按照操作手册进行操作的话，这台机器就会开动。

(5) 円の周りの長さを直径で割ると、約 3.14 になる。/圆的周长除以直径，约等于 3.14。

(6) 二十歳になれば自由に結婚できます。/到了二十岁就可以自由结婚。

本节开篇讲到，不管是 "逻辑条件句"，还是 "事实条件句"，其原型都是表示前后两件事情趋向性的复句，因此多使用 "(一)P，就 Q" 来表达，其中表示永恒的、普遍的逻辑关系的逻辑条件句用 "只要(一)P，就 Q" 来表达。

（二）表示现在仍然持续的 "反复状态" 或 "个人习惯" 的事实条件句

下面的(7)-(9)既是现在反复出现的状态，又是个人习惯。

(7) 私はお酒を飲むと気分が悪くなる。/我一喝酒身体就不舒服。

(8) 父は私が遅く帰ると怒る。/我一回来晚，父亲就发火儿。

(9) わたしは誘われればすぐついていく。/一被邀请我就跟着去。

另外，因为是表示现在仍然持续的 "反复状态" 或 "个人习惯"，因此句子中常使用「いつも」「必ず」「よく」「ときどき」「たまに」等副词。

(10) 彼は本を読むといつも眠くなる。/他一看书总是犯困。

(11) 彼が本を読むと私は必ず眠くなる。/他一读书，我肯定就犯困。

(12) モーツァルトのピアノ曲は寝るときに聞くとよく目が覚めしてしまう。/睡觉前听莫扎特的钢琴曲，经常一听就清醒。

这种表示现在仍然持续的 "反复状态" 或 "个人习惯" 的条件句，在汉语中常用 "总是/经常/肯定" 和 "(一)P，就 Q" 搭配来表达。

（三）表示无法再现的过去的反复、习惯的事实条件句

这种事实条件句的句末多使用「～していた」「～したものだ」「～してくれた」，但汉语里没有类似的表达方式。汉语主要用时间副词来表示句子的时态，故在

"(一) P，就 Q" 前加上 "当时" "过去" "小时候" 等，以 "过去时间状语＋(一) P，就 Q" 的形式就可以表示过去反复发生的事实。

(13) 子供のころ、休みになると父が海や山へ連れていってくれた。/小时候，一放假父亲就带我去海边或山上。

(14) あのころは学校へ行けば図書館に寄ったものだ。/当时常常一去学校就顺便去趟图书馆。

(15) 学生のころは、試験が終わると、友達と一晩中遊び回っていた。/学生时代，一考完试就和朋友玩通宵。

(16) うちに帰って母がいないと、泣いたものだ。/(小时候) 回到家，一看妈妈不在就哭鼻子。

(17) 昔は、悪いことをすれば、知らない大人に叱られたものだ。/过去一干坏事，就被陌生的大人训斥。

(18) 最近の若者は態度がはっきりしない。私が若いころは、意見を求められれば、きちんと答えたものだ。/最近的年轻人态度不明确，我年轻的时候，别人问我意见的话，我就明确地回答。

(四)「バ」和「ト」的微妙差异

表示 "个人习惯" 时，"バ句式" 和 "卜句式" 是有微妙差异的。下面的 (19) 使用了「卜」，多数情况下可以理解为主要表示时间先后关系的趋向性事实条件句。而使用了「バ」的 (20)，不仅仅表示单纯的个人习惯，也表示 "为了「図書館に寄る」，需要「学校に行く」这个条件" 之意，可以如 (20a) 那样，引出诱导推理「P でないと Q でない」，因此多数情况下可以理解为逻辑条件句。这时与表示最低条件的「P さえあれば Q である」意思接近 (20b)。

(19) 学校に行くと図書館に寄ります。/一去学校就顺便去图书馆。

(20) 学校に行けば図書館に寄ります。/(只要) 一去学校就顺便去图书馆。

a.学校に行かないと図書館に寄りません。/不去学校的话，就不能顺便去图书馆。

b.学校に行きさえすれば図書館に寄ります。/我只要一去学校就顺便去图书馆。

二、表示"预测"和"最低条件"的"バ句式"

日语条件复句主要有「バ・ト・タラ・ナラ」等几种句式，首先来看"バ句式"的含义和用法。"バ句式"的用法较多，本文仅谈表示"预测"和"最低条件"的"バ句式"。

(一) 表示"预测"的"バ句式"

"バ句式"中，P (偏句) 表示假定的条件，而 Q (正句) 表示预测的结果，即"条件 P⇒结果 Q"。此时句尾常使用「だろう」「思う」「違いない」「かもしれない」等。这种情况，汉语一般使用"P，就(会) Q"来表达。

(21) 春になれば、もうすこし暖かくなるだろう。/到春天的话，就会更暖和些。

(22) 営業時間をのばせば、売り上げが上がると思います。/我认为延长营业时间的话，销售额就会上涨。

(23) 飛行機代が安ければ、利用する人が増えるにちがいない。/机票便宜的话，乘飞机的人就会增加。

(24) 台所が便利であれば、料理が楽しみになるでしょう。/厨房便利的话，做饭就会成为一种享受。

此外，句首使用「もし」的话，假定性程度会明显提高 (25、26)。但表示确定会发生的事件时不能使用「もし」(27、28)。

(25) もしこのまま日本経済が悪くなり続ければ、アジア全体が不景気になるのは明らかだ。/如果日本经济继续这样恶化的话，显然整个亚洲经济就会不景气。

340

(26) もし公共料金があがれば、景気がますます悪くなるでしょう。/如果公共事业费上涨的话，经济就会更不景气。

(27) ×もし春になれば、暖かくなるでしょう。

(28) ×もし5時をすぎれば、誰か戻ってくると思いますけど。

　　这里所讲的"假定性程度高"是指不能断言P中事件今后一定会发生之意。(25)中，今后日本经济是否会持续恶化，这是谁都无法断言的事情，因此Q是在万一出现P这种情况下对其结果做出的预测。与此相反，虽然(27)的偏句是尚未发生的事情，但冬天迟早会过去，春天一定会来，可以断言这是一定会发生的事情，因此不能使用「もし」。而句式「もしPであれば、Q」在汉语中一般使用"如果P，就(会)Q"来表达。

(二) 表示"最低条件"的"バ句式"

　　"バ句式"与提示助词「さえ」搭配表示"最低条件"。这里所说的"最低条件"是指保证Q(结果)成立最起码需要P(条件)的意思。表示"最低条件"时，汉语中一般使用"只要P，就Q"。

1.「Pさえ＋ば、Q」(肯定形式) 的几种接续方式

A：接在动词连用形或名词之后，表示的意思基本一样。

　　「さえ」接在动词连用形之后时，使用「NをVさえすれば」的形式(29)，接在名词之后时，使用「NをVさえすれば」的形式(30)，都表示最低条件。

(29) この薬を飲みさえすれば気分がよくなるでしょう。/只要吃了这付药，就会感到舒服的。

(30) この薬さえ飲めば気分がよくなるでしょう。/译文同上 。

B：接在形容词之后有以下两种方式：

(31)家賃が安ければ、住みたい人はたくさんいるだろう。/房租便宜的话，就有很多人想住在这儿吧。

  a.家賃が安くさえあれば、住みたい人はたくさんいるだろう。/只要房租便宜，就有很多人想住在这儿吧。

  b.家賃さえ安ければ、住みたい人はたくさんいるだろう。/译文同上

C：接在形容动词或名词谓语之后，有以下两种方式：

(32)店内が清潔であれば、客は集まってくるでしょう。/店内干净的话，就会有很多客人光顾吧。

  a.店内が清潔でさえあれば、客は集まってくるでしょう。/只要店内干净，就会有很多客人光顾吧。

  b.店内が清潔でありさえすれば、客は集まってくるでしょう。/译文同上

(33)君が18才以上であれば、この映画を見ることができる。/过了18岁就能看这部电影。

  a.君が18才以上でさえあれば、この映画を見ることができる。/只要过了18岁就能看这部电影。

  b.君が18才以上でありさえすれば、この映画を見ることができる。/译文同上

2.「Pさえ＋ば、Q」(否定形式)的几种接续方式

D：与动词否定形搭配时，用「～さえしなければ」来表示最低条件。

(34)歌わなければ⇒歌いさえしなければ

(35)走らなければ⇒走りさえしなければ

342

E：与汉语动词（「～する」动词）否定形搭配时有以下两种方式：

(36) 失敗しなければ⇒a.失敗<u>さえ</u>しなければ/b.失敗し<u>さえ</u>しなければ

F：与表示否定存在的形容词「ない」搭配时，用「～さえなければ」来表示最低条件。

(37) 用事がなければ⇒用事<u>さえ</u>なければ

G：与形容词否定形搭配时，有以下两种接续方式：

(38) 宿題が多くなければ⇒a.宿題が多く<u>さえ</u>なければ/b.宿題<u>さえ</u>多くなければ

（三）小结

X：表示预测的 "バ句式" 的含义是，假定在P这种 "前提条件" 下，预测会发生结果Q。汉语使用句式 "P，就(会)Q" 来表达。

X₁：当P是未必一定会发生或假定性程度高的事件时，常使用「もしPであれば、Q」。汉语基本使用句式 "如果P，就(会)Q" 来表达。

X₂：当P是虽未发生，但可断言迟早会发生的确定性事件时，不能使用「もし」。汉语使用句式 "P，就(会)Q" 来表达。

Y：表示 "最低条件" 的 "バ句式"，表示Q(结果)成立所需的最低限度的必要条件，本文暂称其为 "最低必要条件"。日语用「さえ＋ば」的形式，而汉语通常使用 "只要P，就Q" 来表达。

上述内容可以概括为下表：

P的特征	X：前提条件(预测表达方式)		Y：最低必要条件
	假定发生的事件	确定要发生的事件	必须要满足的最低条件
日语	もしPであれば、Q	Pであれば、Q	Pさえ＋ば、Q
汉语	如果P，就(会)Q	P，就Q	只要P，就Q

三、"バ条件句"的各种限制

上边介绍了表示"前提条件"和"最低必要条件"的"バ句式"及其与汉语的对应关系，本文浅谈"バ句式"在用法上的一些限制。

(一) Q表示"义务、许可、命令、意志"时，P只能表示"状态"

P中常使用「ある」「～できる」等表示状态的动词、形容词、形容动词或"名词+だ"。而汉语常使用"(如果)P，就(应该/可以)Q"。

表1 "バ句式"的语法特征

P（状态）		Q（义务、许可、命令、意志）	
資金が足りなけれ		これ以上事業を拡大するべきではない	义务
時間とお金に余裕があれ	ば	カルチャーセンターで何か習ってもいいよ	许可
内容が理解できなけれ		すぐに手をあげて質問しなさい	命令
性格がいい人であれ		会ってみよう	意志

表2 汉译

P（状态）		Q（义务、许可、命令、意志）	
如果资金不足的话，		不应该继续扩大企业规模	义务
如果有钱有时间的话，	就	去文化中心学点什么吧	许可
如果不能理解内容的话，		请立刻举手发问	命令
如果对方性格好，我		去见见他	意志

此种情况下，P只能表示"状态"，不能使用表示"动作或变化"的动词。也就是说，P中不能出现动作动词和变化动词，这是因为"バ句式"的基本用法是表示P和Q的逻辑关系。例如，「資金が足りなければ、これ以上事業を拡大するべきではない」的含义是：为了继续扩大企业规模是需要充足资金的，而目前"资金不足"的状态与"继续扩大企业规模"的目的在逻辑上是矛盾的，因此应该放弃扩大企业规模。

当P表示"动作或变化"时，一般使用"タラ句式"。

(39) a.×赤字決算に転落すれば、それ以上事業を拡大するべきではない。

b.赤字決算に転落したら、それ以上事業を拡大するべきではない。/决算出现赤字，就不应该继续扩大企业规模。

(40) a. ×都会に引っ越せば、カルチャーセンターで何か習ってもいいよ。

b. 都会に引っ越ししたら、カルチャーセンターで何か習ってもいいよ。/
搬到城市后，就去文化中心学点什么吧。

(41) a. ×講師の先生が来れば、すぐに手をあげて質問しなさい。

b. 講師の先生が来たら、すぐに手をあげて質問しなさい。/老师来了之后，
就请立刻举手发问。

(二) Q 中不能出现 "非期待性" 结果

"バ句式" 的正句 (Q) 中必须出现 "期待性" 结果，而不能出现 "非期待性"
结果。

(42) a. [期待性] この薬を飲めば気分がよくなります。/吃了这付药，就会感到
舒服的。

b. [非期待性] ×この薬を飲めば気分が悪くなります。

c. [诱导推理] この薬を飲まなければ気分がよくなりません。/不吃这付药，
就不会感到舒服的。

表示 "期待性" 时，偏句是正句成立所需的 "必要条件"，例如为了「気分が
よくなる」，是需要「この薬を飲む」的。这种表示 "期待性" 的 "バ句式" 能引申
出 "诱导推理" (4c)，又如，

(43) a. [期待性] 10時の新幹線に乗れば会議に間に合うよ。/乘坐10点的新干线，
就会赶上开会的。

b. [非期待性] ×11時の新幹線に乗れば会議に遅れてしまうよ。

c. [诱导推理] 10時の新幹線に乗らなければ、会議に遅れてしまうよ。/不乘
坐10点的新干线，就赶不上开会的。

d.［深层含义］10時の新幹線に（乗りなさい／乗ろう）。/（请/我们）乘坐10点的新干线吧。

(43)表示为了实现「会議に間に合う」的期待，需要「10時の新幹線に乗る」的意思，而表示"非期待性"的(43b)是错误的说法。表示"期待性"的"バ句式"可以引申出"诱导推理"(43c)，所谓"诱导推理"是指"非P就非Q（「Pでなければ Q でない」）"这种句式。另外，句子中隐含的"深层含义"是「10時の新幹線に乗りなさい、乗ろう」这种"义务、许可、命令、意志"等，这种"深层含义"与前面的<表1>的例子是相同的。

四、用句式"疑问词+ば、Q"来询问正句成立所需的必要条件

"バ句式"的P中可以使用疑问词，来询问Q成立所需的条件。此种情况下，汉语一般不用"如果P，就Q"，而用"疑问词，才（能）Q"来表达。

(44)<u>どの</u>辞書をひけば、この漢字の意味がわかりますか。/<u>查什么</u>词典，<u>才</u>能知道这个汉字的意思?

(45)<u>誰に</u>聞けば、この建物の様子を教えてくれますか。/请教<u>谁</u>我<u>才</u>能知道这座建筑物的情况?

(46)<u>何を</u>飲めば、お腹の痛みがおさまりますか。/吃<u>什么才</u>能缓解腹痛?

但"バ句式"的Q中不能使用疑问词(47-49)。如果Q中使用疑问词的话，通常使用"ト句式"或"タラ句式"(50-52)。

(47)×この辞書をひけば、<u>何が</u>わかりますか。

(48)×彼に聞けば、<u>何が</u>分りますか。

(49)×これを飲めば、お腹の痛みが<u>どう</u>なりますか。

(50)この辞書をひ（<u>くと</u>/<u>いたら</u>）、<u>何が</u>わかりますか。/查这本词典，能明白<u>什么</u>?

(51)彼に聞（く<u>と</u>/い<u>たら</u>）、<u>何</u>が分りますか。/向他打听，能知道<u>什么</u>？

(52)これを飲（む<u>と</u>/ん<u>だら</u>）、お腹の痛みが<u>どう</u>なりますか。/吃了这个，腹痛会<u>怎样</u>？

　此外，"疑问词+ ～すればいいですか"也是比较常用的句式。

(53)ルームサービスを頼みたいのだけど、<u>何番</u>に電話すれ<u>ば</u>いいのかなあ。/想申请客房服务，拨打<u>什么</u>号呢？

(54)日に焼けないようにするためには、<u>どんな</u>化粧品を使え<u>ば</u>いいのでしょうか。/想要防晒，用<u>什么</u>化妆品好呢？

参考文献

【国内文献】

スリーエーネットワーク編 2009『みんなの日本語―标准习题集』外语教学与研究出版社.

北京大学中国语言学研究中心. CCL 语料库.

北京日本学研究中心. 日中对译语料库.

陈波 2003〈"鬼"字用法的发展及对汉语词汇的影响〉《武汉理工大学学报》（3）.

大连外国语学院编写组 1994《新日汉辞典》辽宁人民出版社出版.

邓耀臣 2003〈词语搭配研究中的统计方法〉《大连海事大学学报》（4）.

董秀芳 2004《汉语的词库与词法》北京大学出版社.

高红 2008〈格助词"に"与"で"的语义分析〉《外语研究》（2）.

高卫东 2005〈慎言汉语的意合〉《解放军外国语学院学报》（6）.

汉语大词典编辑委员会、汉语大词典编纂处编 1992《漢語大詞典》汉语大词典出版社.

黄伯荣・廖序东主编 2002《现代汉语》高等教育出版社.

蒋庆荣 2008〈汉语和日语条件句的对比〉《安徽工业大学学报(社会科学版)》.

寇芙蓉 2003〈日语推断表达方式"ようだ・らしい・そうだ"的辨析〉《日语学习与研究》（1）.

赖锦雀 2005〈感覚形容詞の意味拡張―共感覚的用法を中心に〉《高科大应用外語学報》（3）.

李光赫・张北林・张建伟 2012《条件复句的日汉对比研究》广东:世界图书出版公司.

李光赫・张北林 2011〈"ようだ""らしい"的日汉对比(1)"ようだ"的语义特征〉《日语知识》（6）.

李光赫・张北林 2011〈「ようだ」「らしい」的日汉对比(2)「らしい」的语义特征〉《日语知识》（7）.

李光赫・张北林 2011〈「ようだ」「らしい」的日汉对比(3)「ようだ」「らしい」的区别〉《日语知识》（8）.

李光赫・张北林 2011〈「ようだ」「らしい」的日汉对比(4)表示"样态"的"好像"的语法特征〉《日语知识》（9）.

李光赫・张北林等 2014《复句日汉对比实证研究》北京:世界图书出版公司.

李光赫・张建伟 2011〈「ようだ」「らしい」的日汉对比(5)表示"推量"和"传闻"的"好像"的语法特征〉《日语知识》（10）.

李光赫・张建伟 2011〈「ようだ」「らしい」的日汉对比(6)"似乎"的语法特征〉《日语知识》（11）.

李光赫・张建伟 2011〈「ようだ」「らしい」的日汉对比(7)「ようだ·らしい」与"好像·似乎"〉《日语知识》（12）.

李光赫・张建伟 2012〈条件复句的日汉对比(10)　表示动作连续的「ト」条件句和"一P,就Q"句〉《日语知识》（10）.

李光赫・张建伟 2012〈条件复句的日汉对比(11)　表示"发现、出现某种状况"的「ト·タラ」条件句〉《日语知识》（11）.

李光赫・张建伟 2012〈条件复句的日汉对比(12)　表示"契机"的「ト·タラ」条件句〉《日语知识》（12）.

李光赫・邹善军・赵圣花 2014〈日中対訳例から見るト条件文の実証的研究〉《外语教育研究》（2）.

李瑛・文旭 2006〈从"头"认知-转喻、隐喻与一词多义现象研究〉《外语教学》（5）.

林星 2009〈认知语言学的具身化假说和身体隐喻研究〉《外国语言文学》（3）.

刘玉琴・韩兰灵 2014〈影视作品在跨文化交际能力培养中的应用探索〉《东北亚外语研究》（1）.

刘玉琴等2013『JV Finder』视频语料库.大连理工大学软件学院日本語研究
　　所.http://www.japanesecorpus.com/.

陆志韦等1975《漢語的構詞法》中華書局.

罗主宾·罗圣雄2010〈新化方言中"一个鬼"的句法、语义、语用分析〉《语文学刊》（1）.

吕叔湘1963〈现代汉语单双音节问题初探〉《中国语文》.

吕叔湘1983《现代中国語用法辞典》现代出版.

马一川2012〈汉日条件句主要表达形式的对比〉《大众文艺》.

毛文伟2013〈现代日语书面语均衡语料库应用研究〉《日语学习与研究》（2）.

毛燕2009〈从"好个X"句式看"鬼、头、鸟、球"类词的否定意义〉《现代语文》（2）.

潘文国等2004《汉语的构词法研究》　上海:华东师范大学出版社

钱钟书1994《七缀集》上海:上海古籍出版社

沈家煊2005《现代汉语语法的功能、语用、认知研究》北京:商务印书馆.

时春慧·刘玉琴·邹善军2012〈合作学习在理工科日语课堂的实践〉《佳木斯大学
　　社会科学学报》（1）.

束定芳2008《认知语言学》上海:上海外语教育出版社.

孙燕青·董奇2001〈在多媒体语境条件下词类对儿童英语词汇学习效果的影响〉《心
　　理发展与教育》(4).

森山新 2010「格助詞ヲ、ニ、デの意味構造とその習得に関する認知言語学的研
　　究―韓国語・中国語を母語とする日本語学習者を中心として」『日語語学習与
　　研究』(5).

唐承贤 1997〈差错分析述评〉《外语教学与研究》(2).

王宏1983《日语惯用语例解手册》上海:上海译文出版社.

王华伟·曹亚辉2012〈日语教学中基于语料库的词语搭配研究―以一组动词近义词
　　为例〉《解放军外国语学院学报》（2）.

王文贤·魏晓艳2006〈从两次口语测试看早期日语学习者的语言内化过程〉《日语
　　学习与研究》（1）.

王忻 2010<与格语义扩展机制下的非典型语义探究及其他-从中国学习者与格偏误说起>《日语学习与研究》（2）.

王燕 2002<"鬼"在汉文化中的认知及其变迁>《咸宁师专学报》（4）.

卫乃兴 2002<基于语料库和语料库驱动的词语搭配研究>《当代语言学》（2）.

吴宏 2009<日语"颜"类惯用语的认知语义分析>《解放军外国语学院学报》（7）.

吴钰 2003<谈中日身体词汇的文化性>《日语学习与研究》（3）.

伍铁平 2000《模糊语言学》上海：上海外语教育出版社.

向二兰 2007<"脸"的隐喻意义探源>《外语学刊》（3）.

邢福义 2001《汉语复句研究》北京：商务印书馆.

徐莲 2003<日汉语感觉词语的通感式词义引申之比较>《日语学习与研究》（4）.

许慈惠 2006<试析格助词"に"的点性本质意义>《日语学习与研究》（4）.

姚双云 2008《复句关系标记的搭配研究》武汉：华中师范大学出版社.

俞士汶 1995<关于现代汉语词语的语法功能分类>《中文信息处理应用平台工程》电子工业出版.

俞贤淑 2004<也谈结果态「ている」与「てある」>《日语知识》.

张建伟·李光赫 2012<条件复句的日汉对比(1)表示预测的"バ"条件句>《日语知识》（1）.

张建伟·李光赫 2012<条件复句的日汉对比(2)「バ」条件句的各种限制>《日语知识》（2）.

张建伟·李光赫 2012<条件复句的日汉对比(3)「タラ」条件句的"假定状况"和"单纯状况">《日语知识》（3）.

张建伟·李光赫 2012<条件复句的日汉对比(4) 表示条件成立状况设置的「タラ」条件句>《日语知识》（4）.

张建伟·李光赫 2012<条件复句的日汉对比(5) 偏句是既定事实的「タラ」「バ」「テハ」条件句的"期待性"问题>《日语知识》（5）.

张建伟·李光赫 2012<条件复句的日汉对比(6)　表示"反事实假设"的「バ·タラ」条件句的语法标记>《日语知识》（6）.

张建伟·李光赫 2012<条件复句的日汉对比(7)"反事实假设复句"所表示的过去、现在和将来>《日语知识》（7）.

张建伟·李光赫 2012<条件复句的日汉对比(8)　表示"一般、习惯"含义的趋向性表达方式「バ」和「ト」>《日语知识》（8）.

张建伟·李光赫 2012<条件复句的日汉对比(9)　切合实际的趋向性表达方式「ト」>《日语知识》（9）.

张林 2008<「じきに」与「ただちに」的时空性>《日语知识》.

张杏珍 2007<汉英文化词汇对比与跨文化交际>《南京市行政学院学报》（5）.

张志伟·傅苏颖 2009<2009 中国十大财经绿脸: 黄光裕拉人下水最多>《证券日报》(3).

章宜华 2005.<多义性形成的认知机制与词典义项的处理>《广东外语外贸大学学报》（3）.

赵群·罗炜东 2005<关注词汇的核心义项—多义词习得的有效途径>《外语教学》（6）.

赵圣花·韩兰灵·颜冰 2013<多义词「切る」的认知结构及语义特征>《日本学研究》第 3 号.

赵圣花·江波 2013<汉日"鬼"词语的隐喻表达对比研究>《辽宁师范大学学报（社会科学版）》（1）.

赵圣花·江波 2014<有关"颜"的惯用语的引申义>《日本学研究》（4）.

赵圣花·金莲花 2012<浅谈「いい」的几点惯用表达>《日语知识》（7）.

赵圣花·邹善军·李光赫 2014<基于语料库研究表示"盖"动作的日语词语搭配>《语文学刊》（12）.

赵圣花·邹善军 2012<共感觉に基づいた形容词の分析>《日语教育与日本学研究》(4).

赵圣花 2006<探讨有关"颜"的惯用表达及其形象化的比喻用法–以感觉、情感方面的惯用表达为中心>《日语学习与研究》（1）.

赵圣花 2008<日语自他动词的规律及其实际应用>《日语知识》（6）.

赵圣花 2009<「見える/見られる」「聞こえる/聞ける」>《日语知识》（8）.

赵圣花等 2009《日语基础语法一本通》大连：大连理工大学出版社.

赵秀云・刘艳伟・邹善军 2014〈日语感情形容词句中助词的误用〉《科教文汇》(2).

赵秀云・邹善军・刘艳伟 2014〈网络信息环境下的可定制日语学习辅助平台〉《日语教育与日本学研究》（4）.

赵秀云・邹善军・时春慧 2013〈浅谈日语教学中的文化导入—兼论大连理工大学日语强化班的文化教学实践〉《课程教育研究》（12）.

赵秀云・邹善军・时春慧 2014〈中国語母語話者の日本語学習における母語干渉及びその他の誤用—初級日本語学習者を対象に—〉《日本语言文化研究》第五辑.

赵秀云・邹善军 2013〈てもらう」の使い方について—非恩恵的表現を中心に〉《东亚与日本学》.

赵秀云・邹善军 2014〈小议汉译日中的母语负迁移以及其他一些误用〉《日本学研究》（4）.

中国社会科学院语言研究所词典编辑室 2002《现代汉语词典》北京：商务印书馆.

邹善军・刘莉 2011〈新聞特有の省略形式について〉《日本语言文化研究》第四辑.

邹善军・刘艳伟 赵秀云 2014〈日本語と中国語における接頭辞「超」について〉《日语教育与日本学研究》.

邹善军・时春慧 2011〈「しょたいめん」＆「はつたいめん」〉《跨文化交际中的日语教育研究》（1）.

邹善军・唐玉红 2012〈日本語と中国語の接頭辞「初」について〉《第八届日本语教育国际研讨会论文集》.

邹善军・颜冰 2012〈日语接头辞「令」和汉语接头辞"令"的差异〉《语言与文化研究》第十辑.

邹善军・赵圣花 2012〈対極性を表す「不」の意味の強弱について〉《日语教育与日本学研究》.

邹善军・赵秀云 刘艳伟 2014〈日本語と中国語の接頭辞「不」・「無」の語構成のあり方〉《日本语言文化研究》第五辑.

邹善军・赵秀云 2012〈中世纪的中国、日本和朝鲜的食材结构〉《辽宁师范大学学报增刊》.

邹善军・赵秀云 2013〈用实证解决外语教学与研究中的模糊问题——关于"ただちに"一词的实证研究〉《日本学研究》（3）.

邹善军・赵秀云 2014〈指示词「その」の習得研究〉《日本学研究》（4）.

邹善军 2005〈接頭辞「不」「無」の品詞変換機能—日本語と中国語を対照して—〉《高校语言教育论坛》.

左民安 2005《细说汉字—1000 个汉字的起源与演变》北京: 九州出版社.

【国外文献】

Firth, J. R. 1957 Papers in Linguistics 1934-1951. London: Oxford University press.

Francis, G. A 1993 Corpus-driven approach to grammar: principles, methods and examples. In M. Baker, G. Francis, and E. Tognini-Bonelli, eds,.

Lakoff. G. 1987 Women, Fire, and Dangerous Things . Chicago The University of Chicago Press.

McIntosh, A. Patterns and ranges. 1967 In A. McIntosh and M. A.K. Halliday, eds, Patterns of Language:Papers in General, Descriptiue and Applied Linguistics. Bloomington and Lon-don:Indiana University Press.

有薗智美 2008「『顔』の意味拡張に対する認知的考察」『言葉と文化』(9).

庵功雄, 高梨信乃他 2003『中上級を教える人のための日本語文法ハンドブック』スリーエーネットワーク.

池上嘉彦 1985『英語学コース第4巻意味論・文体論』大修館書店.

石川慎一郎 2008「コロケーションの強度をどう測るか —ダイス係数、t スコア、相互情報量を中心として—」言語処理学会 14 回大会チュートリアル資料.

石川慎一郎 2012『ベーシックコーパス言語学』ひつじ書房.

市川保子 1997『日本語誤用例文小事典』凡人社

伊藤達也 2008「『出る』とSortir-トポロジー空間の召喚と構築的意味論」『名古屋外国語大学紀要』(34).

大曽美恵子・滝沢直宏 2003「コーパスによる日本語教育の研究-コロケーション及びその誤用を中心に-」『日本語学』(22).

奥野浩子 1985「否定接頭辞『無・不・非』の用法についての一考察」『月刊言語』14巻6号 大修館書店

岡智之 2007「日本語教育への認知言語学の応用〜多義語、特に格助詞を中心に」『東京学芸大学紀要』(58).

小野正樹・小林典子・長谷川守 2009『コロケーションで増やす表現』くろしお出版.

金川欣二 2001「多民族国家日本・戦後日本の…族たちⅡ」『ホームページマックde 記号論. 言語学のお散歩』.

蒲谷宏他 1999『敬語表現』大修館書店.

亀井孝他編 1996『言語学大事典』三省堂.

菊池康人 1994『敬語』角川書店.

菊地康人 2000「『ようだ』と『らしい』-『そうだ』『だろう』との比較を含めて-」『国語学』(1).

許永蘭 2008「『切る』の多義分析」『言葉と文化』(9).

金田一京助・柴田武他編 1991『新明解国語辞典』第4版三省堂.

金田一京助等昭和54年『新明解国語辞典』(第二版) 三省堂.

工藤真由美 2000「否定の表現」金水敏・工藤真由美・沼田善子『時・否定と取り立て』岩波書店.

国広哲弥・山田進等 1982『ことばの意味3』平凡社

国広哲弥 1967『構造的意味論』三省堂.

国広哲弥 1998『理想の国語辞典』大修館書店.

グループ・ジャマシイ 1998『日本語文型事典』くろしお出版.

国語学会編 1980『国語学大辞典』東京堂出版.

斎藤倫明・石井正彦 1997『語構成』ひつじ書房.

斎藤倫明 2004『語彙論的語構成論』ひつじ書房.

酒井彩加 2003「『渋い』の多義構造について」 名古屋:名古屋大学大学院国際言
　語文化研究科博士論文.

迫田久美子 2002『日本語教育に生かす第二言語習得研究』アルク出版.

ジャマシイ 1998『日本語文型辞典』くろしお出版.

鄒善軍・李光赫 2014「日中対訳から見るタラ条件文の実証的研究」『国際連語論
　学会 連語論研究(3)研究会報告』日本語文法研究会 編 (36).

鄒善軍 2004「否定接頭辞の『不』と『無』——日本語と中国語を対照して——」
　修士論文. 大阪府立大学人間文化学研究科.

鄒善軍 2006「日本語の『不』と中国語の『不』」『大阪府立大学人間社会学研究
　科研究集録』.

菅井三実 2007「格助詞『に』の統一的分析に向けた認知言語学的アプローチ」『世
　界の日本語教育』(17).

杉村泰 2007「複合動詞との共起から見た日本語の心理動詞の再分類」『日本語教
　学国際会議論文集』台湾.

杉村泰 2008「複合動詞『－切る』の意味について」『言語文化研究叢書』(7)．

杉村泰 2010「コーパスから見た中国人日本語学習者の格助詞に関する問題点に
　ついて」『言語文化研究叢書』(9)．

須山名保子 1974「接辞『不』『無』をめぐって」『学習院大学国語国文学会誌』
　(17).

瀬戸賢一・山本隆等 2005『味言葉の世界』海鳴社

田中聡子 2002「『口』の慣用表現－メタファーとメトニミーの相互作用」『言葉
　と文化』(3)．

田野村忠温 2009「 コーパスからのコロケーション情報抽出－分析手法の検討と
　コロケーション辞典項目の試作－」『阪大日本語研究』(21).

中條清美・内山将夫 2004「統計的指標を利用した特徴語抽出に関する研究」『関東甲信越英語教育学会紀要』(18).

趙聖花・劉玉琴 2015「コーパスに基づいたコロケーション分析－『素敵』『立派』『素晴らしい』を例に－」『徳島大学国際センター紀要』.

塚原鉄雄 1969「と──接続助詞」松村明編『古典語現代語助詞助動詞詳説』学灯社.

坪本篤朗 1993「条件と時の連続性」益岡隆志編『日本語の条件表現』くろしお出版.

寺村秀夫 1984『日本語のシンタクスと意味Ⅱ』くろしお出版.

飛田良文・浅田秀子 1991『現代形容詞用法辞典』東京堂出版.

中溝朋子・坂井美恵子 2011「漢語名詞『進歩』と『向上』のコロケーションの異同について」『大学教育』(8).

西尾寅弥 1972『形容詞の意味用法の記述的研究』秀英出版.

日本国立国語研究所. 少納言「現代日本語書き言葉均衡コーパス」http://www.kotonoha.gr.jp/shonagon/

日本国立国語研究所. Lago 言語研究所. NINJAL-LWP for BCCWJ. [EB/OL]. http://nlb.ninjal.ac.jp/ . 2013-6-25.

日本大辞典刊行会 1973『日本国語大辞典』小学館.

日本語教育学会編 1983『日本語教育事典』大修館書店出版.

野村雅昭 1973「否定の接頭語『無・不・未・非』の用法」『ことばの研究(国立国語研究所論集4)』.

蓮沼昭子・有田節子・前田直子 2001『条件表現』(日本語文法セルフマスターシリーズ7) くろしお出版.

久松潜一・佐藤謙三編 2004『角川国語辞典』 角川書店.

姫野昌子 1999『複合動詞の構造と意味用法』ひつじ書房.

舟越健之輔 2004『われ広告の鬼とならん』ポプラ社

文化廳編 1971『外国人のための基本語用例事典』大蔵省印刷局.

前田直子 2009『日本語の複文』くろしお出版.

益岡隆志・田窪行則 1987『日本語文法セルフマスターシリーズ3　格助詞』くろ
　しお出版.

益岡隆志 1997『複文. 新日本語文法選書2』くろしお出版.

松村明. 2005. スーパー大辞林. 東京 :三省堂, (Canon　電子辞書 wordtank G90).

武藤彩加 2000「感覚間の意味転用を支える『メタファー』と『メトニミー』」『こ
　とばの科学』(13).

武藤彩加 2000a「日本語の『共感覚的比喩（表現)』に関する記述と分析―五感
　と比喩をめぐる考察―」修士論文. 名古屋大学大学院国際言語文化研究科.

武藤彩加 2000b「味覚形容詞『渋い』と『苦い』の意味分析―類似性と相違性の
　指摘―」『韓日語文論集』(4).

武藤彩加 2001「味覚形容詞『甘い』『辛い』の多義構造」『日本語教育』(110).

村石昭三等 2003『国語辞典』くもん出版.

籾山洋介 1993「多義語分析の方法―多義的別義の認定をめぐって―」『名古屋
　大学日本語 ・日本文化論集』(1).

籾山洋介 2002『認知意味論のしくみ』研究社出版.

森田良行 1989『基礎日本語辞典』角川書店.

森田良行 1995『日本語の類意表現』創拓社

森田良行 1995『日本語の視点』創拓社

森山卓郎 1999 『ここからはじまる日本語文法』ひつじ書房.

八木公子 1996「初級学習者の作文にみられる日本語の助詞の正用順序―助詞別、
　助詞の機能別、機能グループ別に―」『世界の日本語教育』(6).

山田小枝 1997『否定対極表現』多賀出版.

山田仁子 1993「―言語は感覚の内視鏡―共感覚に基づいた形容表現の分析」
　『HYPERION』(40).

吉村弓子 1990「造語成分『不・無・非』『日本語学』9 巻 12 号 明治書院

李光赫・張北林2012「関数検定から見たト条件文の日中対照研究」『国語学研究』
　(52).

李光赫・鄒善軍 2015「中国語複文の有標と無標の捉え方から見るト条件文の日
　中対照」『国語学研究』(54).

李光赫2005「条件を表わす接続助詞トにおける日中対照」『国語学研究』(44).

李光赫 2011a「ト形式の時間的限定性における日中対照」『日中言語対照研究論
　集』(13)白帝社

李光赫2011b『日中対照から見る条件表現の諸相』風詠社

李暎洙 1997「中間的複合動詞『きる』の意味用法の記述：本動詞『切る』と前
　項動詞『切る』、後項動詞『－切る』と関連づけて」『世界の日本語教育』(7).

劉月華他 著 相原茂 監訳 1996『現代中国語文法総覧』くろしお出版.

后　记

　　本书是在赵圣花老师的提议下，李光赫老师和邹善军共同参与编写而成。本书在词素，单词，词组，单句，复句等几个层次上进行全面性的语言学研究。从日语多义词的认知语义、近义词的搭配异同及相关的日汉对比研究等不同角度，运用认知语言学理论，基于语料库的大量例句，在真实语境中分析各个层次的语言现象，旨在呼吁更多的研究者关注各个层次的全面性的语言学研究，以丰富相关语言学的研究成果。本书参阅了大量文献，吸收了相关成果，但未能详细注明，在此对文献作者表示衷心的感谢。由于三位作者都是教学一线的教师，教学和科研任务都很繁重，许多问题没能够做深入的思考和仔细斟酌，因此会存在不少各种问题。我们恳请大家多提意见和建议，以便在以后的研究中能够更加完善。

　　本人从日本回国后，在韩兰灵老师推荐，历经全体日语教师惠临的试讲后，任教于大连理工大学软件学院外语部。在这期间，与赵圣花老师相识并进行了合作研究。后来又在赵圣花老师介绍下，见到了大连理工大学外国语学院的李光赫老师，同时回忆起曾经在日本是共同师从于森山卓郎先生的师兄弟。以此为契机开始了共同研究的脚步。此书为这个研究团队的第一部专著。主要是收集整理了三人以往的研究成果，有机地整合为一部相对全面性的语法研究专著。

　　这些研究成果的取得，离不开各级领导的支持和鼓励。大连理工大学软件学院的院长，书记等都给予作者以很大的支持和关怀。软件外语教学部和软件外语研究所更是在科研环境上为我们开绿灯。另外，李光赫老师的技术支持等也有着举足轻重的作用。再次向各位表示深深地谢意。

〔本书为中央高校基本科研业务费重点项目"基于语料库的条件句日汉对比研究"(DUT15RW201)";大连市社科(联)一般项目"网络环境下大连高校日语教学资源建设与共享研究"(DLSKYB2014010);中央高校基本科研业务费专项资金资助"基于日语视频语料库的条件表现研究"(DUT15RW134)的阶段性成果。〕

邹善军

2015 年 8 月